Sermões
sobre
Mulheres
da Bíblia

Novo Testamento

Publicações
Pão Diário

Sermões
sobre
Mulheres
da Bíblia

❖━━━◆━━━❖

Novo Testamento

C. H. SPURGEON

Originally published in English under the title
Sermons on Women of the New Testament, by Charles Haddon Spurgeon
© 2016 Hendrickson Publishers Marketing, LLC
Peabody, Massachusetts 01961-3473 U.S.A.

Coordenação editorial: Adolfo A. Hickmann
Tradução: Dayse Fontoura
Revisão: Dalila de Assis, Lozane Winter, Thaís Soler
Coordenação gráfica: Audrey Novac Ribeiro
Projeto gráfico e capa: Rebeka Werner

Dados Internacionais de Catalogação na Publicação (CIP)

Spurgeon, Charles Haddon, 1834–92.
Sermões sobre Mulheres da Bíblia — Novo Testamento
Tradução: Dayse Fontoura – Curitiba/PR, Publicações Pão Diário.
Título original: *Sermons on Women of the New Testament*
1. Sermões   2. Novo Testamento   3. Vida cristã   4. Bíblia

Proibida a reprodução total ou parcial sem prévia autorização, por escrito, da editora.
Todos os direitos reservados e protegidos pela Lei 9.610, de 19/02/1998.
Permissão para reprodução: permissao@paodiario.com

Exceto quando indicado o contrário, os trechos bíblicos mencionados são da edição Revista e Atualizada de João F. de Almeida © 2009 Sociedade Bíblica do Brasil.

Publicações Pão Diário
Caixa Postal 4190,
82501-970 Curitiba/PR, Brasil
publicacoes@paodiario.org
www.publicacoespaodiario.com.br
Telefone: (41) 3257-4028

Código: U0548
ISBN: 978-65-5350-106-5

1.ª edição: 2022

Impresso no Brasil

SUMÁRIO

Apresentação à edição em português 9
Prefácio 11

1. A mãe de Jesus: o cântico de Maria 15
2. A sogra de Pedro: soerguimento para o abatido 41
3. A mulher samaritana e sua missão 61
4. A mulher cananeia: os cachorrinhos 87
5. A mulher enferma: erguendo os encurvados 111
6. Maria de Betânia: um exemplo
   aos que amam Jesus 137
7. A mulher arrependida:
   uma graciosa absolvição 163
8. Maria e Marta: o Mestre chama 187
9. Duas Marias: "em frente da sepultura" 213
10. Maria Madalena:
    um lenço para os que choram 239
11. Maria, mãe de Marcos:
    uma reunião de oração especial 263
12. Lídia: a primeira europeia convertida 287
13. As mulheres em Roma: romanas,
    mas não romanistas 311

Índice de versículos-chave 336

Em memória de Patrícia Klein (1949–2014), *nossa colega e amiga, que dedicou sua vida com desvelo às palavras e editou esta série. Ela realmente faz muita falta!*

Apresentação à edição em português

Charles Haddon Spurgeon, o "Príncipe dos pregadores", foi sem dúvida um dos maiores evangelistas do século 19. O legado de fé que ele deixou, seu entendimento e amor pelas Escrituras são claramente perceptíveis por meio de sua vida, suas obras e exemplo de serviço a Deus.

Spurgeon ministrava e cria na Palavra de Deus, a Palavra viva e eficaz capaz de transformar mente e coração. Poder desfrutar de suas abordagens bíblicas, tais como as que estão dispostas neste livro, é um verdadeiro presente e refrigério em uma época quando a Palavra de Deus está sendo reduzida a formatos superficiais. Assim, com maestria, ele consegue discorrer sobre a aplicabilidade da mensagem bíblica a partir de exemplos de personagens, buscando, com isso, levar o leitor a experimentar a eficácia dessa Palavra em sua vida pessoal.

Cada sermão desta coletânea foi reunido dentre os inúmeros sermões ministrados por Spurgeon, ao longo de seu ministério, para compor a proposta de *Sermões sobre Mulheres da Bíblia — Novo Testamento*. Assim, o leitor perceberá que o número e as datas indicadas são diferenciados, uma vez que eles não foram planejados para seguir uma sequência.

Algo fascinante sobre estes *Sermões sobre Mulheres da Bíblia — Novo Testamento* é a forma como Spurgeon busca aproximar seus ouvintes da experiência dessas mulheres com Deus. Ele as apresenta de forma singular, ao mesmo tempo em que, por sua abordagem, inspira e desafia seu público à mesma postura que elas tiveram em Deus e para Ele.

Nesta edição em português, optou-se por indicar as referências bíblicas a fim de diferenciá-las dentre os diálogos e as inferências que Spurgeon faz ao longo de cada sermão. Os textos apresentam uma linguagem mais contemporânea, contudo as características históricas do texto original foram preservadas, bem como termos e lugares comuns à época do autor, tendo em vista também que são sermões ministrados em datas específicas. Outro aspecto importante desta edição é a inclusão de notas explicativas a fim de facilitar a compreensão contextual cada vez que Spurgeon fez referência à cultura geral, a livros cristãos e a pessoas que ajudaram a construir a história eclesiástica.

O leitor poderá constatar que, apesar de pregados há tanto tempo, estes sermões são para os dias atuais, pois abordam com propriedade a condição do homem sem Deus: perdido e sem salvação. Os apelos de Spurgeon a crentes e incrédulos são comoventes diante de uma sociedade que não vive em conformidade com as verdades e maravilhas da Palavra de Deus nem caminha em retidão pelas Suas veredas de justiça.

Spurgeon foi um homem notável, nos diversos papéis que exerceu, durante sua jornada deste lado da eternidade. Seu ministério testifica de sua intimidade com Deus e com as Escrituras. Ele vivenciou a graça em seus pormenores e, em sua dedicação ao Senhor, investiu tudo o que era e tinha em compartilhá-la com outros.

Seja você um dos abençoados por estas palavras, semeadas por Spurgeon, sob a inspiração Espírito Santo que também as regará em seu coração. Que Deus lhe proporcione o crescimento dela de cem por um em sua vida!

—*dos editores*

Prefácio

Charles Haddon Spurgeon
(1834–92)

Pergunte à maioria das pessoas hoje quem foi Charles Haddon Spurgeon e você pode se surpreender com as respostas. Muitos sabem que ele foi um pregador, outros lembram que ele era batista, e outros ainda conseguem até mesmo lembrar que ele viveu em Londres durante o século 19. Tudo isso é verdade, no entanto, Charles Spurgeon foi muito mais.

Nascido em uma família de congregacionalistas, em 1834, o pai e o avô de Spurgeon eram, ambos, pregadores independentes. Essas designações parecem propícias atualmente, mas, em meados do século 19, elas descreviam uma família comprometida com os Não-conformistas — ou seja, eles não se conformavam à estabelecida Igreja da Inglaterra. Spurgeon cresceu em um vilarejo rural, um local praticamente isolado da Revolução Industrial, que se difundia na maior parte da Inglaterra.

Spurgeon converteu-se ao cristianismo em uma reunião na Igreja Metodista Primitiva, em 1850, aos 16 anos. Logo tornou-se batista (para infelicidade de sua mãe) e, quase imediatamente, começou a pregar. Considerado um pregador prodígio — "o surpreendente garoto do brejo" — Spurgeon atraía grandes públicos e conquistou uma reputação que se estendia desde todo o interior até Londres. Como consequência desse grande sucesso, Spurgeon foi convidado para pregar na Capela de *New Park Street*, em Londres, em 1854, quando tinha apenas 19 anos. Quando pregou nessa igreja pela primeira vez, não foram ocupados nem 200 assentos. Em apenas um ano, todos os 1.200 assentos estavam tomados, chegando até mesmo a exceder a capacidade de lotação. A seguir, ele começou a pregar em locais cada vez maiores, e cada um deles ia se tornando pequeno, até que, finalmente, em 1861, o *Metropolitan Tabernacle* foi concluído, onde acomodavam-se 6.000 pessoas. Essa seria a base de Spurgeon por todo o restante de seu ministério, até sua morte, em 1892, aos 57 anos.

Spurgeon casou-se com Susannah Thompson em 1856 e, sem demora, tiveram filhos gêmeos, Charles e Thomas, que mais tarde seguiriam os passos de seu pai em seu trabalho. Spurgeon abriu a *Faculdade para Pastores*, uma escola de treinamento para pregadores, a qual capacitou mais de 900 pregadores enquanto ele viveu. Abriu ainda orfanatos para meninos e meninas desfavorecidos, provendo educação para cada um deles. Ele e Susannah também desenvolveram um programa para publicar e distribuir literatura cristã. Diz-se que ele pregou para mais de 10 milhões de pessoas durante os 40 anos de seu ministério. Seus sermões vendiam mais de 25 mil cópias, semanalmente, e foram traduzidos para 20 idiomas. Spurgeon era grandemente comprometido com a propagação do evangelho por meio da pregação e da palavra escrita.

Durante sua vida, a Revolução Industrial transformou a Inglaterra de sociedade rural e agrícola em uma sociedade urbana e industrializada, com todas as consequentes dificuldades e horrores de uma grande transição social. As pessoas que se deslocaram por conta dessas extensas mudanças — operários nas fábricas e proprietários de lojas — tornaram-se a congregação de Spurgeon. Ele mesmo era proveniente de um pequeno vilarejo e fora transferido para uma cidade grande e inóspita e, por isso, era um homem comum e compreendia, de forma inata, as necessidades espirituais das pessoas comuns. Era um comunicador que transmitia a mensagem do evangelho de forma muito convincente, que falava com brilhantismo às profundas necessidades das pessoas, e os ouvintes acolhiam sua mensagem.

É importante ressaltar que Spurgeon pregava em dias anteriores à existência de microfones ou alto-falantes. Em outras palavras, ele pregava sem o benefício dos sistemas amplificadores. Certa vez, pregou para uma multidão de mais de 23 mil pessoas sem qualquer amplificação mecânica. Ele mesmo era a presença eletrizante na plataforma: não apenas se colocava em pé e lia um sermão elaborado. Usava um esboço, desenvolvendo seus temas espontaneamente e falando "em linguagem comum a pessoas comuns". Seus sermões eram repletos de histórias e poesia, drama e emoção. Ele era impressionante, sempre em movimento, caminhando de um lado para o outro na plataforma. Gesticulava bastante, encenava as histórias, usava humor e trazia vida às palavras. Para Spurgeon, pregar era comunicar a verdade de Deus, e ele usava todo e qualquer talento a seu dispor para realizar essa tarefa.

A pregação de Spurgeon se ancorou em sua vida espiritual, uma vida rica em oração e estudo das Escrituras. Não se deixava influenciar por modismos, fossem eles tecnológicos, sociais ou políticos. A Palavra de Deus era a pedra angular de sua vida e homilética. Era, principalmente, um pregador expositivo, que explorava a passagem bíblica por seu significado dentro do texto, e na vida de cada um dos membros de sua congregação. Para Spurgeon, as Escrituras eram vivas e relevantes para a vida das pessoas, independentemente do status social, situação econômica ou época em que viviam.

Tem-se a sensação de que Spurgeon acolheu completamente a revelação divina: a revelação de Deus por intermédio de Jesus Cristo, por meio das Escrituras e de suas próprias orações e estudos. Para ele, a revelação não era um ato concluído: Deus ainda se revela, se a pessoa se colocar à disposição. Alguns reconhecem Spurgeon como místico, alguém que desejava e almejava explorar os mistérios de Deus, capaz de viver com aquelas porções da verdade que não se conformam com um sistema da teologia em particular, perfeitamente confortável em afirmar: "Disto eu sei; sobre isto não sei, mesmo assim crerei".

Cada um dos sermões nesta coleção foi pregado num momento diferente no ministério de Spurgeon; cada um deles tem características distintas. Estes sermões não formam uma série, uma vez que não foram criados nem planejados para serem sequenciais. Tampouco foram homogeneizados ou editados a fim de soar como se seguissem todos um estilo específico. Em vez disso, eles refletem o próprio pregador, permitindo que a voz desse homem admirável soe claramente à medida que o leitor é conduzido, em um relato em particular ou evento em especial, para experenciar, com Spurgeon, a peculiar revelação divina.

Ouça, à medida que lê. Estas palavras têm a intenção de serem ouvidas, não apenas lidas. Ouça cuidadosamente e você escutará a cadência destas pregações notáveis, os ecos das verdades divinas atemporais que trespassam os tempos. Acima de tudo, usufrua do entusiasmo de Spurgeon, seu fervor, sua devoção, seu zelo, a fim de reconhecer e responder ao convite sempre presente que Deus lhe faz para que você se relacione com o seu Criador.

1

A MÃE DE JESUS: O CÂNTICO DE MARIA [1]

Então, disse Maria: A minha alma engrandece ao Senhor, e o meu espírito se alegrou em Deus, meu Salvador... —Lucas 1:46-47

Maria fazia uma visita quando expressou sua alegria nas palavras desta nobre canção. Seria bom se toda a nossa interação social fosse tão proveitosa ao nosso coração quanto essa visita foi a Maria. "Como o ferro com o ferro se afia, assim, o homem, ao seu amigo" (Pv 27:17). Maria, cheia de fé, vai visitar Isabel, que também estava repleta de santa confiança, e as duas não estão juntas por muito tempo quando a fé de ambas cresce até completa certeza, e esta irrompe em uma torrente de louvor sagrado. Esse louvor despertou seus poderes

---
[1] Sermão nº 606, ministrado na manhã de domingo, 25 de dezembro de 1864, no *Metropolitan Tabernacle*, Newington.

adormecidos e, em vez de duas mulheres comuns de um vilarejo, vemos diante de nós duas profetizas e poetisas, sobre quem o Espírito de Deus repousava em abundância. Quando nos encontramos com nossos familiares e conhecidos, que nossa oração a Deus seja para que nossa comunhão seja não apenas prazerosa, mas proveitosa. Que possamos não meramente passar o tempo em uma hora agradável, mas avançar um dia de marcha para mais perto do Céu e adquirir maior aptidão para nosso descanso eterno.

Observem, nesta manhã, o júbilo sagrado de Maria, para que possam imitá-lo. Essa é uma época quando todos esperam que sejamos felizes. Cumprimentamos uns aos outros com o desejo de que possamos ter um "Feliz Natal". Alguns cristãos melindrosos não apreciam a palavra *feliz*. Contudo ela é uma boa palavra, que tem em si a alegria da infância e o regozijo adulto; ela traz à mente a antiga canção da espera e o repicar dos sinos à meia-noite, do azevinho e da lenha incandescentes. Eu gosto dela por se encontrar na mais terna de todas as parábolas, onde está escrito que, quando o há muito perdido filho pródigo retornou para seu pai são e salvo: "...começaram a regozijar-se" (Lc 15:24). Esta é a época quando esperam de nós que estejamos alegres, e o desejo de meu coração é que, no melhor e mais elevado sentido, vocês, que são crentes, possam ser "felizes". O coração de Maria estava jubiloso dentro dela, mas aqui está a marca de sua alegria: era um júbilo santo, era, cada pequena gota dele, um regozijo sagrado. Não uma alegria como os mundanos revelarão hoje e amanhã, mas tal júbilo como o que os anjos têm ao redor do trono, onde cantam: "Glória a Deus nas maiores alturas!", ao passo que nós cantamos: "e paz na terra entre os homens, a quem ele quer bem" (Lc 2:14). Os corações assim jubilosos têm uma celebração contínua. Desejo que vocês, "...os convidados para o casamento..." (Mt 9:15), possuam hoje e amanhã, sim, todos os dias, essa elevada e consagrada alegria de Maria, para que possam não apenas ler as palavras dela, mas usá-las para si mesmos, sempre vivenciando seu significado: "A minha alma engrandece ao Senhor, e o meu espírito se alegrou em Deus, meu Salvador" (Lc 1:46-47).

Observem, primeiramente, que ela canta; depois, que canta com doçura e, na sequência, deverá ela cantar sozinha?

1. *Primeiramente observem que Maria canta.*

Seu tema é o Salvador, ela saúda o Deus incarnado. O Messias há muito aguardado está prestes a aparecer. Aquele por quem os profetas e príncipes esperaram, por muito tempo, está para vir, para nascer de uma virgem em Nazaré. Verdadeiramente, jamais houve um tema tão doce em uma canção quanto este: a descida da Divindade à fragilidade humana. Quando Deus manifestou Seu poder nas obras de Suas mãos, as estrelas da manhã cantaram unidas e os filhos de Deus bradaram de alegria. Contudo, quando Deus se manifesta a si mesmo, qual música será suficiente para o grande salmo de deslumbramento em adoração? Quando a sabedoria e o poder são visíveis, eles são apenas atributos, porém, na encarnação, é a pessoa divina que é revelada envolvida em um véu de nosso barro inferior. Bem pode Maria cantar, quando a Terra e o Céu estão, no mesmo momento, surpreendendo-se com a graça condescendente.

O fato de que "o Verbo se fez carne e habitou entre nós..." (Jo 1:14) é digno de canções inigualáveis! Não há mais um grande golfo colocado entre Deus e Seu povo, a humanidade de Cristo construiu uma ponte sobre ele. Não mais podemos pensar que Deus se assenta nas alturas, indiferente às necessidades e aos infortúnios dos homens, pois Ele nos visitou e rebaixou-se à humilhação de nosso estado. Não precisamos mais lamentar não poder participar da glória moral e da pureza de Deus, uma vez que, se Deus em glória pôde descer à Sua criatura pecaminosa, certamente é menos difícil conduzir para o alto essa criatura, lavada pelo sangue e purificada, por aquele caminho estrelado, de forma que o redimido possa assentar-se para sempre em seu trono. Não sonhemos mais, em tristeza melancólica, que não podemos nos aproximar de Deus para que Ele ouça nossa oração e apiede-se de nossas necessidades, visto que Jesus se tornou osso de nossos ossos e carne de nossa carne, nascido como um bebê, como nós, vivendo como um homem, do mesmo modo que nós, suportando as mesmas enfermidades e dores, curvando Sua cabeça à mesma morte. Ó, não podemos nós nos achegar com ousadia por meio desse novo e vivo caminho e ter acesso ao trono da graça celestial quando Jesus nos encontrar como Emanuel, Deus conosco? Os anjos cantaram, mal sabendo o porquê. Conseguiriam eles entender por que Deus se tornara homem? Eles deviam saber que ali estava um mistério de condescendência, mas mesmo a mente perspicaz deles pouco poderia supor todas as amáveis consequências envolvidas nessa encarnação. No entanto, nós vemos o quadro completo e compreendemos o grande desígnio totalmente cumprido. A manjedoura de Belém era grande em glória; a encarnação envolveu toda a bem-aventurança pela qual a alma, resgatada das profundezas do pecado, é elevada às alturas da glória. Essa nossa compreensão mais clara não nos levará à grandeza de canções, que não poderia ser alcançada pelas suposições angelicais? Mover-se-ão os lábios dos querubins em refulgentes sonetos, e nós, que somos redimidos pelo sangue do Deus encarnado, permaneceremos calados de modo traiçoeiro e ingrato?

> *Cantaram os arcanjos a Tua vinda?*
> *Aprenderam com eles os pastores?*
> *A vergonha da ingratidão me cobriria*
> *Se minha boca não entoasse Teus louvores.*[2]

Todavia, esse não era o tema completo da santa canção de Maria. Seu júbilo peculiar não era que o Salvador nasceria, mas que *Ele nasceria dela*. Ela foi bendita entre as mulheres, e grandemente favorecida pelo Senhor. Porém, nós podemos usufruir do mesmo favor, na realidade, devemos desfrutá-lo, ou a vinda do Salvador não nos trará benefício. Sei que Cristo no Calvário leva o pecado de Seu povo, mas ninguém reconhece a virtude de Cristo na cruz, exceto se tiver o Senhor Jesus formado em si como a esperança da glória. A ênfase do cântico da virgem é colocada sobre a graça especial que Deus colocou sobre ela. Aquelas poucas palavras, os pronomes possessivos, dizem-nos que esse era um assunto pessoal para ela. "A minha alma engrandece ao Senhor, e o meu espírito se alegrou em Deus, meu Salvador." O Salvador era de modo peculiar, e em um sentido especial, dela. Ela não cantou "Cristo

---

[2] Tradução livre de uma das estrofes do hino *Mighty God, while angels bless Thee*, de Robert Robinson (1735–90).

para todos", mas seu alegre tema era "Cristo para mim". Amado, Cristo está em seu coração? Houve um tempo em que você o viu a distância, e este olhar curou-o de suas enfermidades espirituais. Porém, está você agora vivendo sob Ele, recebendo-o em seus órgãos vitais como sua carne e bebida espirituais? Você tem se alimentado de Sua carne e bebido de Seu sangue em santa comunhão, foi sepultado com Ele no batismo, entregou-se a ele como sacrifício e o aceitou como um sacrifício em seu favor. Então, poderá cantar como fez a noiva: "A sua mão esquerda esteja debaixo da minha cabeça, e a direita me abrace. [...] O meu amado é meu, e eu sou dele; ele apascenta o seu rebanho entre os lírios" (Ct 2:6,16). Esse é um estilo feliz de viver, e tudo aquém disso é trabalho infeliz e escravo. Ó, você jamais entenderá o júbilo de Maria se Cristo não se tornar verdadeira e realmente seu. Ó, porém, quando Ele for seu, no âmago de seu ser, reinando em seu coração, seu e tendo o controle de todas as suas paixões, seu e transformando a sua natureza, subjugando suas corrupções, inspirando-o com santas emoções; seu em seu interior, uma alegria indizível e plena de glória — ó, então você *poderá* cantar, *deverá* cantar. Quem poderá deter seus lábios? Se todos os zombadores e escarnecedores da Terra lhe ordenarem que fique quieto, você deve cantar, pois seu espírito deve se regozijar em Deus, seu Salvador.

Perderíamos muito ensinamento se negligenciássemos o fato de que o excelente poema diante de nós é um *hino de fé*. Como o Salvador ainda não havia nascido, tampouco, conforme podemos avaliar, teria a virgem qualquer evidência, como exigem os sentidos carnais, que a fizesse crer que o Salvador nasceria dela. "Como será isto...?" (Lc 1:34) era uma questão que poderia muito naturalmente ter impedido seu cântico até que ela recebesse uma reposta convincente para a carne e o sangue. No entanto, essa resposta não foi fornecida. Ela sabia que para Deus todas as coisas são possíveis, possuía a promessa do Senhor entregue por um anjo, e isso foi suficiente para Maria. Na força da Palavra que veio de Deus, o coração dela saltou de prazer e seus lábios glorificaram o Seu nome. Quando pondero sobre o que ela creu, e como recebeu a Palavra tão sem hesitação, sinto-me pronto a lhe dar, como mulher, um lugar mais alto do que Abraão ocupou como homem. E mesmo que eu não ouse chamá-la de mãe dos fiéis, pelo menos que ela tenha a honra devida como uma das mais excelentes mães em Israel. Maria mereceu, com justiça, a bênção pronunciada por Isabel: "Bem-aventurada a que creu" (Lc 1:45). Para Maria, sua fé era "a certeza de coisas que se esperam" e também sua "convicção de fatos que se não veem" (Hb 11:1). Pela revelação divina, ela sabia que carregaria a Semente prometida que esmagaria a cabeça da serpente. Mas não obteve outra prova.

Nestes dias, há alguns entre nós que têm pouca alegria, ou uma alegria não perceptível, na presença do Salvador. Eles caminham em trevas e não veem a luz, lamentam pelo pecado inato e pranteiam porque a corrupção prevalece. Que eles agora confiem no Senhor e lembrem que, se crerem no Filho de Deus, Cristo Jesus estará dentro deles, e, pela fé, poderão gloriosamente cantar aleluia ao venerado amor. Embora o Sol não esteja luzindo hoje, as nuvens e a neblina não ocultam a sua luz; e, ainda que o Sol da justiça não brilhe sobre você neste instante, mesmo assim Ele continua em Seu lugar lá no Céu, e Ele não conhece variação ou sombra de mudança. Se, mesmo com todo o seu escavar, o poço não jorra água, ainda assim naquela profundeza habita a plenitude constante, inclinada sob o coração e o propósito do Deus de amor. Se, como Davi, você é humilhado muitas vezes, assim como ele, diga à sua alma: "Espera em Deus, pois ainda o louvarei. Ele é a salvação da minha face e Deus meu" (Sl 43:5 ARC). Portanto, alegre-se com o júbilo de Maria; essa é a alegria de um Salvador completamente dela, porém evidenciado não pelos sentidos, mas pela fé. A fé tem sua música tanto quanto os sentidos, mas é de um tipo mais divino: se as iguarias à mesa fazem os homens cantar e dançar, banquetes de natureza mais refinada e etérea podem encher os crentes com uma santa plenitude de deleite.

Continuando a ouvir o cântico da virgem favorecida, permita-me observar que a humilhação dela não a leva a protelar sua canção, mas importa uma nota mais suave à música: "...porque contemplou na humildade da sua serva" (Lc 1:48). Caro amigo, você que está sentindo de modo mais intenso do que nunca a profundidade de sua depravação natural, humilhado sob um sentimento de suas muitas falhas; você que está tão plenamente morto e tão ligado à Terra que, mesmo aqui dentro desta casa de oração, não consegue se elevar a Deus; você que, apesar de hoje nossas canções de Natal lhe soarem aos ouvidos, está pesaroso e triste; sente-se tão inútil na Igreja do Senhor, tão insignificante, tão extremamente indigno, que sua incredulidade sussurra: "Com certeza absoluta, você não tem nada sobre o que cantar": venha, meu irmão e minha irmã! Venham e imitem a bem-aventurada virgem de Nazaré, transformando essa humilhação e vileza, que tão dolorosamente sentem, em outra razão para louvor incessante. Filhas de Sião, digam com doçura em seus hinos de amor:

Ele "contemplou na humildade de sua serva". Quanto menos eu for digno de Seus favores, mais docemente cantarei sobre Sua graça. Caso eu seja o mais insignificante entre todos os Seus escolhidos, louvarei Aquele que, com olhos de amor, me buscou e enviou Seu amor sobre mim. "Graças te dou, ó Pai, Senhor do céu e da terra, porque ocultaste estas coisas aos sábios e instruídos e as revelaste aos pequeninos. Sim, ó Pai, porque assim foi do teu agrado" (Mt 11:25-26). Caros amigos, tenho certeza de que a lembrança de que há um Salvador, e de que Ele é seu, deve levá-los a cantar. E, se ficarem lado a lado com o pensamento de que uma vez foram pecadores, impuros, vis, odiosos e inimigos de Deus, então as suas notas alçarão um voo mais sublime até o terceiro Céu, a fim de ensinar às harpas douradas o louvor de Deus.

É digno de nota que *a grandeza da bênção prometida* não trouxe à doce cantora um argumento para suspender seu acorde de gratidão. Quando medito na grande bondade de Deus ao amar Seu povo antes de a Terra existir, ao entregar a Sua vida por nós, ao pleitear a nossa causa diante do trono eterno, ao prover um paraíso de descanso para nós eternamente, um pensamento obscuro perturba a minha mente: "Certamente esse é um privilégio muito elevado para um inseto, que dura apenas um dia, como esta pobre criatura, o homem". Maria não olhou para isso incrédula; embora tenha apreciado a grandeza do favor, ela apenas se alegrou mais sinceramente por esse motivo. "...porque o Poderoso me fez grandes coisas" (Lc 1:49). Venha, alma, é algo grandioso ser filho de Deus, porém seu Deus efetua grandes maravilhas, portanto, não vacile por causa da incredulidade, mas exulte em sua adoção, por ser ela grande misericórdia. Ó, é uma misericórdia poderosa, mais alta do que as montanhas, ser um escolhido de Deus desde toda a eternidade; contudo, é verdadeiro que deste modo Seus redimidos são escolhidos, por isso cante sobre ela. É uma bênção profunda e inexprimível ser remido pelo precioso sangue de Cristo, mas é assim que você é inquestionavelmente remido. À vista disso, não duvide, mas brade em alta voz pela alegria do coração. É um pensamento arrebatador que você possa habitar lá no alto, usar uma coroa, e agitar ramos de palmeiras para sempre; não permita que qualquer desconfiança interrompa a melodia de seu salmo de expectação. Pelo contrário —

Que todas as cordas despertem
Aos louvores do amor divino.[3]

Que plenitude de verdade há nestas poucas palavras: "o Poderoso me fez grandes coisas". Esse é um texto sobre o qual um espírito glorificado no Céu pode pregar um sermão infinito. Suplico a vocês, apoderem-se dos pensamentos que eu, de maneira pobre, sugeri-lhes, e tentem alcançar aonde Maria chegou em santa exultação. A graça é grande, e seu Doador é igualmente grande; o amor é infinito, e da mesma forma é o coração de onde ele brota; a bênção é inefável, porém, igualmente é a divina sabedoria que a planejou desde a antiguidade. Que o nosso coração se aproprie do *Magnificat* da virgem e louve o Senhor alegremente nesta hora!

Indo adiante, pois ainda não esgotamos o assunto, *a santidade de Deus, algumas vezes, abranda o ardor da alegria do*

---

[3] Tradução livre de versos do poema *Your harps, ye trembling Saints,* de Augustus Toplady (1740–78).

cristão. Contudo, isso não ocorreu no caso de Maria. Ela exulta nessa santidade: "...Santo é o seu nome" (Lc 1:49). Ela entrelaça até mesmo esse resplandecente atributo em sua canção. Santo Senhor, quando me esqueço de meu Salvador, o pensamento de Tua pureza me leva a estremecer. Ao estar onde Moisés esteve sobre o sagrado monte de Tua Lei, muito temo e estremeço. Para mim, estando consciente de minha culpa, nenhum trovão poderia ser mais temível do que o hino dos serafins: "Santo, santo, santo é o SENHOR dos Exércitos..." (Is 6:3). O que é Tua santidade senão um fogo consumidor que deve destruir completamente a mim, um pecador? Se os Céus não são puros à Tua vista e se reputas Teus anjos como insignificantes, quanto menos deves suportar o homem, vão e rebelde, que é nascido da mulher? Como pode o homem ser puro e como os Teus olhos podem fitá-lo sem o consumir instantaneamente em Tua ira? No entanto, ó Santo de Israel, quando meu espírito se coloca no Calvário e contempla a Tua santidade vindicada nas feridas do Homem que nasceu em Belém, ele se regozija nessa gloriosa santidade, que uma vez foi o seu terror! O Deus triplamente santo se inclinou à humanidade e assumiu a sua carne? Então, sem dúvida, há esperança! O Deus santo carregou a sentença que Sua própria Lei pronunciou sobre o homem? Esse Deus santo encarnado agora estende Suas mãos feridas e intercede por mim? Então, minha alma, o Deus santo será consolo para você. Retiro águas vivas dessa fonte sagrada e acrescentarei a todas as minhas notas de júbilo mais esta: "Santo é o seu nome"! Ele jurou por Sua santidade e não mentirá, Ele manterá Sua aliança com Seu Ungido e essa semente para sempre.

Quando tomamos para nós as asas da águia e alçamos em direção ao Céu em sagrado louvor, a perspectiva sob nós se amplia, como foi com Maria que, planando com as asas poéticas, olhou em direção aos corredores do passado e contemplou os poderosos feitos de Jeová nas eras antigas. Notem como seu acorde reúne majestade. É antes o voo planador da águia alada de Ezequiel do que o agito das asas da tímida pomba de Nazaré. Ela canta: "A sua misericórdia vai de geração em geração sobre os que o temem" (Lc 1:50). Ela vê além do cativeiro, indo para os dias dos reis, para Salomão, Davi e através de todos os juízes até o deserto, para a travessia do mar Vermelho até Jacó, Isaque, Abraão e mais para trás até que, pausando diante dos portões do Éden, Maria ouve o som da promessa: "A semente da mulher esmagará a cabeça da serpente"[4]. De modo magnífico, ela resume o livro das guerras de Deus e ensaia os triunfos de Jeová: "Agiu com o seu braço valorosamente; dispersou os que, no coração, alimentavam pensamentos soberbos" (Lc 1:51). Quão prazerosamente a misericórdia é entretecida com o julgamento nos próximos versos de seu salmo: "Derribou do seu trono os poderosos e exaltou os humildes. Encheu de bens os famintos e despediu vazios os ricos" (vv.52-53).

Meus irmãos e irmãs, que nós igualmente cantemos acerca do passado glorioso em fidelidade, temível em juízos e abundante de maravilhas. Nossa própria vida nos suprirá com um hino de adoração. Que falemos das coisas que temos feito no tocante ao Rei. Estávamos famintos, e Ele nos saciou de boas coisas; estávamos encolhidos no calabouço juntamente com

---

[4] Referência a Gênesis 3:15.

o mendicante, e Ele nos entronizou entre os príncipes; temos sido agitados pelas tempestades, mas, com o Piloto eterno ao leme, não temos temido o naufrágio; fomos lançados na fornalha ardente, porém a presença do Filho do Homem apagou a violência das chamas. Relatem, filhas da música, o extenso conto da misericórdia do Senhor a Seu povo nas gerações há muito passadas. As muitas águas não poderiam apagar o Seu amor, nem os rios, afogá-lo[5]. A perseguição, a fome, a nudez, os perigos, a espada — nenhum deles pode separar os santos "do amor de Deus, que está em Cristo Jesus, nosso Senhor" (Rm 8:39). Os santos que estão sob as asas do Altíssimo estão seguros para sempre. Quando se encontram mais molestados pelo inimigo, eles habitam em perfeita paz. "Deus é o nosso refúgio e fortaleza, socorro bem-presente nas tribulações" (Sl 46:1). Abrindo passagem, às vezes, por entre as sanguinárias ondas, a embarcação da Igreja jamais se desviou de seu caminho predestinado de progresso. Cada tempestade a favoreceu: o furacão, que almejava a sua ruína, levou-a a avançar ainda mais rapidamente. Sua bandeira tem desafiado por mais de 1.800 anos tanto a batalha quanto a brisa, e ela não teme o que ainda pode estar à frente. Mas eis que ela se aproxima do Céu; está raiando o dia em que ela se despedirá das tempestades. As ondas já se acalmaram sob ela; o descanso prometido há tanto tempo está muito próximo. Seu próprio Jesus caminha por sobre as águas para encontrá-la, ela entrará em seu Céu eterno, e todos os que estavam a bordo cantarão, juntamente com seu Capitão, de alegria, triunfo e vitória por meio daquele que a amou e foi seu libertador.

---

[5] Conforme Cântico dos Cânticos 8:7.

Quando Maria afinou seu coração dessa maneira para glorificar seu Deus por Suas maravilhas no passado, ela se deteve particularmente sobre a nota da eleição. A nota mais alta na escala de meu louvor é alcançada quando a minha alma canta: "Eu o amo porque Ele me amou primeiro"[6]. Como bem disse Kent:

Da graça um monumento:
Um pecador salvo pelo sangue;
O córrego do amor vou percorrendo,
Até Deus, a sua fonte;
E, em Seu poderoso peito, vejo, assim,
Eternas afeições de amor por mim.[7]

Dificilmente conseguimos voar mais alto do que a fonte do amor no monte de Deus. Maria tem a doutrina da eleição em sua canção: "Derribou do seu trono os poderosos e exaltou os humildes. Encheu de bens os famintos e despediu vazios os ricos". Aqui está a graça distintiva, uma atenção discriminadora; aqui estão alguns que sofrem até à morte, e outros, os menos merecedores e mais obscuros, que foram tornados objeto especial da afeição divina. Não temam se firmar sobre essa elevada doutrina, amados do Senhor. Permitam-me assegurá-los de que, quando a sua mente estiver pesarosa e deprimida, vocês descobrirão que este é um vaso de amistosas riquezas. Aqueles que duvidam dessas doutrinas, ou que se lançam em gélidas sombras, perdem os excelentes cachos

---

[6] Referência a 1 João 4:19.

[7] Tradução livre de uma das estrofes do hino *Monument of Grace*, de John Kent (1766–1843).

de Escol. Perdem a "festa com vinhos velhos" e os "pratos gordurosos com tutanos" (Is 25:6). Contudo, vocês, que, por uma questão de anos, têm seus sentidos exercitados para discernir entre o bem e o mal, sabem que não há mel como esse, nenhuma doçura que a ele possa se comparar. Se o mel na ponta da lança que Jônatas tinha na mão, quando apenas tocado, iluminou seus olhos para ver[8], esse é o mel que iluminará seu coração para amar e aprender dos mistérios do reino de Deus. Comam e não temam o excesso, vivam dessa iguaria seleta e não temam se cansar dela, pois, quanto mais a conhecerem, mais ansiarão conhecer. Quanto mais sua alma for plenificada, mais vocês desejarão ter sua mente expandida, para que possam compreender mais e mais o amor eterno, duradouro e discriminativo de Deus.

Temos apenas mais uma observação sobre este ponto. Vocês percebem que ela não terminou seu cântico até que tivesse chegado à aliança. Quando vocês escalarem até as alturas da eleição, detenham-se sobre a sua montanha gêmea, a aliança da graça. No último versículo de seu cântico, ela entoa: "...a favor de Abraão e de sua descendência, para sempre, como prometera a nossos pais" (Lc 1:55). Para Maria, essa era a aliança; para nós, que temos uma luz ainda mais clara, a aliança traçada na câmara do conselho da eternidade é alvo de maior deleite. A aliança com Abraão era, em seu melhor sentido, uma cópia reduzida da aliança da graça feita com Jesus, o Pai eterno dos fiéis, antes mesmo de o céu anil ter sido estendido acima de nós. Os compromissos da aliança são os travesseiros mais macios para uma cabeça que dói; os

---

[8] Referência a 1 Samuel 14:27.

compromissos de aliança com a certeza, Cristo Jesus, são os melhores sustentáculos para um espírito estremecido.

> *Seu juramento, aliança e sangue*
> *São meu abrigo na tempestade*
> *Mesmo quando o mundo é incerto*
> *Permaneço firme e alicerçado no Senhor.*[9]

Se Cristo jurou me levar à glória, e se o Pai jurou que Ele me daria ao Filho para ser parte da recompensa infinita pelo trabalho penoso de Sua alma, então, minha alma, você está a salvo até que o próprio Deus se torne infiel, até que Cristo cesse de ser a verdade, até que o conselho eterno de Deus se torne mentira e o rolo carmim de sua eleição seja consumido no fogo. Portanto, descansem em perfeita paz, independentemente do que vier. Tirem suas harpas dos galhos dos salgueiros e jamais permitam que seus dedos cessem de tocar suas notas na mais rica harmonia. Ó, pela graça do início ao fim para que nos unamos à virgem em seu cântico.

2. Agora, o segundo ponto, ela canta com doçura.

Ela louva seu Deus *com seu coração*. Observem como ela imerge em meio ao assunto. Não há um prefácio, senão "A minha alma engrandece ao Senhor, e o meu espírito se alegrou em Deus, meu Salvador" (Lc 1:46-47). Quando algumas pessoas cantam, parece que elas têm medo de ser ouvidas. Nosso poeta coloca assim:

---

[9] Tradução livre de uma das estrofes do hino *My hope is built on nothing less*, de Edward Mote (1797–1874).

Com minha boca e toda força de meu coração,
Louvarei meu Criador em meu cântico;
As notas que erguerei, os anjos ouvirão,
Aprovarão a canção e se unirão ao louvor.[10]

Temo que os anjos muitas vezes não ouçam aqueles sussurros medíocres, débeis e esvaídos, que frequentemente saem de nossos lábios meramente por força do hábito. Maria é toda coração; evidentemente a alma dela está ardente e, enquanto ela medita, as chamas acendem, e ela, então, fala com a sua boca. Que nós também reunamos nossos pensamentos vagantes e despertemos nossas adormecidas forças para louvar ao amor redentor. É uma palavra notável que ela usa aqui: "Minha alma engrandece ao Senhor". Creio que ela queira dizer: "Minha alma empenha-se em engrandecer a Deus ao louvá-lo". Ele é tão grandioso quanto possível em Seu ser. Minha bondade não se estende até Ele, contudo minha alma engrandeceria a Deus no pensamento de outros e em meu próprio coração. Eu daria ao trem de Sua glória um circuito ainda maior. Refletirei a luz que Ele me concedeu; tornarei Seus inimigos em Seus amigos; converterei pensamentos endurecidos acerca de Deus em pensamentos de amor. "Minha alma engrandece ao Senhor". O velho Trapp[11] diria: "Minha alma criaria espaços mais amplos para Ele". É como se ela quisesse mais de Deus em si, como diz Rutherford[12]: "Ó, quem me dera meu coração fosse tão grande quanto o céu para que Cristo pudesse ser contido nele". Então,

---

[10] Tradução livre de uma das estrofes do hino *Psalm 138*, de Isaac Watts (1674–1748).

[11] John Trapp (1601–69), comentarista bíblico inglês.

[12] Samuel Rutherford (1600–61), teólogo presbiteriano escocês.

interrompe a si mesmo: "Porém, a Terra e o céu não podem contê-lo. Ó, quisera eu ter um coração tão grande quanto os sete céus, para que eu pudesse ter a plenitude de Cristo nele". Esse, verdadeiramente, é um anelo maior do que podemos jamais esperar ser atendido, mesmo assim nossos lábios devem cantar: "Minha alma engrandece ao Senhor". Ó, se eu pudesse coroá-lo! Se pudesse exaltá-lo ainda mais! Se eu for queimado na fogueira e isso acrescentar uma centelha a mais de luz à Sua glória, eu sofreria jubiloso. Se eu for esmagado e isso elevar Jesus apenas um centímetro a mais, alegre seria a destruição que agregaria mais à Sua glória! Esse é o caloroso espírito do cântico de Maria. Novamente, o louvor dela é muito jubiloso: "o meu espírito se alegrou em Deus, meu Salvador". A palavra grega usada é muito notável. Creio que é a mesma usada na passagem: "Regozijai-vos naquele dia e exultai..." (Lc 6:23). Tínhamos uma antiga palavra em inglês que descrevia uma certa dança de exultação, um "galliard". Esse termo supostamente veio do grego que foi usado na referida passagem bíblica. Era um tipo de dança saltitante. Os antigos comentaristas chamam-na de "levalto". De fato, Maria declara: "Meu espírito dançará como Davi diante da arca, saltará e saltitará, regozijar-se-á em Deus meu Salvador". Quando louvamos ao Senhor, não pode ser com notas dolorosas e lúgubres. Alguns de meus irmãos sempre louvam a Deus em tom menor ou em um baixo muito profundo. Não conseguem se sentir santos até que sintam horrores. Por que alguns não conseguem adorar a Deus a não ser com uma cara fechada? Reconheço-os pelo seu caminhar quando vêm à adoração: como é sombrio o ritmo de seus passos! Quão solene e adequado para um funeral! Não compreendem o salmo davídico:

> *À sua corte, com alegrias indizíveis,*
> *As tribos sagradas se dirigem.*[13]

Não, eles vêm à casa de seu Pai como se estivessem indo para o cárcere e adoram a Deus no domingo como se fosse o dia mais penoso da semana. Diz-se a respeito de um morador das Terras Altas da Escócia, no tempo em que os seus conterrâneos eram muito piedosos, que ele certa vez foi a Edimburgo e quando retornou disse que havia tido uma visão muito desagradável no *Shabat*. Vira o povo daquela cidade indo para a igreja com rostos felizes. Ele achava perversão parecer feliz no domingo. Essa mesma noção existe na mente de certas boas pessoas por aqui. Eles pensam que, quando os santos se reúnem, deveriam se assentar e sentir um tanto de uma angústia confortável, mas pouquíssimo júbilo. Na realidade, gemer e lamentar não é o meio indicado para a adoração a Deus. Deveríamos tomar Maria como um padrão. Recomendo-a como exemplo, durante o ano todo, para os esmorecidos e perturbados. "...o meu espírito se alegrou em Deus, meu Salvador..." (Lc 1:47). Parem de se alegrar com coisas sensuais e não tenham parte em prazeres pecaminosos, pois toda isso é um regozijo maligno; mas se regozijar no Senhor é algo que nunca é feito excessivamente. Creio que a falha em nossa adoração pública é que somos muito moderados, muito frios, muito formais. Não admiro exatamente o frenesi de nossos amigos da Metodista Primitiva quando eles se comportam desordenadamente, porém não objetaria

---

[13] Tradução livre de versos do hino 27, baseado no Salmo 122, em *The Sabbath Hymn Book*, 1858.

em ouvir um caloroso "Aleluia!" vez ou outra. Um entusiasmado irromper de exultação poderia aquecer nosso coração, o brado de "Glória!" poderia incandescer o nosso espírito. Disto eu sei: jamais me sinto mais preparado para uma verdadeira adoração do que quando estou pregando em Gales, quando, durante todo o sermão, o pregador é auxiliado, em vez de interrompido, por exclamações de "Glória a Deus!" e "Bendito seja o Seu nome!". Ora, então o sangue de alguém começa a arder e a mente é incitada. Esse é o verdadeiro modo de servir a Deus com alegria. "Alegrai-vos sempre no Senhor; outra vez digo: alegrai-vos" (Fl 4:4). "...o meu espírito se alegrou em Deus, meu Salvador...".

Ela canta com doçura, porque canta com confiança. Não pausa para se questionar: "Tenho qualquer direito de cantar?". Em vez disso diz: "A minha alma engrandece ao Senhor, e o meu espírito se alegrou em Deus, meu Salvador, porque contemplou na humildade da sua serva..." (Lc 1:46-48). O "se" é um triste inimigo para a felicidade de todos os cristãos. O "mas", o "talvez", a "dúvida", a "conjectura", a "suspeita", todos esses são uma raça de salteadores na estrada do pobre e tímido peregrino, e eles lhe roubam o dinheiro de seu sustento. As harpas logo desafinam e, quando sopram os ventos do quarteirão da dúvida, as cordas se rompem em conjunto. Se os anjos do Céu pudessem ter dúvidas, isso transformaria o Céu em um inferno. "...Se és Filho de Deus..." (Mt 4:6) foi a arma covardemente empunhada pelo velho inimigo contra nosso Senhor no deserto. Nosso grande adversário sabe bem qual é a arma mais perigosa. Cristão, embrace o escudo da fé sempre que vir aquela adaga envenenada prestes a ser usada contra você. Temo que alguns de vocês abriguem dúvidas e temores. Vocês podem muito bem incubar víboras jovens e alimentar o basilisco. Pensam que ter dúvidas é um sinal da graça, ao passo que é um sinal de enfermidade. Isso não prova que vocês não têm a graça divina quando duvidam da promessa de Deus, mas certamente prova que necessitam de mais dela, visto que, se possuíssem mais graça, assumiriam a Palavra de Deus da forma como Ele a entrega. Então se diria a seu respeito o mesmo que foi dito de Abraão: que ele estava "plenamente convicto de que [Deus] era poderoso para cumprir o que prometera. Pelo que isso lhe foi também imputado para justiça" (Rm 4:21-22). Que Deus os ajude a afastar sua dúvida. Ah, essas são as coisas mais diabólicas! Essa palavra é muito dura? Eu gostaria de encontrar alguma ainda mais dura. São criminosos e rebeldes aqueles que buscam roubar a glória de Cristo. São traidores aqueles que lançam lama no brasão de meu Senhor. Ó, são vis traidores; pendure-os em uma forca tão alta quanto a de Hamã[14], lance-os à terra e deixe que apodreçam como carniça ou enterre-os em um funeral como o de um asno. As dúvidas são abomináveis a Deus; que elas se tornem abomináveis aos homens. Elas são cruéis inimigas de nossa alma, ferem nossa utilidade, espoliam-no de toda a forma. Executem-nas com a "Espada pelo Senhor e por Gideão!" (Jz 7:20). Pela fé na promessa, busquem expulsar esses canaanitas e possuam a terra. Ó vocês, homens de Deus, falem com confiança e cantem com sagrada alegria.

Há algo mais que confiança no cântico de Maria. Ela canta com grande familiaridade: "A minha alma engrandece ao Senhor, e o meu espírito se alegrou em Deus, meu Salvador

---

[14] Referência a Ester 7.

[...] porque o Poderoso me fez grandes coisas. Santo é o seu nome" (Lc 1:46-49). Essa é a canção de alguém que se aproxima muito de seu Deus em amorosa intimidade. Sempre que ouço a leitura da liturgia, tenho a ideia de que essa é a adoração de um escravo. Não acho falhas em suas palavras ou frases; talvez, dentre todas as composições humanas, o culto litúrgico da Igreja da Inglaterra é, com algumas exceções, o mais nobre, mas é adequado apenas para escravos ou, no máximo, para súditos. Durante todo o culto, sente-se que há um limite colocado ao redor da montanha, tal como no Sinai. Sua litania é o lamento de um pecador e não o alegre triunfo de um santo. O culto é gerado em escravidão e não tem, em si, nada do confiante espírito de adoção. Vê o Senhor a distância, como alguém a ser temido em vez de amado, e receado em vez de em quem se deleitar. Não tenho dúvida de que se adequa àqueles cuja experiência os leva a colocar os Dez Mandamentos próximo à mesa da comunhão, pois assim são evidência de que seu trato com Deus ainda é nos termos de servos e não de filhos. De minha parte, desejo uma forma de adoração na qual eu possa me aproximar de meu Deus e, até mesmo, chegar aos Seus pés, lançando diante dele meu caso e apresentando minha causa com argumentos, falando com Ele como amigos falam entre si ou uma criança, a seu pai. De outro modo, a adoração é de pouca valia para mim. Nossos amigos episcopais, quando vêm aqui, ficam naturalmente chocados com o nosso culto, considerando-o irreverente por ser muito mais familiar e ousado do que o deles. Que nos preservemos cuidadosamente de sermos merecedores de tal crítica, então, não precisaremos temer, pois uma alma renovada anseia por aquela proximidade que os formalistas chamam de irreverente.

Falar com Deus como meu Pai, tratar com Ele como aquele que promete e é fiel a mim, e a quem eu, como um pecador lavado pelo sangue e revestido na perfeita justiça de Cristo, posso chegar com ousadia, não permanecendo distante: digo que isso é algo que o adorador do átrio exterior não consegue entender. Há alguns de nossos hinos que falam de Cristo com tal familiaridade, que os frios críticos dizem: "Não gosto de tais expressões, não poderia cantá-las". Concordo com você, Sr. Crítico, que essa linguagem não condiria com você, um estranho. Contudo um filho pode dizer milhares de coisas que um servo não deveria dizer. Lembro-me de um pastor alterando um de nossos hinos:

Que contenham seu louvor
Apenas os que não conhecem o Senhor;
Mas que os favoritos do Rei dos Céus
Proclamem sua alegria em todo lugar![15]

Ele trouxe: "Mas que os súditos do Rei dos Céus". Sim, e quando ele disse isso, pensei: "Está certo, você está cantando o que sente. Não sabe nada acerca da graça discriminativa e das revelações especiais, portanto permanece em seu nível nativo, '*súdito* do Rei dos Céus'". No entanto, ó, meu coração deseja uma adoração na qual eu sinta, e expresse o sentimento, de que sou um favorito do Rei celestial e, portanto, que eu possa cantar Seu amor especial, Seu favor manifestado, Seu doce relacionamento, Sua misteriosa união com a minha

---

[15] Tradução livre de uma das estrofes do hino *We're marching to Zion (Come, ye who love the Lord)*, de Issac Watts (1674–1748) e Robert Lowry (1826–99).

alma. Você jamais compreenderá até que pergunte: "Senhor, como é isso que tu te manifestas a nós e não ao mundo?". Há um segredo que nos é revelado e não ao mundo exterior; um entendimento que é recebido pelas ovelhas e não pelos bodes. Apelo a qualquer um de vocês que, durante a semana, tenha uma posição oficial, como um juiz, por exemplo. Você tem um assento no tribunal e não se veste com pouca dignidade quando lá está. Quando chega em casa, há um pequenino que teme bem pouco o seu juízo, mas que ama muito a sua pessoa, e que sobe em seu colo, beija sua face e lhe diz milhares de coisas que são adequadas e corretas, uma vez que vêm dele, mas às quais você não poderia tolerar na corte se viesse de qualquer homem vivente. Tal parábola não necessita de interpretação.

Quando leio algumas das orações de Martinho Lutero, elas me chocam, contudo argumento comigo mesmo: "É verdade que eu não consigo conversar com Deus do mesmo modo que Martinho, mas talvez ele sentisse e percebesse sua adoção mais do que eu percebo e, portanto, ele não era menos humilde porque era mais ousado. Pode ser que ele tivesse usado expressões que ficariam fora de lugar na boca de qualquer homem que não tivesse conhecido o Senhor como ele conheceu". Ó meus amigos, cantem neste dia acerca de nosso Senhor Jesus como alguém próximo a nós. Aproximem-se de Cristo, leiam Suas feridas, introduzam a sua mão no lado dele, coloquem seu dedo nas marcas dos cravos, então, sua canção ganhará uma santa suavidade e melodias que não poderiam ser adquiridas em qualquer outro lugar.

Preciso encerrar observando que, mesmo que o cântico de Maria fosse tudo isso, *quão humilde* ele era e quão cheio de gratidão. Os papistas a chamam de "mãe de Deus", mas ela jamais sussurrou tal coisa em sua canção. Não! É "Deus, meu Salvador"; exatamente as palavras que este pecador que lhes fala deve usar e as expressões que vocês, pecadores que me ouvem, podem usar igualmente. Ela deseja um Salvador, e ela sente isso. Sua alma se regozija porque há um Salvador para ela. Maria não fala como se pudesse se elogiar para Deus, mas espera permanecer aceita no Amado. Que cuidemos para que nossa familiaridade sempre se misture com a mais humilde prostração em espírito quando lembrarmos que Ele é Deus sobre tudo, bendito eternamente, e que não somos nada além de pó e cinzas. Ele preenche tudo, e nós somos menos que nada e vaidade.

3. *O último ponto seria* — cantaria ela sozinha?

Sim, ela deve cantar sozinha se a única música que pudermos trazer é aquela sobre os deleites carnais e prazeres mundanos. Amanhã haverá muita música que não ressoará com a dela. Haverá muita alegria e muito riso, porém, temo que a maior parte disso não estará de acordo com o cântico de Maria. Não será: "A minha alma engrandece ao Senhor, e o meu espírito se alegrou em Deus, meu Salvador". Não impediríamos a diversão dos espíritos carnais, idosos ou jovens, e sequer uma vírgula do seu prazer nas misericórdias de Deus, desde que vocês não quebrem Seu mandamento por devassidão ou embriaguez. Contudo, ainda assim, quando vocês tiverem o máximo desse exercício de seu corpo, o lucro será pequeno; é apenas a alegria da hora passageira e não a alegria do espírito, que permanece. Assim sendo, Maria deve cantar sozinha quando se trata de vocês. O júbilo da mesa [de Natal] é muito inferior para Maria; a alegria da celebração e da família rasteja quando comparada à dela.

Todavia, cantará ela sozinha? Certamente que não, se, neste dia, qualquer um de nós, por simples confiança em Jesus, pudermos tomar Cristo para ser nosso. O Espírito de Deus, hoje, os leva a dizer: "Confio minha alma a Jesus"? Meu caro amigo, então você concebeu Cristo: no sentido místico e melhor dessa palavra, Cristo é concebido em sua alma. Você o entende como Aquele que carrega os pecados, levando para longe a transgressão? Pode vê-lo sangrando como um substituto pelos homens? Aceitam-no como tal? Sua fé coloca toda a dependência sobre o que Ele fez, sobre quem Ele é, sobre o que Ele faz? Então, Cristo é concebido em você, e você pode ir por toda a sua jornada com toda a alegria que Maria conheceu, e, eu quase diria, com um pouco mais do que ela, pois a concepção natural do corpo sagrado do Salvador não era um décimo para se comparar. Então, encontre um tema para festejar, à medida que o santo Jesus é concebido em seu coração, e assim Ele será em você a esperança da glória. Meu caro amigo, se Cristo for seu, não há na Terra cântico elevado demais ou santo demais para que você entoe. Não, não há canção que emocione mais, proveniente dos lábios angelicais, nenhuma nota que estimule a boca do arcanjo à qual você não possa se unir. Hoje mesmo, as palavras, pensamentos e emoções mais santos, felizes e gloriosos lhes pertencem. Usem-nos! Que Deus os ajude a deles desfrutar; e a Ele seja o louvor, ao passo que de vocês é o consolo para sempre. Amém.

2

A SOGRA DE PEDRO: SOERGUIMENTO PARA O ABATIDO [16]

*Então, aproximando-se [Jesus],
tomou-a pela mão; e a febre a deixou, passando
ela a servi-los.* —Marcos 1:31

A mãe da esposa de Pedro estava doente com uma febre terrível. Não era uma febre comum, como a que, dizem, era corriqueira na região em que ela vivia. Ao contrário, "...Lucas, o médico amado..." (Cl 4:14), conforme Paulo chamava esse evangelista, nos diz que "...a sogra de Simão achava-se enferma, com febre muito alta..." (Lc 4:38). Vocês sabem que é natural à febre deixar o paciente prostrado, mesmo quando a própria doença passa. Jesus Cristo não apenas pretendia curar a sogra de Pedro, e curá-la de uma vez, mas

---

[16] Sermão nº 2980, ministrado na noite de domingo, 19 de setembro de 1875, no *Metropolitan Tabernacle*, Newington, e publicado em 22 de março de 1906.

também desejava que ela estivesse completamente curada para que não tivesse mais uma prostração persistente. As curas de Cristo são sempre perfeitas, não parciais. Ele não faz a febre sair e permite que o abatimento permaneça, mas leva embora tanto um quanto o outro.

É possível que a pobre paciente tivesse quase perdido a esperança de recuperação, e, provavelmente, aqueles que a cercavam teriam se desesperado, caso não tivessem fé no grande Médico, o Senhor Jesus Cristo. Foi, portanto, para o encorajamento dela, e deles igualmente, que nosso Senhor se inclinou sobre aquela cama onde repousava a senhora febril, tomou-a pela mão, desse modo animando-a ao demonstrar que Ele não temia ter contato com ela e, então, levantou-a gentilmente. Assim, ela, cedendo à amável pressão, levantou-se e se assentou — não, não meramente se sentou, mas deixou a cama, estando tão perfeitamente restaurada que logo começou a cuidar deles como a dona da casa, cujo dever era zelar pelo conforto deles.

Espero que haja muitos nessa congregação a quem Jesus Cristo deseja abençoar. Porém, eles estão, no momento, em um estado de total prostração; estão tão desanimados que o espírito deles se afunda até quase o ponto do desespero. Não conseguem crer que haja misericórdia para si, abandonaram qualquer esperança de encontrá-la. Em certo momento, tiveram alguma medida de esperança, mas ela agora os abandonou completamente.

Estão na mesma condição de abatimento que sogra de Pedro e precisam que Cristo faça por eles as duas coisas que Ele fez por aquela mulher. Primeiramente, *Ele tocou nela* e, depois, *Ele a levantou gentilmente e a restaurou completamente*. Que Ele faça o mesmo por vocês!

1. Nossa primeira preocupação, ao olhar para as almas abatidas é dizer-lhes que Jesus Cristo as toca.

Você, meu pobre amigo aflito, pensa que Jesus Cristo jamais se relacionará com você. Já leu e ouviu acerca dele, mas Ele lhe parece estar muito distante, e você não consegue alcançá-lo. Tampouco lhe parece provável que Ele pudesse vir em sua direção e o olhasse com misericórdia. Agora, ouça-me.

Primeiramente, *Jesus Cristo veio para tocá-lo*, pois você é um membro da raça humana da qual Jesus Cristo também se tornou membro em Sua encarnação. Nunca se esqueça disto: mesmo que seja perfeitamente verdadeiro que Cristo "...é sobre todos, Deus bendito para todo o sempre..." (Rm 9:5), ainda assim é igualmente verdade que Ele condescendeu a nascer neste mundo, como o infante de uma mãe terrena, e a viver aqui sob as mesmas condições que o restante de nós, sofrendo as mesmas fraquezas, enfermidades, pesares e a mesma morte que nós, por amor a nós. Imploro-lhes que jamais pensem sobre Jesus como se Ele fosse apenas um espírito, cuja presença deveria lhes causar alarme. Contudo, pensem nele como um homem como vocês mesmos, que comia e bebia como os demais, não um recluso se isolando dos pecadores, mas como um homem vivo entre outros homens, o espécime perfeito de humanidade, o homem Cristo Jesus, pois Ele se aproximou de vocês. Vocês não temeriam conversar com seus companheiros; então, não tenham receio de falar com Jesus. Contem-lhe todos os detalhes de seu caso, uma vez que Ele jamais foi um homem de espírito orgulhoso e arrogante. Ele não foi alguém que disse: "Fique onde está, porque eu sou mais santo do que você". Longe disso; Ele era um homem com um grande coração de amor. Estava tão cheio de atrativos que até mesmo as crianças vinham se aglomerar aos Seus pés e, quando os Seus discípulos quiseram afastá-las, Jesus disse: "...Deixai os pequeninos, não os embaraceis de vir a mim, porque dos tais é o reino dos céus" (Mt 19:14). Ele jamais repeliu até mesmo o pior membro da humanidade que se aproximou dele. Pelo contrário, ansiava reuni-los a si. Cristo pranteou sobre a culpada cidade de Jerusalém e disse: "...Quantas vezes quis eu reunir os teus filhos, como a galinha ajunta os seus pintinhos debaixo das asas, e vós não o quisestes!" (Mt 23:37). Então, venha, espírito abatido, e veja no próprio fato de que Jesus é Emanuel, Deus conosco, que Ele se aproximou de você e sobre você colocou a Sua mão.

"Ah!", diz você, "posso entender que Ele tenha se aproximado dos homens, mas eu não sou meramente um homem, sou um homem pecador". Sim, e *Jesus se aproximou dos pecadores*, e foi chamado pelo nome de Jesus porque Ele é o Salvador e salvaria as pessoas dos seus pecados[17]. Sua obra neste mundo não foi buscar santos, mas "...buscar e salvar o perdido" (Lc 19:10). O dever de meu Mestre não era para com os bons, os excelentes, os justos, mas com os maus, os ímpios, os injustos. Ele disse: "...Os sãos não necessitam de médico, mas, sim, os que estão doentes; eu não vim chamar os justos, mas, sim, os pecadores ao arrependimento" (Mc 2:17 ACF). Se Ele não veio para salvar os pecadores, por que veio então como um sacrifício?

O sacrifício só é exigido onde há pecado — a expiação é necessária somente onde há culpa. Cristo veio a você, pecador

---

[17] Conforme Mateus 1:21.

culpado, e Ele coloca a Sua mão sobre você do mesmo modo que colocou sobre a mãe da esposa de Pedro quando ela estava doente com uma febre muito alta.

Será que ouço você dizer, como em um sussurro, como se temesse que qualquer pessoa pudesse ouvi-lo, que você não é apenas um pecador, mas um grande pecador — que pecou além da culpa ordinária da massa comum da humanidade, que há alguns pontos nos quais o carmesim de sua culpa é de uma tonalidade mais profunda do que de qualquer outra pessoa? Meu amigo, permita-me assegurá-lo de que *Jesus Cristo veio para salvar o principal dos pecadores*. Você o vê na cruz, suportando aquelas indescritíveis aflições da morte? Pode ouvir Seus clamores moribundos e estes brados que penetram a alma: "…Deus meu, Deus meu, por que me desamparaste?" (Mt 27:46), e ainda pensar que tal morte foi em favor das insignificantes ofensas dos pequenos pecadores, meros pecadilhos ou erros? Ah, não! O Filho de Deus veio para dar Sua vida em resgate de muitos grandes pecados e muitos grandes pecadores. A magnitude da expiação de Cristo é a prova de que o objetivo dele era a remoção do pecado, por maior que este possa ser. O Filho de Deus é, Ele mesmo, o Salvador dos pecadores. Portanto, deve haver, uma grandeza colossal no pecado para que seja necessário que o Filho de Deus o remova e para que o Filho de Deus morresse, antes que o trabalho hercúleo de afastar o pecado pudesse ser realizado. Todavia, após haver afastado o pecado ao sacrificar a si mesmo, Ele é capaz de salvar até mesmo o maior dos pecadores.

Está muito claro que Jesus entrou em contato com grandes pecadores; mais ainda, como pode ser lido no registro acerca de Sua vida, percebe-se que *a pregação do Senhor era constantemente voltada a tais pessoas*. Se você pesquisar sobre a costumeira congregação de Jesus, descobrirá que ela era amplamente formada de tais personagens. Os fariseus diziam, em zombaria, mas, sem dúvida, era fato que: "...Este recebe pecadores e come com eles" (Lc 15:2). Ainda no mesmo momento, temos o relato: "Aproximavam-se de Jesus todos os publicanos e pecadores para o ouvir" (v.1). A pregação do Senhor evidentemente os atraía, e Ele nunca pareceu surpreso com isso, nem expressou desgosto por atrair ao redor de si uma classe de ouvintes tão baixa e degradada. Não, pelo contrário, Ele afirmou que fora enviado às ovelhas perdidas até que as encontrasse e para que recebesse o pródigo andarilho quando ele voltasse à casa do Pai. Nosso Senhor Jesus Cristo, a julgar pelo caráter de sua congregação e o tom de Sua pregação, evidentemente veio a este mundo com o propósito de entrar em contato com os piores pecadores. Desejo que você, caro amigo, perceba que meu Senhor Jesus Cristo é um homem, e não é um homem que veio procurar por seus congêneres, que poderiam ser dignos de serem contados entre os Seus conhecidos. Mas Ele veio buscar homens e mulheres nefastos a quem pôde trazer a bênção da salvação. Ele veio, não para ser servido, mas para servir. Não para receber, mas para conceder dádivas. Seu objetivo em estar aqui, neste mundo, não era escolher, aqui e ali, um caráter nobre e notável, mas procurar as almas que necessitavam de Sua graça e vir a elas abençoando-as e salvando-as. Desse modo, Ele se aproximou de você nesse sentido. Lembre-se da comissão que Ele deu a Seus discípulos pouco antes de voltar ao Céu: "Ide por todo o mundo e pregai o evangelho a toda criatura" (Mc 16:15). Em outra ocasião, após a Sua ressurreição, Ele lhes relembrou de que "em seu nome se pregasse arrependimento para remissão de pecados a todas as nações, começando de Jerusalém" (Lc 24:47), isto é, começando no mesmo lugar onde viviam as pessoas que o haviam crucificado. Comecem onde vivem aqueles que mancharam suas mãos com o meu sangue. Comecem com eles e depois vão a toda criatura, no mundo todo, e digam aos pecadores, em toda parte do globo que "...quem crê no Filho tem a vida eterna..." (Jo 3:36). Ao dar essa comissão, nosso Senhor Jesus Cristo estendeu Sua mão por todos os séculos para que pudesse tocar em você. E eu venho aqui para obedecer a essa comissão ao lhe pregar o evangelho, visto que você está incluído no termo "toda criatura". Assim Jesus Cristo entra em contato com você por meio da pregação dessa palavra agora mesmo.

Há um pensamento solene sobre o qual eu gostaria que você refletisse, e é este: ao entrar nesta casa de oração e ao ouvir o evangelho, como terá ouvido antes que este culto encerre, *o Senhor Jesus Cristo veio tocar-lhe para que você jamais perca a impressão desse contato, quer esteja perdido ou salvo.* Se estiver perdido, terá a culpa adicional de tê-lo rejeitado e nem você mesmo poderá se livrar dessa culpa, por mais que tente. Seus ouvidos ouviram a Palavra, assim, se não a receber, será contado entre aqueles a quem o evangelho chegou, mas que julgaram a si mesmos indignos da vida eterna, como alguns a quem o apóstolo Paulo pregou. Assim sendo, esse evangelho o condenará. Pois, para todo aquele que ouve o evangelho, há nele um sabor: para uns é sabor de morte para a morte, e para outros sabor de vida para a vida[18]. Não há sequer um

---

[18] Conforme 2 Coríntios 2:16.

homem, mulher ou criança que tenha entendimento o suficiente para compreender o que dizemos ao pregar o evangelho que poderá sair desta casa de oração sem receber um lembrete do contato com o Senhor Jesus Cristo. Ou o sangue dele está sobre você para o salvar, ou a terrível maldição que os judeus invocaram sobre si, e que permanece sobre eles como uma maldição até o dia de hoje, cairá sobre você: "...Caia sobre nós o seu sangue e sobre nossos filhos!" (Mt 27:25). Você ou será limpo da culpa pelo sangue de Jesus, ou, do contrário, será culpado por rejeitá-lo e assim se colocar na mesma categoria dos judeus que o rejeitaram e o cravaram sobre o maldito madeiro. De uma forma ou de outra, tenham certeza disto: "...é chegado o reino de Deus sobre vós" (Mt 12:28). É um fato solene ter de declarar isso, mas é assim. Jesus Cristo colocou, de um modo ou outro, Sua mão sobre você e agora está em contato com você.

2. No entanto, deixando o ponto anterior, alegro-me em passar para o próximo. Quando Jesus segurou a mão da sogra de Pedro, Ele, então, começou a levantá-la gentilmente.

Ela correspondeu ao Seu toque com disposição e, ao retomar prontamente suas responsabilidades com a casa, provou que estava perfeitamente curada.

Há algumas almas desditosas, abatidas e desanimadas que precisam de alguém que as levante, e desejo que o Senhor, agora mesmo, enquanto eu prego, tome alguns de vocês pelas mãos e os levante. Meu objetivo será mencionar algumas coisas que podem ajudar a oferecer certo erguimento. Você deseja ser salvo, anseia ser salvo, mas teme que jamais o será; é esse medo que o impede de ser salvo. Se você puder ter pelo menos esperança, ela será concretizada. Porém, não sente sequer que deva esperar por isso. Agora, permita-me oferecer-lhe a mão e tentar levantá-lo.

Primeiro, lembre-se de que outros que estavam exatamente como você está agora foram salvos. Você não conhece algumas pessoas que estavam na mesma condição em que você está no presente momento? Se não, então, encontre o mais próximo amigo cristão entre os seus conhecidos, diga-lhe aquilo que você considera como peculiaridade em sua condição e tenho quase certeza de que ele lhe dirá: "Ora, isso não é nada peculiar, era exatamente assim que eu estava antes de encontrar o Salvador". Se você não descobrir que isso é verdade com o primeiro cristão que encontrar, não se surpreenda porque, naturalmente, nem todos os cristãos são iguais. Porém tenho certeza de que não terá de falar com muitos cristãos antes de descobrir que aquelas coisas que você considera peculiaridades muito notáveis em você acabam por ser bastante comuns, pois muitas outras pessoas já estiveram na mesma condição! Desafio àqueles que estão muito abatidos a ver se não conseguem encontrar alguém que já esteve onde estão neste momento e que foi salvo. E quando o encontrar, os argumentos serão muito claros. Se A pode ser salvo, e B é igual a A, então por que não poderia B também ser salvo?

"Ah!", você diz, "tenho poucos conhecidos cristãos a quem eu possa inquirir". Muito bem, então, lhe darei outro teste simples. Pegue a sua Bíblia, destaque os casos de conversão e veja se aqueles salvos não eram muito parecidos com como você está agora. E, se isso não o satisfizer, volte-se às várias promessas que o Senhor Jesus fez para os pecadores que se achegavam a Ele e veja se não há pelo menos uma que seja compatível com um pecador como você. Penso que você não pode avançar em um escrutínio honesto das promessas do evangelho sem dizer: "Bem, agora realmente parece que eu poderia me comprimir aí, até certa medida. Creio que essa descrição corresponde a exatamente o meu caso". Eu não me surpreenderia se você encontrasse algum texto do qual diria: "Ora, este parece que foi escrito totalmente para mim, é uma descrição precisa de minha condição de desamparo". Então, se você descobriu que Cristo convidou pecadores como você, e que, de acordo com o registro inspirado, Ele salvou pessoas como você, por que você não deveria ter esperança? Você é um ladrão? Lembre-se de que

O moribundo ladrão alegrou-se em ver
Essa fonte no dia em que morreu;
E mesmo que tão vil seja você,
Nela lave os pecados seus.[19]

Você tem sido um pecador em um sentido mais imodesto? Lembre-se de que havia uma mulher que era "uma pecadora" neste mesmo sentido, que lavou os pés de Cristo com suas lágrimas e enxugou-os com os cabelos de sua cabeça. Você é alguém cuja boca é suja? Lembro-me de Simão Pedro, que falava muitos impropérios antes de se converter. De outra maneira, ele não teria feito juramentos e praguejado tão

---

[19] Tradução livre de uma das estrofes do hino *There is a fountain filled with blood*, de William Cowper (1731–1800).

displicentemente como quando negou a seu Mestre. Mesmo assim, independentemente desse mau hábito ter se manifestado de novo, Simão Pedro não foi apenas salvo, mas se tornou um dos servos mais úteis de nosso Senhor Jesus Cristo. Eu poderia continuar mencionando todos os tipos de pecadores e lhe dizendo: "Alguém que era seu semelhante foi salvo e foi para o Céu, isso não é um erguimento para você? Oro para que o Senhor o faça ser. Outros como você foram salvos, então por que não deveria você ser salvo? Portanto, tenha bom ânimo, pobre pecador abatido".

Permitam-me oferecer-lhes outro alçamento. A salvação é completamente pela graça, isso quer dizer que é um favor totalmente divino e gratuito. Deus não salva qualquer homem por haver nele algo que mereça salvação. O Senhor salva quem quer que Ele deseje salvar; essa é uma de Suas maiores prerrogativas, acerca da qual Ele é muito contundente. A declaração dele é: "Terei misericórdia de quem me aprouver ter misericórdia e compadecer-me-ei de quem me aprouver ter compaixão" (Rm 9:15), e a conclusão a que Paulo chegou a partir dessa declaração é: "Assim, pois, não depende de quem quer ou de quem corre, mas de usar Deus a sua misericórdia" (v.16). Agora, se for da vontade de Deus conceder Sua misericórdia a pecadores, de acordo com Sua própria graça soberana em Cristo Jesus, independentemente de haver qualquer bem neles, por que não deveria Ele demonstrar misericórdia a você? Você tem procurado por algum motivo em si mesmo pelo qual Ele deveria lhe mostrar misericórdia, mas não consegue encontrar tal razão. Posso dizer-lhe que jamais houve qualquer razão nos pecadores, em si, pela qual Deus deveria salvá-los. Ele sempre os salvou por motivos conhecidos apenas por Ele mesmo, os quais jamais revelou e que nos diz que não revelará. Deus pergunta, como o dono da casa da parábola: "Porventura, não me é lícito fazer o que quero do que é meu?..." (Mt 20:15), e assim Ele o fará. Nenhum homem tem direito à salvação. Todos perdemos todas as reivindicações de mérito, então, quando o Senhor concede Sua misericórdia, Ele a dá onde quer que lhe apraza. Por que, então, não deveria Ele lhe conceder essa misericórdia, bem como a todos os demais?

Também devo lembrar-lhe de que a fé em Jesus Cristo sempre salva a alma — simplesmente confiar nele, como cantamos há pouco —

> *Apenas confie nele! Apenas confie nele!*
> *Apenas confie nele agora!*
> *Ele o salvará! Ele o salvará!*
> *Ele o salvará agora!*[20]

Há muitos que colocaram essa afirmação à prova e descobriram que a fé em Cristo os salvou. Há algumas pessoas, atualmente, que nos dizem que essa é uma doutrina imoral, dizem que devemos pregar as boas obras. Realmente pregamos as boas obras do modo mais enérgico possível, pois dizemos que a fé em Jesus Cristo impede o homem de viver em pecado. Não as pregamos como base para a salvação. Isso seria tão tolo quanto uma criança arrancar flores e as fincar no solo, dizendo: "Ó, que belo jardim temos!". Plantamos as sementes das flores, ou as raízes das flores da graça, uma vez que a fé em Jesus Cristo é

---

[20] Tradução livre de uma das estrofes do hino *Only trust in Him*, de John H. Stockton (1813–77).

a semente e a raiz da virtude. Aquele que crê em Jesus Cristo é salvo, não meramente da punição pelo pecado, mas do pecado em si — do poder dele, do hábito de pecar. Se ainda continuarem a dizer que essa é uma doutrina imoral, que se levantem os milhares de homens que foram salvos da embriaguez, da lascívia, da profanidade, por simplesmente crerem em Jesus, e iniciem seu protesto contra a maldosa acusação de há qualquer coisa imoral nesse ensino. Doutrina imoral. Ora, ela levou milhões de pessoas a Cristo e ao Céu. Se essa doutrina puder realmente ser chamada de imoral, então o próprio Deus deve ser acusado de ser imoral, visto que esse evangelho certamente veio dele, e não é nada menos que blasfemo o chamar de imoral. Ouça esse evangelho, pecador. Você não possui boas obras e nunca as terá até que se arrependa de seu pecado e confie no Senhor Jesus Cristo. Se tiver alguma boa obra, elas todas ruirão porque o motivo por trás delas será este: você as praticará na esperança de, assim, salvar a si mesmo. O que é isso senão puro egoísmo — egoísmo fatal, que não pode ser aceitável diante de Deus?

Contudo, senhores, se vocês apenas confiarem no Senhor Jesus Cristo, receberão o perdão imediato de seu pecado e com ele virá um ódio genuíno a tudo o que Deus odeia bem como um amor fervente por tudo o que Ele ama. E assim praticarão boas obras, mas por qual motivação? Ora, por gratidão a Ele, e, por não serem resultado do egoísmo, elas serão verdadeiramente boas obras, pois serão praticadas na perspectiva de agradar a Deus e não como meio de conseguir algo para vocês mesmos.

Cada alma, então, que creu em Jesus encontrou a vida eterna e a libertação do pecado. Muito bem, você então encontrará a mesma bem-aventurança se agora fiar-se completamente nele. Eles "apenas confiam nele"; faça o mesmo — apenas confie nele agora. Lançaram-se aos braços de Cristo, Ele os apanhou e segurou-os firmemente. Faça o mesmo, lance-se aos braços de Cristo, que está embaixo de você, pronto para pegá-lo, e com certeza será salvo. Esta é a declaração do próprio Cristo: "Quem crer e for batizado será salvo…" (Mc 16:16). Crer vem primeiro, e o batismo deve seguir como a confissão da confiança. Cristo ordenou a Seus discípulos que observassem esta ordem: "Ide, portanto, fazei discípulos de todas as nações, batizando-os [aqueles que foram feitos discípulos] em nome do Pai, e do Filho, e do Espírito Santo" (Mt 28:19). É isso que o próprio Cristo disse; assim, se você creu nele e foi batizado sob a sua profissão dessa fé, está salvo, exatamente como uma miríade de outros foram salvos. Tentei, deste modo, oferecer-lhes um erguimento a mais e oro para que o Senhor Jesus tome a sua mão e os erga, a vocês pacientes febris, que não conseguem se levantar sem o poder de Cristo ser derramado em vocês.

Permitam-me oferecer-lhes outro motivo para você se levantar. Acho que posso ouvi-los dizer: "Ó senhor, eu conheço o evangelho, mas, de alguma forma, eu não consigo abraçá-lo. Sei que devo orar, mas não consigo orar como deveria. Sei o que é o arrependimento, contudo, não consigo me arrepender como eu gostaria". Aqui está um texto que, espero eu, os levantará: "…o Espírito, semelhantemente, nos assiste em nossa fraqueza…" (Rm 8:26). Você não consegue olhar para o Céu e pedir que esse bendito Espírito o auxilie agora? Digamos que seu coração empedernido seja tão duro quanto a mó inferior; o Espírito de Deus pode amaciá-lo em um instante. Por que, então, parece-lhe impossível você crer em Jesus? O gracioso Espírito está pronto para capacitá-lo a crer nele. E se, agora, você parece ser exatamente o oposto daquilo que deveria ser? O bendito Espírito pode transformar sua natureza completamente. Ele pode abrir o olho cego, desimpedir o ouvido surdo, extrair seu coração endurecido de sua carne e lhe dar um coração de carne.[21] Sei que você não pode ajudar a si mesmo, mas também sei que o Santo Espírito pode, pois nada é impossível a Ele. Vem, vento celestial, e sopra sobre esses ossos secos, aviva-os para a vida e a atividade, para que, onde não havia nada senão morte, haja um exército vivo para servir ao Deus vivo![22] E, bendito seja o Seu nome, Ele o fará, visto que, onde houver uma oração verdadeira e sincera por Sua presença, Ele já estará presente ditando essa oração, porquanto ninguém ora realmente até que o Espírito Santo lhe ensine como orar. Assim sendo, você que está como a mãe da esposa de Pedro, já conseguiu se levantar? Que a mão poderosa do Senhor se estenda a você, uma vez que a sua própria será muito fraca para erguer a si mesmo.

Aqui está outro motivo para você se levantar. Apesar de tudo o que eu já disse, você ainda pensa que merece estar perdido, e que deve ser perdido porque, *se for punido, isso mostrará a justiça de Deus*. Isso é verdade, até certo ponto. No entanto, permita-me dizer-lhe algo mais que é igualmente verdadeiro. Se você for salvo, isso glorificará a misericórdia de Deus e Ele "...tem prazer na misericórdia" (Mq 7:18). Recordo-me do tempo em que eu pensava que, se Jesus Cristo me salvasse,

---

[21] Conforme Ezequiel 11:19.
[22] Referência a Ezequiel 37:1-14.

essa seria a Sua maior realização. Eu pensava assim naquela época e, não sei por que, mas penso o mesmo hoje. Tenho certeza de que, quando eu chegar ao Céu, ainda pensarei do mesmo modo. E, se você, caro amigo, pensa o mesmo a seu respeito, creio que esteja certo. No entanto, Jesus Cristo ama fazer grandes obras, Ele se deleita em demonstrar misericórdia a grandes pecadores e, se há alguém aqui que parece não ter nada de bom em si e que todos reconhecem como sendo um renomado pecador, bem, oro para que o Senhor o salve, meu amigo, porque então os demônios no inferno ouvirão acerca disso e se enfurecerão, e eu gosto que eles fiquem enfurecidos por essa razão. E os homens perversos, com quem você costumava se associar, ouvirão sobre isso e dirão: "O velho Jack se tornou cristão? Harry se tornou batista? Eu jamais creria que tal coisa fosse possível". Gostamos de ter convertidos como esses, e meu Senhor gosta de tê-los também, pois tais vitórias da graça soberana causam grande rebuliço no acampamento dos filisteus, e eles começam a estremecer e clamar: "Quem será o próximo a ser transformado?". Desse modo, o reino do Céu cresce, a fama de Satanás é ofuscada e a reputação de Jesus de Nazaré aumenta cada vez mais em fulgor.

"Ah!", diz alguém, "jamais vi essas coisas sob esse prisma, visto que, se Jesus Cristo me salvasse, eu seria o maior prodígio na Terra". Então, penso que é bem provável que Ele o salve, uma vez que Ele se apraz em realizar prodígios e em efetuar grandes maravilhas. Como você acha que um médico consegue ter grande fama? Há alguns deles em Londres que têm tantos pacientes aguardando para vê-los que os pobres sofredores têm de aguardar uma hora antes de entrar no consultório. Como esses médicos chegaram a ser tão enaltecidos?

Se eu lhe dissesse que eles conseguiram toda essa fama por curarem mãos quebradas, dedos feridos e verrugas, você diria: "Bobagem! Ninguém consegue ficar famoso fazendo coisas tão pequenas quanto essas!". Então, como eles vieram a ser tão honrados? Ah, havia um pobre homem que estava perto da morte, muitos outros médicos desistiram dele, mas houve um que foi capacitado por Deus para curá-lo. Ou havia um homem cuja perna estava prestes a ser amputada, e esse médico disse: "Eu vou salvar o membro desse homem". Ou havia um caso complicado de uma enfermidade interna, e esse médico disse: "Entendo esse caso", e ele o curou, e todos falaram sobre essa maravilhosa cura. Todos agora vão a esse médico. Ele se tornou famoso por meio da cura de casos graves, um único caso grave lhe trouxe mais crédito do que 50 males menores teriam feito. Assim é com esse grande Médico e com vocês, grandes pecadores, que têm uma complicação de desordens que ninguém, exceto Cristo, pode curar. Meu Senhor e Mestre tem um modo maravilhoso de curar aqueles que parecem ser incuráveis. Quando Ele cura casos como o seu, o Céu, a Terra e o inferno ouvem a respeito, e isso o torna famoso. Desta forma, eu os encorajaria a esperar que Ele os salve, embora estejam tão prostrados quanto a sogra de Pedro estava antes de Cristo tomá-la pela mão e a levantar. Que meu gracioso Senhor e Mestre os ajude a ganhar encorajamento pelo que Ele tem feito por outros que estavam em um estado tão triste como o que vocês estão agora!

Embora seu caso lhe pareça muito sem esperança, ou se você tem alguma esperança de recuperação e sente que ela levaria muito tempo, eu gostaria de lembrá-lo que Jesus Cristo perdoa os pecadores em um instante. Um homem é densas trevas tal qual a meia-noite em um momento, e tão reluzente quanto o meio-dia no seguinte. Jesus Cristo, levantado sobre a cruz, tem este estrondoso poder que, se um homem tiver todos os pecados da humanidade repousando sobre si e, ainda assim, apenas olhar para Cristo, pela fé, seus pecados serão todos eliminados em um instante. Vocês já viram aquela maravilhosa estátua que representa Laoconte[23] e seus filhos com as monstruosas serpentes enroladas por todos os seus membros? Bem, embora vocês possam ser outro Laoconte e os hábitos pecaminosos se entrelacem por todo o seu corpo, de modo que é impossível livrar-se deles, ainda assim, se olharem para Jesus, pela fé, esses monstros cairão mortos a seus pés. Jesus Cristo, a Semente da mulher, coloca o Seu pé sobre o monstro, o pecado, e lhe esmaga a cabeça; e, se vocês creem em Jesus, os pés traspassados dele esmagarão a vida do seu pecado e vocês serão libertos de seu poder. Ó, que vocês tenham a graça de confiar em Jesus para o perdão instantâneo, a regeneração instantânea e a libertação instantânea da natureza das trevas e serem recebidos na mais maravilhosa luz de Deus! Se estiverem tão abatidos quanto a sogra de Pedro estava, não devem permanecer deitados imóveis quando Cristo está pronto a lhes oferecer um levantar como esse.

Mas, se o fizerem, recomendo que lembrem, pobres pecadores desanimados e desesperados, que Aquele que veio salvar alguém como você é o Salvador divino. Esse deve ser um sopro mortal sobre cada dúvida! Vocês dizem que há uma dificuldade em seu caso. Sim, sempre há alguma dificuldade onde

---

[23] Essa estátua, também conhecida como Grupo de Laoconte, foi encontrada em 1506 e encontra-se em exibição no Vaticano. Não se sabe ao certo seu autor ou a data em que foi esculpida.

há apenas poder finito; sempre haverá dificuldades onde há criaturas com capacidades limitadas, mas aqui está o Criador — o Criador encarnado: aquele que fez os Céus e a Terra desceu aqui para viver como um homem e morrer sobre a cruz, para que pudesse salvar os pecadores. Qual dificuldade pode haver na presença da onipotência? Não fale de dificuldade na presença do Deus Todo-Poderoso. Ele só precisa desejar algo, e está feito; falar, e aquilo permanecerá para sempre. Jesus Cristo, meu Senhor e Mestre, é capaz de salvar até o fim todos os que vão a Deus por meio dele, e pode salvá-los com a maior facilidade possível. Como foi fácil para Cristo abençoar homens, mulheres e crianças quando Ele estava aqui na Terra! Uma mulher necessitada veio do meio da multidão e só tocou a aba das Suas vestes; ela não conseguiu se aproximar o suficiente para tocar nele, apenas tocou a aba de Suas vestes com seu dedo. Houve contato entre ela e Cristo por intermédio do dedo da mulher e da orla de Sua veste, e ela foi curada no mesmo instante[24]. Houve outros casos nos quais Cristo curou, na mesma hora, pessoas que estavam a quilômetros de distância dele. "Vai", disse o Senhor ao oficial, "teu filho vive" (Jo 4:50). Jesus não estava perto do rapaz, mas podia realizar o milagre a distância com a mesma facilidade. Ó pecador, nada é impossível para Deus. Se você está enfermo até a morte, Jesus Cristo pode salvá-lo. Se eu o visse diante dos portões do inferno — desde que você não tivesse cruzado o limiar — se eu o visse trêmulo lá e você me dissesse: "Jesus Cristo pode me salvar agora?", eu responderia: "Sim, meu irmão, olhe para Jesus, e Ele lhe tirará dos portões do inferno e o levará aos

---

[24] Conforme Lucas 8:43-48.

portões do Céu em um momento". Quando estava sobre a Terra, Jesus disse: "...todo pecado e blasfêmia serão perdoados aos homens" (Mt 12:31), e isso é tão verdadeiro hoje quanto no momento em que foi dito. "Vinde, pois, e arrazoemos, diz o Senhor; ainda que os vossos pecados sejam como a escarlata, eles se tornarão brancos como a neve; ainda que sejam vermelhos como o carmesim, se tornarão como a lã" (Is 1:18).

> *Apenas confie nele! Apenas confie nele!*
> *Apenas confie nele agora!*
> *Ele o salvará! Ele o salvará!*
> *Ele o salvará agora!*[25]

Ó, que Ele abençoe essa palavra para vocês! Cristo é Deus e homem. Ele sofreu no lugar dos pecadores na cruz, mas vive; desde que o sofrimento foi consumado, Ele vive como o Salvador que é poderoso para salvar. E todo aquele que o tomar como seu próprio Salvador descobrirá que é assim agora mesmo.

---

[25] Tradução livre de uma das estrofes do hino *Only trust in Him*, de John H. Stockton (1813–77).

3

A MULHER SAMARITANA
E SUA MISSÃO [26]

---

*Neste ponto, chegaram os seus discípulos e se admiraram
de que estivesse falando com uma mulher; todavia,
nenhum lhe disse: Que perguntas? Ou: Por que falas
com ela? Quanto à mulher, deixou o seu cântaro,
foi à cidade e disse àqueles homens: Vinde comigo e vede
um homem que me disse tudo quanto tenho feito.
Será este, porventura, o Cristo?! Saíram, pois,
da cidade e vieram ter com ele.* —João 4:27-30

Contemplem nosso Senhor e Mestre, com habilidosa e divina arte, indo à procura de uma única alma. Nós queremos ter grandes congregações ou, do contrário, não estaremos inclinados a conquistar almas. O hábito desta era

---

[26] Sermão nº 1678, ministrado na manhã de domingo, 10 de setembro de 1882, no *Metropolitan Tabernacle*, Newington.

é não fazer qualquer coisa senão aquilo que é pomposo; cada obra deve ser acompanhada do rebimbar de tambores ou do som dos tamborins. Oro para que o Senhor trabalhe em nós o desejo firme de fazer o bem no silêncio, discretamente, quando ninguém está olhando, quando não há sequer um discípulo por perto. Ó, que possamos ter tal estima pelo valor de uma única alma que consideremos dias inteiros como bem empreendidos para trazer aos pés do Salvador uma mulher degenerada ou um ébrio. Bendito é aquele que trabalha, mesmo que jamais se ouça sobre ele, e busca a sua recompensa em seu Mestre. No calor daquele dia, o Senhor Jesus encontrou descanso e refrigério ao falar com alguém para quem os outros dificilmente olhariam, exceto com olhares de desdém. Bendito Salvador, surpreendemo-nos muito com o fato de que Tu sequer fales com alguém como nós, que caímos de modo tão triste e te desonramos, entristecendo assim o Teu coração. Maravilhamo-nos de que Aquele que é a glória do Céu, "Deus de Deus, Luz da luz"[27], fosse coberto pela semelhança da carne pecaminosa e, "...tornando-se em semelhança de homens..." (Fl 2:7), buscasse os indignos. Ó, a compaixão do coração do Redentor!

Leiam todo o capítulo de João 4, cuidadosamente, e vejam a habilidade que essa compaixão nos ensina. Como Ele estava pronto a tão docemente conversar com aquela mulher e a atentar-se aos seus questionamentos. Jamais pensem que os 30 anos passados em Nazaré foram desperdiçados. Se eu fosse jovem, eu aprenderia por 30 anos, de bom grado, a falar como Ele, se o Seu Espírito me ensinasse tal lição. Ele era o Mestre perfeito porque, como homem, cedeu um ouvido

---

[27] Extrato do Credo Niceno (325 d.C.).

atento à instrução celestial do Espírito Santo e, portanto, cresceu em conhecimento e adequação à Sua obra. Como diz a notável Escritura: "O Senhor Deus me deu língua de eruditos, para que eu saiba dizer boa palavra ao cansado. Ele me desperta todas as manhãs, desperta-me o ouvido para que eu ouça como os eruditos. O Senhor Deus me abriu os ouvidos, e eu não fui rebelde, não me retraí" (Is 50:4-5). Por meio da comunhão em secreto com Deus e por observar os homens em isolamento, Jesus aprendeu a mente de Deus e a natureza do homem, para que soubesse como lidar com a mente humana. A humanidade é como um "rebanho melindroso" e só pode ser manejada por mãos sábias. Muitos tolos zelosos conduziram almas para o inferno em seus esforços para arrastá-las para o Céu à força, visto que a vontade humana não se rende a tal imposição bruta, mas se rebela ainda mais. As almas devem ser trazidas à salvação por meio de gentileza e sabedoria como as que o Salvador empregou quando atraiu a mulher samaritana para a vida eterna e a instigou à verdade. Somente assim posso descrever o maravilhoso poder que Jesus exerceu sobre a samaritana com as poucas, mas benditas, frases com as quais Ele se dirigiu a ela.

Agora nos afastaremos, por um momento, desse Glorioso, desse homem perfeito e, ainda assim, Deus infinito, a quem adoramos em amor antes de desviar nosso olhar dele. Lá vêm os Seus discípulos! Eles tinham ido à cidade para comprar comida — uma tarefa muito necessária — para que seu Mestre pudesse viver. Mas, vejam! *Quando eles o percebem falando com uma mulher, ficam espantados*, cada um de seu próprio jeito. Alguns ficaram estupefatos e não conseguiam explicar o fenômeno; outros pareciam que, se tivessem ousadia, se interporiam e diriam à mulher: "Afaste-se, raposa! Que direito tem você aqui, falando com alguém como o nosso Líder, cujos laços das sandálias nem mesmo nós somos dignos de desatar? Sua aproximação o desonra, afaste-se daqui!". Eles disseram isso com seus olhos, embora se abismassem de que seu Senhor impedisse sua língua de o proferir. Esses discípulos de Jesus estavam impregnados das antipatias costumeiras daquela época.

Inicialmente, era suficientemente ofensivo que a pessoa com que Jesus estava conversando fosse uma mulher. Minhas amadas irmãs, vocês devem muito ao evangelho, pois é somente por atuação dele que vocês foram elevadas ao lugar adequado. O que diziam os rabinos? "É melhor queimar os ditos da Lei do que ensiná-los às mulheres". E, novamente: "Que nenhum homem prolongue uma conversa com uma mulher, que nenhum converse com elas nas ruas, nem mesmo com sua própria esposa". As mulheres eram consideradas inadequadas para a instrução religiosa profunda e seres totalmente inferiores. Minhas irmãs, não pensamos que vocês sejam superiores a nós, embora algumas de vocês se considerem assim. Mas estamos muito felizes em sustentar a igualdade e em saber que, em Cristo Jesus, não há "... nem homem nem mulher..." (Gl 3:28). Jesus as elevou ao seu lugar verdadeiro, lado a lado com os homens. Até mesmo os apóstolos estavam, inicialmente, manchados com essa terrível superstição que os levou a pasmarem-se de que Jesus conversasse abertamente com uma mulher. Mais ainda, eles se surpreenderam que Ele falasse com uma mulher como aquela! Não creio que eles soubessem sobre o caráter dela, contudo, entre os decaídos, há uma forma de olhar que os trai; eles não conseguem disfarçar a audácia que um determinado tipo de vício normalmente produz. Os discípulos podem ter pensado: "Se o Mestre estivesse falando com uma matrona idosa, uma santa mãe em Israel, não seria surpresa, mas, como pode Ele conversar com uma mulher como esta?". Eles ainda não haviam compreendido a missão de Jesus de resgatar os que perecem e de salvar o perdido.

Essa pobre mulher também tinha o infortúnio de ser samaritana, e os judeus odiavam os samaritanos, acima de tudo, como estrangeiros e hereges, que ousavam chamar Jacó de seu pai e crer que eram ortodoxos. Os judeus e os samaritanos eram muito semelhantes, e vocês sabem que as seitas que mais se aproximam uma da outra normalmente reservam ódio mais amargo à parentela que lhe é próxima. Eles toleram aqueles que estão distantes deles porque estão todos nas trevas do erro e, dessa forma, são desculpáveis. Contudo, detestam aqueles que têm tanta luz, por não verem do mesmo ponto de vista deles. Apiedamo-nos de um homem mudo por ele não poder falar de modo algum, mas ficamos indignados com aqueles que conseguem dizer "sibolete", mas não se darão ao trabalho de pronunciar "chibolete"[28], como nós. Ele certamente poderia avançar aquele centímetro a mais e se corrigir. Essa mulher era uma daqueles hereges samaritanos que ousaram levantar um templo em oposição ao de Jerusalém e afirmar que eles também eram povo de Deus. Os discípulos então se encolhiam diante dela e se admiravam de que Jesus não fizesse o mesmo. Como um homem tão bom poderia se misturar com tais pessoas? Eu mesmo já ouvi muita tolice

---
[28] Referência a Juízes 12:4-6.

por nos misturarmos com certas pessoas, pois ousamos nos reunir com elas, em algum lugar comum, para realizarmos juntos determinado propósito. Às vezes me pergunto se quem fala assim alguma vez leu sobre Abraão quando ele lutou pela causa do rei de Sodoma. Não tenho dúvida de que aquele homem era um monarca terrível, mesmo assim, quando o país dele foi saqueado por reis invasores, Abraão marchou em prol do rei de Sodoma. Não que o patriarca se importasse com ele, mas desejava libertar seu sobrinho Ló. Por essa razão, Abraão foi encontrado, até certa medida, em associação com o rei de Sodoma. Porém, quando o objetivo foi atingido, vemos como o principesco Abraão se distanciou de tal homem. Ele disse: "...juro que nada tomarei de tudo o que te pertence, nem um fio, nem uma correia de sandália, para que não digas: Eu enriqueci a Abrão" (Gn 14:23). Assim, pode haver uma união temporária entre homens que apresentam uma ampla diferença entre si, e essa união aparente pode ser legítima e oportuna porque o fim a ser alcançado é totalmente bom. Nosso bendito Senhor estava procurando o bem dessa mulher ímpia e, portanto, Ele estava totalmente justificado em conversar com ela. Por essa razão, Ele repreendeu o preconceito de Seus seguidores mais eficazmente do que apenas com palavras.

Há outro lado para a questão. Como esses discípulos poderiam se surpreender que Ele falasse com qualquer pessoa após tê-los escolhido e os chamado? Com certeza, quando franziam suas testas para outros, esqueciam-se dos calabouços onde cresceram. Se eles apenas se lembrassem onde estavam quando Cristo os encontrou e quantas vezes o entristeceram pela perversidade deles, teriam reservado a surpresa para si próprios. Ah, irmãos, desde que o Senhor falou comigo, nunca mais me admirei de Ele falar com quem quer que seja. Jamais me passou pela minha mente tornar objeto de espanto o fato de Ele se inclinar aos que se encontram degradados e aos desprezíveis, depois de Ele ter se inclinado para mim. No entanto, parece que tenho visto em certos irmãos sinais evidentes de que se esqueceram de que eles mesmos foram estrangeiros no Egito. Esquecem-se de que a graça os lavou e limpou, de outro modo ainda estariam imundos, pois Paulo disse: "Tais fostes alguns de vós..." (1Co 6:11). Lamento quando os salvos atingem a pureza refinada e a maravilhosa espiritualidade e se afastam daqueles a quem Jesus receberia. Infelizmente, tais discípulos têm pouco da ternura de seu Mestre! Nosso divino Senhor tem mais delicadeza com os pecadores do que todos nós juntos. Há mais amor em Sua alma pelos perdidos do que há em todos esses milhares de crentes aqui presentes, embora eu deseje que o coração de vocês bata forte com o desejo amoroso de que o culpado possa ser liberto da ira vindoura.

Todavia, olhem para os discípulos! Vejam, lá está João, aquele João de alma doce, e mesmo assim ele se espanta. Ali está Pedro, bom, mas falho, e ele se admira; e aqui está Tomé, o que tem dúvida, mas ele também fica pasmado. Todos eles são bons homens, e ainda assim, estão surpresos de que Jesus seja gracioso para com uma pobre mulher. Ó Pedro, João, Tiago e os demais, olhem para dentro de seu próprio coração e permitam que o brilho do Espírito Santo ilumine as trevas de seu espírito, e vocês entrarão em profunda empatia com o amor de seu Senhor. Caros amigos, que nós jamais desdenhemos do pior homem ou mulher, mas que busquemos com toda a nossa força persuadi-los e conquistá-los para nosso Senhor. Ó, que tenhamos entranhas de misericórdias como Jesus! Isso bem nos tornaria seguidores do compassivo Filho do homem.

Vejam, como resultado dessa conduta dos discípulos, um dos mais doces colóquios que já aconteceu foi interrompido e encerrado quando estava em seu ápice. Exatamente quando Jesus dissera: "Eu o sou, eu que falo contigo" (Jo 4:26), a conversa teve de ser encerrada, pois lá vieram eles, esses frios e insensíveis. Contudo, eles eram discípulos, não eram? Ó, sim, e verdadeiros discípulos também. Mas, infelizmente, nenhum transgressor da comunhão é mais culpável ou mais frequente em ofensa do que os próprios discípulos de Cristo quando não compreendem seu Mestre. Vejam só, eles estão preocupados com a comida e a necessidade que o Salvador tinha dela, e tais pensamentos eram legítimos, mas não muito elevados ou espirituais. Eles vêm se perguntando por que Jesus falava com uma mulher; então, a sagrada conversa acaba, e a mulher precisa partir. Ó, quando vocês se aproximarem de Cristo e Ele estiver começando a levantar o véu prateado de sobre Sua amada face, e os olhos de vocês estiverem começando a contemplá-lo, cuidem de manter a sua porta trancada. "Ah, mas é um bom homem que está à porta!" Sim, porém ele provavelmente arruinará a sua comunhão, como qualquer outro faria. O melhor entre os homens, às vezes, pode se intrometer entre você e o Bem-Amado, e a comunhão que parecia a ponto de ser adoçada pelo próprio Céu chegará a um término rápido e tristonho. Não culpo Pedro por querer tabernáculos nos quais permanecer sobre o cume do monte, pois ele estava muito consciente do que encontraria na planície. Você não deseja poder cantar com frequência

Afastado dos ruídos e da porfia,
Do orgulho, da pompa e da luxúria;
Para o Céu, meu coração prepararei,
E lá minha doce comunhão terei?[29]

Embora o colóquio tenha sido assim interrompido, a consequência dele trouxe glória para o Senhor, do mesmo modo como Ele, frequentemente, realiza o bem a partir do mal. Uma vez que a mulher não podia se assentar e fitar a divina face de seu Senhor, nem ouvir a desconhecida música que fluía de Seus benditos lábios, ela se entregou a uma atividade santa: foi até a cidade e falou aos habitantes sobre Jesus. Isso é bom: há pouco a se deplorar quando o coração dos homens está tão reto, que você não pode afastá-lo de glorificar a Cristo, não importa o que você faça. Se você perturbar a comunhão privada deles, eles estarão prontos para o serviço público. Quando impedidos de nos assentar, como Maria, aos pés do Mestre, que nos levantemos para ser como Marta, preparando uma mesa para o Senhor[30]. Considerem sempre, caros amigos, que, sempre que forem afastados do curso normal de sua vida, como se fosse por um empurrão, o Senhor tem algum trabalho especial para vocês realizarem. Não se irritem ou tentem forçar o motor a voltar ao antigo funcionamento novamente. Não, se o trilho for desviado pela mão divina, prossiga; Aquele que tem a administração de todas as vias férreas de sua vida sabe melhor do que você jamais saberá

---

[29] Tradução livre de uma das estrofes do hino de *Emptied of life, I fain would be*, de Augustus M. Toplady (1740–78).

[30] Referência a Lucas 10:38-42.

qual caminho a sua alma deve percorrer. Já observei cristãos sendo arrancados de uma família piedosa, onde estavam extremamente felizes, e colocados em meio aos ímpios, uma situação que eles não escolheram ou buscaram, mas determinada pelo Senhor, a fim de que eles pudessem trazer a piedade para dentro de uma casa e verter luz em meio às trevas. Amigo, você também pode ser retirado desta igreja, onde sua alma tem florescido, e se sentir como um banido ou abandonado. Bem, não se importe com isso. Se for enviado a uma igreja onde tudo é lúgubre e sem vida, vá para lá como um tição para os inflamar. Seu Senhor não teria permitido o romper de sua paz, a menos que Ele tivesse algum serviço elevado para você. Visto que você é Seu servo, descubra a vontade do Senhor e faça-a. Deus honrará a si mesmo em você desta forma. E, com o tempo, Ele também o honrará e consolará.

Observem que *a mulher agora se torna uma mensageira de Cristo*. Ela tem de abandonar a conversa com Ele e ir testificar sobre Ele. No entanto, ela não foi sem que tivesse sido solicitado, visto que se lembrou de que o Senhor lhe dissera mais cedo durante o diálogo: "...Vai, chama teu marido e vem cá" (Jo 4:16). Ela foi chamar o marido dela. É bom que tenhamos uma justificativa para o que fazemos. Observem que ela interpreta a ordem de modo amplo. Ela pensou que, como Cristo havia dito: "...cinco maridos já tiveste, e esse que agora tens não é teu marido..." (v.18), Ele não poderia ter limitado a tarefa dela àquele que não era seu marido, senão por título, então ela devia igualmente chamar qualquer um dos seis homens com os quais havia vivido, e, desta forma, ela fala a todos os que estavam vagando pela praça pública e lhes conta o que vira. Lembrem-se de como nosso Salvador interpretou amplamente a Sua própria missão profética. Ele não foi enviado como um Mestre apenas às ovelhas perdidas de Israel, mas foi até à divisa de Sua diocese, isso se não foi para além dela. Ele chegou às fronteiras de Tiro e Sidom, e quando uma mulher veio desses lugares, o Senhor tinha cura para a filha dela. Embora Ele tenha semeado a maior parte de Suas sementes sobre os acres da Terra Santa, Ele as fez voar por sobre os limítrofes. Na verdade, Ele semeou sobre todas as eras, e nesta ilha, uma vez considerada bárbara, há muitos punhados de decaídos que estão trazendo frutos para Sua glória. Sempre vá até as fronteiras de sua comissão, jamais pare pouco antes delas. Tente fazer o máximo de bem que puder e muito provavelmente você será bem-sucedido. Sem dúvida, se você tentar fazer apenas o que consegue fazer, fará pouquíssimo. Porém, quando, em fé, você arrisca o que não pode realizar por si só, Deus estará na sua retaguarda e, em sua fraqueza, a força dele se manifestará.

Notem que *a mulher deixou o seu cântaro*. O Espírito Santo achou que aprouve registrar essa circunstância, por isso, penso que deve haver certa medida de ensinamento nela. Veja: primeiro, ela deixou o cântaro para ter velocidade. Talvez você tenha em mente que aquele era um balde inglês comum, como aquele com o qual rega o seu jardim. Possivelmente esteja visualizando isso, com rosas e tudo mais. Não era nada assim. Era um recipiente enorme, um grande jarro de cerâmica, que ela tinha que carregar sobre a cabeça ou ombro, um peso considerável para ela, e assim ela o abandonou para que pudesse correr mais rapidamente. Ela foi uma mulher sábia ao deixar o cântaro quando desejou mover-se agilmente. Outros pensam que ela estava tão absorta com sua tarefa que se esqueceu do cântaro. O esquecimento que vem da abstração em um desígnio sagrado é bendito. Quando o dever de um rei requer pressa, é sábio deixar para trás tudo o que possa atrapalhá-lo. O próprio Senhor Jesus esqueceu-se de Sua fome em Seu zelo para guiar uma alma à paz, e é dito sobre Ele em um salmo: "...até me esqueço de comer o meu pão" (Sl 102:4). Ele estava tão concentrado em Sua obra santa que disse: "Uma comida tenho para comer, que vós não conheceis" (Jo 4:32). Um homem dificilmente sente o poder das coisas eternas, a menos que, por vezes, se esqueça de algumas questões terrenas. Se um cavalo ruão for chamado a correr para salvar sua vida em meio a um salão cheio de louças, provavelmente muitas delas ficarão quebradas. Você não pode pensar em tudo ao mesmo tempo. Sua mente é limitada e não é aconselhável que divida a força de seus pensamentos ao ter dois ou mais objetivos. Assim, ela abandonou seu cântaro. Sem pensar previamente, ela fez uma ação tão boa quanto uma reflexão teria sugerido. O jarro a teria impedido, mas poderia ser útil para Cristo e Seus discípulos, pois assim eles poderiam dar de beber a Ele. Jesus tinha sede e, provavelmente, eles também, e com o cântaro dela, eles poderiam se saciar. Ademais, era um penhor de que ela voltaria. Desse modo, ela disse: "Vou correr em cumprimento a uma tarefa, mas retornarei. Não ouvi o grande Mestre pela última vez. Voltarei e o ouvirei mais, até que eu o conheça melhor e confie mais completamente nele". Então, foi significativo que ela tivesse deixado o cântaro. Algumas vezes, você terá de deixar a sua loja para ganhar uma alma. Você lançará uma sequência de números errados e se perguntará por quê; e a razão será porque, diante de sua mente, pulsou a alma de uma pessoa que fala impropérios, a imagem de um bêbado ou de uma mulher degenerada, e seu coração ficou tomado com o desejo de encontrar a ovelha perdida. Jamais se preocupe. Eu ousaria dizer que a mulher recuperou o cântaro, e você voltará ao negócio novamente, retificará seus erros, atentará à loja e colocará todos os assuntos em dia. E, se uma alma tiver sido salva, você terá gerado lucro acima de qualquer perda que tenha sofrido.

Começamos a tratar sobre mulher e sua missão. Agora desejo que vocês *observem especialmente o modo como ela discursou*, pois há um ensinamento aqui. Ela disse às pessoas: "Vinde comigo e vede um homem que me disse tudo quanto tenho feito. Será este, porventura, o Cristo?!" (Jo 4:29). Observem primeiramente que, quando ela voltou aos homens da cidade, ela tinha somente um objetivo, que era trazê-los a Jesus. Ela convocou: "Vinde comigo e vede". Nesse momento não lhes falou qualquer coisa sobre os pecados deles, nem tentou reformar os hábitos deles. Chamou-os para Aquele que poderia transformá-los. Ela sabia que, se conseguisse trazê-los a Cristo, todas as coisas seriam inevitavelmente corrigidas. É bom que vocês atirem apenas em um alvo. Escolham seu propósito e mirem nele, e não em dois objetos. Dirijam-se à alma dos homens, em nome de Deus, para levá-los a Cristo, e nada menos que isso. Empenhem-se nisso; estejam dispostos a viver e morrer por isso, para que os homens possam ser salvos pelo amor e pelo sangue de Emanuel e pelo Espírito. Essa samaritana mirou nesse objetivo e tentou conquistá-lo por meio de um discurso muito zeloso. Garanto a vocês que ela o disse muito gentilmente: "Vinde comigo e vede um homem que me disse tudo quanto tenho feito..." (Jo 4:29).

Talvez, com todo o seu encanto, com toda a suavidade de sua língua cativante, com toda a súplica de seus grandes olhos, ela tenha dito: "Vinde comigo e vede um homem que me disse tudo quanto tenho feito". Se você for cumprir a tarefa que seu Senhor lhe deu, leve seu coração consigo, fale cada sílaba diligentemente e, se estiver realmente empenhado, não precisará que lhe ensinem o modo de fazê-lo. A maneira vem naturalmente para aqueles cujo coração está firmado nos fins desejados.

Ela falou esquecendo-se de si mesma. Parecia ter se esquecido completamente de si mesma, e ainda assim lembrava-se de si — um paradoxo, mas não uma contradição. Disse: "Vinde comigo e vede um homem que me disse tudo quanto tenho feito". Mencionou a si própria, porém, se houvesse pensado em si mesma, não teria dito uma palavra sequer sobre a questão de sua vida. Ela poderia ter temido que os homens respondessem: "Deve ser uma história bem interessante!". Eles a conheciam bem e poderiam ter se virado para ela e dito: "Você é uma graça por vir aqui e falar conosco dessa forma!". Não, ela deixou que eles falassem acerca dela como quisessem. "Vinde comigo e vede um homem que me disse tudo quanto tenho feito..." (Jo 4:29). E isso, colocando de lado toda a afetação, com aquela simplicidade genuína, era parte do poder dela. Jamais tente ser o que você não é. Se você foi um grande pecador, envergonhe-se disso, mas não se envergonhe do amor que o salvou do pecado, se recusando assim a testemunhar de seu poder. Afaste a preocupação quanto ao que as pessoas pensarão a seu respeito e olhe somente para o que pensarão de Jesus por ter perdoado e renovado você.

Percebam o quanto ela foi objetiva. Ralph Erskine[31] a chama de pregadora. Não tenho certeza da exatidão desse título. Se alguém pregar por tanto tempo quanto ela e não mais, ninguém poderia encontrar falha nessa pessoa. O testemunho dela está todo em um versículo e é apenas um convite e uma pergunta. Não havia necessidade de mais palavras, não, nem mesmo de meia palavra. Ela disse exatamente o suficiente, pois ela foi bem-sucedida em levar as pessoas a Jesus, que poderia pregar muito melhor do que ela. Não posso chamar as palavras dela de sermão; de qualquer forma, vocês não se importariam se eu pregasse tão brevemente. No entanto, a brevidade é uma grande virtude. Não almeje ser fluente, peça apenas para ser diligente.

Então, como ela foi vivaz! "Vinde comigo e vede!". As palavras são todas cheias de vida e longe de serem enfadonhas e pesarosas. "Vinde e vede!" É quase tão lacônico quanto o famoso despacho de Júlio César: "Vim, vi e venci". "Vinde comigo e vede um homem que me disse tudo quanto tenho feito. Será este, porventura, o Cristo?!" (Jo 4:29).

Além disso, era um discurso sensível. Há uma controvérsia sobre entonação exata do que a mulher disse, mas muitos dos que nos dão uma tradução precisa diferem da versão por nós conhecida. Ela provavelmente disse: "Venham e vejam um homem que me disse todas as coisas que eu fiz. Poderá Ele ser o Cristo?", ou "Esse não é o Cristo, ou é?". Ela não afirmou que Ele fosse o Cristo, mas sugeriu isso, com grande modéstia, para que as pessoas examinassem. Ela cria que Jesus era o Cristo, mas sabia que os homens não gostam de

---

[31] Ralph Erskine (1685–1752), clérigo escocês.

ser ensinados por alguém como ela, e a samaritana era tão humilde que o lançou para eles avaliarem. "Poderia Ele ser o Ungido que estamos esperando? Venham e julguem vocês mesmos!" Ela não expressou tudo em que acreditava, a fim de não provocar oposição da parte dos ouvintes. Foi habilidosa e sábia. Pescava da mesma maneira que seu Mestre, pois não poderia evitar perceber com que destreza Ele a fisgara. Era uma aluna apta e imitou humildemente o Amigo que a abençoara. "Venham e vejam um homem que me disse tudo o que tenho feito. Será que Ele pode ser o Cristo?" (Jo 4:29). Isso os atraiu a vir, mesmo que fosse somente para corrigir a mulher. Possivelmente eles acharam que ela era um pobre ser que fora enganada. Contudo, na sabedoria superior deles, examinariam a questão, e assim aquilo que ela desejava foi-lhe concedido. Ó, se usarmos nossa sagacidade em prol de Jesus!

No entanto, o argumento era muito forte, independentemente de como ela o tenha dito. "Esse homem me disse tudo o que eu tenho feito". Ela poderia ter dito, se achasse sábio fazê-lo: "Ele deve ser o Cristo!". E esse é meu último ponto, a saber, o grande argumento extraído da experiência dela e adaptado aos homens. Observem a força da argumentação dela. O poder de Cristo de ler o coração dela e de manifestá-lo a ela mesma era uma evidência conclusiva de que havia alguma unção especial sobre Ele.

Contudo, antes de eu chegar a esse ponto, desejo que vocês examinem mais plenamente o todo da breve mensagem da mulher, do qual isso era apenas parte. Ele se divide em duas partes. Vocês estavam aguardando pelo "primeiro" e, então, "segundo" por todo esse tempo, e agora o terão. Há duas partes neste sermão. A primeira é o convite: "Vinde comigo e vede um homem que me disse tudo quanto tenho feito". A segunda é o argumento: "Será este, porventura, o Cristo?!" (Jo 4:29).

1. *Considerem* o convite.

Este é um convite inteligente, bem como genuíno e caloroso. Ela diz: "Vinde comigo e vede..." (Jo 4:29). Assim, ela o colocou de modo mais plausível, e as pessoas apreciam uma proposta plausível, e o Espírito Santo age por intermédio daquilo que se adequa à mente. Ela não assevera: "Vocês devem crer, e crerão, no que eu digo". Não, não. Ela é uma mulher sensível e diz: "Venham e vejam por si mesmos", e é exatamente isso que eu quero dizer para todos os não convertidos presentes aqui nesta manhã. Meu Senhor Jesus é o mais precioso Salvador que eu já sonhei. Venham e provem dele. Ele é totalmente amável e tem abençoado minha alma indescritivelmente, mas não quero que vocês creiam por causa do que digo; então "venham e vejam por si mesmos!". Pode algo ser mais plausível? Busquem-no em oração, confiem nele pela fé, testem Seu evangelho por si próprios. Há uma antiga exortação: "Provai e vede que o Senhor é bom..." (Sl 34:8), e, novamente, "...provai-me nisto, diz o Senhor dos Exércitos..." (Ml 3:10). Na verdade, estas são as palavras de Cristo aos primeiros discípulos: "Vinde e vede" (Jo 1:39), e eles as usavam quando, pleiteando com outros, diziam-lhes: "Vinde e vede".

Ademais, o convite dessa mulher coloca a responsabilidade sobre eles. Ela diz: "Vinde comigo e vede!". Dessa forma, eu lhes diria: se vocês não vierem e virem, não posso impedir, e não posso ajudá-los também. Não posso ser seu fiador; use seu próprio juízo e limpe sua própria consciência. Venham e vejam por si mesmos. Se não o fizerem, então, a culpa repousa sobre vocês. Se o fizerem, a sua investigação pessoal certamente lhes resultará em bênção. Ó queridos ouvintes, posso pregar o evangelho para vocês, mas não posso ir a Cristo em seu lugar. Minha parte é suplicar, persuadir e usar todo tipo de meio pelo qual eu possa conduzi-los ao Salvador; mas essa é uma questão pessoal de cada um de vocês. Que o Espírito Santo os conduza a vir por si mesmos a Jesus, visto que essa deve ser sua própria ação e obra, por meio de Seu abençoado agir sobre a natureza de vocês. Devem vir e se arrepender, devem crer, devem apoderar-se da vida eterna por si mesmos. Nada, exceto a religião pessoal poderá salvá-los. O convite da mulher foi uma boa exortação quanto a isso.

Depois, não foi o convite pronunciado de modo agradável, de maneira a provar a empatia daquela que o pronunciou? Ela não disse, como poderia ter feito: "Vão e vejam o homem!". Não, "*Vinde comigo* e vede um homem", como se dissesse: "Vamos juntos, eu irei com vocês e mostrarei o caminho. Vocês não dirão que eu vi o bastante dele e não me interesso em ir novamente, e agora quero enviá-los para lá sozinhos, em um bando, porque cansei-me dele. Não! Venham! Vamos juntos, venham comigo, todos nós juntos. Quanto mais vejo dele, mais quero ver. Venham ver esse homem surpreendente". Caros amigos, quando vocês tentam ganhar uma alma, não tentem o método "vá", mas use a tática "venha". Quando um homem exclama: "Não posso ir a Cristo", ou "Não irei a Cristo", fite-o por entre lágrimas e diga: "Amigo, sou um pecador tanto quanto você, não tenho esperança além do precioso sangue de Jesus. Venha, permita-me orar com você, vamos juntos a Jesus". Enquanto orar, não diga: "Senhor, sou um de Teus santos e venho a ti trazendo este pecador". Isso pode ser verdade, mas não é uma forma sábia de se expressar. Clame: "Senhor, aqui estão dois pecadores que merecem a Tua ira, e viemos a ti para pedir que, em Tua misericórdia, Tu nos dês o Salvador e que renoves o nosso coração por Teu Espírito". Esse é o método pelo qual Deus ajuda os ganhadores de almas a atrair outros. Quando dizemos "venha", que nós mesmos os conduzamos pelo caminho. Aquilo que você deseja que o outro faça, seria sábio que você o fizesse primeiro, pois o exemplo tem mais poder do que o preceito. Vocês gostariam de que o pecador se virasse para vocês e dissesse: "E você pode muito bem dar os conselhos que não está disposto a seguir"? Não, mas "Vinde comigo e vede um homem que me disse tudo quanto tenho feito..." (Jo 4:29). Foi o coração de uma irmã que pronunciou a palavra *vinde*.

Novamente, que maravilhoso ocultamento da interlocutora há aqui. Já ouvi de alguns irmãos cuja pregação é prejudicada porque eles são muito autoconscientes. Eles desejam que você sinta que falam em estilo sofisticado e são mestres eminentes. Quando encerram, a exclamação comum é: "Jamais ouvi um homem tão inteligente!". Mas não é tão sábio quanto poderia ser, ou deveria ser, visto que aquele que prega corretamente leva os ouvintes a esquecer dele mesmo. De fato, a observação a respeito dele, se houver alguma, é esta: "Não detectei qualquer eloquência, qualquer um poderia falar assim, mas, de alguma maneira, eu jamais me senti como agora". O peixe sabe pouco acerca do pescador, mas sabe quando abocanhou o anzol. Quando a verdade vai direto ao coração do ouvinte, o modo do discurso tem pouca influência. Essa mulher não fala qualquer coisa para fazer os samaritanos a admirarem, mas ela os atrai para perto de Jesus com a exortação: "Vinde comigo, e vede um homem". O que ela menciona sobre si mesma é com o intento de exaltar o Salvador. A frase de João Batista é grandiosa: "Convém que ele [Jesus] cresça e que eu diminua" (Jo 3:30). Que haja menos, menos, menos de João, para que possa haver mais de Cristo. Há somente um grande Universo, e Cristo e você estão nele. Quanto mais espaço você ocupar, haverá o mesmo tanto a menos para Jesus. Quando você ocupa menos e menos, há mais e mais para Ele. E quando você atingir o ponto de "desaparecer", então Jesus será tudo em todos, e isso é exatamente o que você deveria objetivar. O convite dessa mulher sensível merece ser copiado por cada obreiro.

2. Agora, o **argumento**, *com o qual eu encerrarei.*

Há *um argumento disfarçado ali*, e se observar o texto por um ou dois minutos, você o descobrirá. Ela o disfarça porque está convencida de que o povo havia concordado com ele. "Se Jesus for o Cristo, o Ungido, então é adequado que vocês venham comigo e o vejam." Ela não argumenta esse ponto porque todos os samaritanos concordaram. Se Jesus for o Cristo, nós devemos ir ouvi-lo, vê-lo e nos tornar Seus seguidores. Infelizmente, meus caros ouvintes, sou obrigado a insistir nesse argumento com muitos de vocês, uma vez que não são tão práticos como esses samaritanos. Vocês creem que Jesus é o Cristo; acredito que todo homem e toda mulher entre vocês crê assim. Por que, então, vocês não creem nele como seu Salvador? Se jamais tiveram dúvida acerca de Sua divindade, por que Ele não é o seu Deus? "Se vos digo a verdade", diz Cristo, "por que razão não me credes?" (Jo 8:46). Se este for o Ungido a quem Deus enviou para carregar os pecados dos homens, por que vocês não o buscam para que Ele os livre de seus pecados? Se essa é a propiciação que Deus enviou, por que não a aceitam? Se essa é a fonte onde o pecado pode ser removido, por que não estão lavados? Não há lógica em seu curso de ação; ele é ilógico e irracional. Se houver um Salvador, o homem a quem foi ensinado o correto arrazoamento promete que o obterá; se há uma fonte que pode remover os pecados, ele resolve ser lavado nela; se ele puder ser justificado com Deus, por qualquer processo, ele se apressa para ser justificado. Digo que essa mulher não argumentou sobre sua alegação porque ela não precisava argumentar. Não é necessário dizer nada mais, que fique como está.

Porém, o que ela apresentou foi isto: "O homem que estava, agora mesmo, assentado ao lado do poço... não é Ele o Cristo?". Como ela o provou? Primeiro, ela fez tanto quanto dizer: "Ele deve ser o Cristo, *pois me revelou a mim mesma*: Ele me disse tudo quanto tenho feito". Essas palavras são amplas. Pare, prezada mulher. Com certeza Ele não revelou toda a sua vida, com certeza não em palavras. Ele revelou sua falta de castidade, nada mais. Todavia, ela estava certa. Vocês já estiveram sob uma noite escura e sombria quando uma simples fagulha de luz apareceu? Ela atingiu apenas um carvalho no campo, mas, ao fazê-lo, revelou toda a paisagem. Tocou apenas um objeto, no entanto tudo ao redor de você ficou claro como o dia para aquele momento. Assim, quando o Senhor Jesus Cristo revelou a luxúria da mulher, ela viu claramente o todo de sua vida em apenas uma visão, e o Senhor verdadeiramente lhe dissera tudo que ela já havia feito. Vocês se surpreendem de ela ter dito: "Será este, porventura, o Cristo?!" (Jo 4:29)?

Amado, ninguém prova a si mesmo como realmente ungido a menos que comece por mostrar a alguém os pecados dessa pessoa. Se algum mestre o induzir a esperar que, sem arrependimento ou sem qualquer senso de pecado, você possa ser salvo, ele não é de Cristo. Exorto-o a lançar fora qualquer esperança que não seja consistente com a sua completa falta de esperança longe de Jesus. Se você não se reconhece um pecador, não pode conhecer Cristo como Salvador. Hoje em dia, alguns estão pregando uma fé apática, e os homens parecem saltar para dentro dessa convicção, como se não houvesse novo nascimento, convicção de pecado e arrependimento. Porém, não é assim: "…importa-vos nascer de novo" (Jo 3:7). Esse nascimento não ocorre sem angústia. A confiança em Cristo traz consigo o ódio ao pecado e o pranto por causa dele. Um homem não consegue detestar o que ele não conhece; contudo, essa mulher foi levada a ver o próprio pecado, e essa visão provou que o Messias falava com ela. Os profetas do não arrependimento pregam: "…Paz, paz; quando não há paz" (Jr 8:11); eles encobrem a ferida, mas Jesus coloca a lanceta sobre ela, abre-a amplamente e faz o paciente ver a gangrena de tal ferida. Depois Ele a fecha e, com Seu unguento celestial, traz a cura certeira para ela. Não há como atar um coração que nunca foi quebrantado, não há como consolar alguém que sempre está confortado, não há como justificar aquele que sempre foi justo, não há como lavar quem não tem imundície. Não, e é isto o que o Messias faz: Ele expõe totalmente a enfermidade, e isso prova que Ele é o enviado de Deus, pois Ele não usa o método frívolo e bajulador dos enganadores, mas vai direto na verdade. O argumento da mulher é: Ele deve ser o Messias porque me revelou a mim mesma.

Segundo, *Ele deve ser o Messias porque se revelou a mim.* "Tão logo eu vi a minha imundície, pude ver que Ele estava pronto a me limpar." Os olhos de um pecador nunca estão prontos para ver o Salvador, até que, primeiramente, tenham visto o pecado. Quando o homem vê o desespero escrito na face da força humana, ele se vira e enxerga a esperança irradiando brandamente dos olhos bondosos do Filho do homem, mas não antes deste momento. Jesus se revelou, e agora ela diz: "Vejo que Ele me conhece e sabe tudo a meu respeito". É maravilhoso como o manto do evangelho cabe perfeitamente no homem. Quando o pecador o toma e o veste, ele sente que Aquele que fez tal vestimenta conhecia bem as suas medidas. Talvez você tenha uma fraqueza em especial ou uma deformidade particular, porém, logo percebe que Jesus sabia tudo sobre isso, uma vez que a salvação que Ele traz preenche com precisão o que faltava. Há um banho; ó, Ele sabia que eu estava imundo. Há um manto; ah, Ele sabia que eu estava nu. Há a cura da visão; Ele sabia que eu estava cego. Ele é um anel para meu dedo; Ele sabia que eu precisaria de um lembrete constante para manter em minha memória a misericórdia recebida. Aqui estão sapatos para meus pés descalços e um banquete para minha fome gritante. Cada necessidade é prevista, e isso prova a onisciência do meu Salvador. "Portanto", diz a samaritana, "Ele sabe tudo sobre mim, deve ser infinitamente sábio; Ele deve ser o Cristo". Essa é uma boa argumentação, não é mesmo?

Depois, ela parecia lhes dizer também: "Isso é muito mais significativo para mim do que é para vocês, visto que *Ele tratou comigo pessoalmente*. Portanto, permaneço na minha certeza de que Ele é o Cristo. No entanto, vão e aprendam os mesmos argumentos por si mesmos". Irmãos, se o Senhor Jesus Cristo tivesse dito a essa mulher tudo o que o terceiro marido dela havia feito, isso teria muito menos poder sobre ela do que Ele lhe dizer tudo o que ela mesmo fizera. Quando a convicção chega pessoalmente e a descoberta é toda sobre o seu próprio estado e caráter, ela tem um poder especial sobre o coração e a mente para levá-los a dizer: "Este é o Cristo!". Igualmente, irmãos, ao me lembrar da cirurgia efetuada por meu Senhor quando eu estava ferido e severamente quebrantado, estou pronto a clamar: "Vejam como Ele me trata. Jamais houve mão mais forte e mais terna, nunca houve um médico com tal coração de leão e com mãos como de uma dama delicada. Posso sentir Sua força quando Ele me sustenta e Sua ternura quando Ele me abraça. Certamente Ele é o Ungido e enviado do Senhor para atar os de coração abatido, e Ele fez isso por mim. O caso está provado para mim: venham e provem semelhante convicção dentro de vocês mesmos".

Além disso, e talvez haja uma força nisso que não tenha sido notada, ela diz: "Vinde comigo e vede..." (Jo 4:29). É tanto quanto dizer: "Vocês podem vir, sei disso, porque, quando eu cheguei ao poço, Ele não me fuzilou com os olhos; e quando não lhe dei água, Ele não se irou comigo e disse: 'Mulher desrespeitosa, não falarei com você'. Não, mas, em pouco tempo, eu estava à vontade com Ele. Venham e vejam um homem que ficou tão confortável em minha presença, que me disse tudo o que eu tenho feito. Tenho certeza de que Ele deve ser o Messias que deveria vir para abrir os olhos dos cegos, e Ele precisa estar entre cegos para realizar o milagre. Ele deve libertar os cativos da prisão; os prisioneiros são a classe mais baixa, e, mesmo assim, o Messias vai até eles. Então, venham comigo, e eu os apresentarei a Ele".

Esse é o pequeno discurso da mulher, e como ele é bom! Vou acrescentar um pouco a ele, coisas que ela não sabia, mas que nós sabemos. Eu gostaria de saber como dizer algo que fizesse vocês, não convertidos, correr para Cristo, mas, se qualquer coisa pode fazê-lo é o que direi a seguir. Suponham que vocês nunca venham a Cristo nesta vida e morram sem Ele. Que Deus não permita que vocês morram sem o terem ouvido e o recebido, mas, se isso acontecer, vocês serão despertados de seus sepulcros, no último dia, com o irromper da terrível trombeta e com o clamor de "Vinde ao julgamento! Vinde ao julgamento! Vinde todos!"[32]. Caso hoje venham ou não, um dia terão de vir, e ver um homem assentado no grande trono branco, julgando as nações. E sabem o que Ele fará com vocês naquele dia? Eles lhes dirá tudo quanto têm feito, e as cenas passarão diante do olho de sua mente, e, à medida que suas próprias palavras ecoarem em seus ouvidos, vocês ficarão terrivelmente angustiados. Talvez a cena desta manhã será revivida diante de vocês, e sua consciência lhes dirá: "Você estava no tabernáculo naquela manhã, o evangelho lhe foi explicado com clareza por alguém que, em seu coração, desejava que você fosse salvo. Mas você contestou todas aquelas súplicas e foi embora". Digo-lhes que será um inferno para vocês

---

[32] Tradução livre de versos do hino *Come to judgment, come Away!*, de George Herbert (1593–1633).

quando Jesus lhes disser tudo o que fizeram e, então, verão o argumento: "Será este, porventura, o Cristo?!" (Jo 4:29). Mas, lamentavelmente, Ele não será um Salvador para vocês, pois vocês o rejeitaram. Ele lhes dirá: "Eu os chamei, mas vocês recusaram; estendi minha mão, mas ninguém se importou". Aquele horrendo conto de todas as coisas que vocês fizeram continuará e concluirá com isto: vocês recusaram a misericórdia, rejeitaram Jesus, afastaram-se da salvação, não quiseram que esse Homem os salvasse e, assim sendo, vieram para que seu passado se tornasse combustível para suas chamas eternas. Que Deus permita que ninguém aqui chegue a esse ponto. Não, se eu tivesse a tarefa de selecionar um homem desta congregação que teria de passar uma eternidade tendo sua vida repetida para ele, onde eu o encontraria? Não, não vejo um que eu possa selecionar, ninguém, ninguém, nem mesmo o pior homem ou mulher aqui. Eu não o encontraria se pudesse. Ó Deus, por Tua misericórdia, que ninguém aqui venha a conhecer o terror de ser afastado para sempre da Tua presença e da glória do Teu poder. Em nome de Jesus. Amém.

4

A MULHER CANANEIA: OS CACHORRINHOS [33]

―――・❦・―――

Jesus respondeu: — Não é correto pegar o pão dos filhos e jogá-lo aos cachorrinhos. A mulher disse: — É verdade, Senhor, pois os cachorrinhos comem das migalhas que caem da mesa dos seus donos. —Mateus 15:26-27 NAA

Mas Jesus lhe disse: Deixe primeiro que os filhos se fartem, porque não é correto pegar o pão dos filhos e jogá-lo aos cachorrinhos. A mulher respondeu a ele: — Senhor, os cachorrinhos, debaixo da mesa, comem das migalhas das crianças. —Marcos 7:27-28 NAA

---

[33] Sermão nº 1309, ministrado na manhã de domingo, 6 de agosto de 1876, no *Metropolitan Tabernacle*, Newington.

Selecionei os dois registros de Mateus e Marcos para que possamos ter todo o cenário diante de nós. Que o Espírito Santo abençoe nossa meditação acerca dessa narrativa.

As joias mais brilhantes são, muitas vezes, encontradas nos lugares mais sombrios. Cristo não encontrara fé em Israel — não em Israel —, como a que descobriu nesta pobre mulher cananeia. As fronteiras e margens da terra eram mais frutíferas do que o centro, onde a plantação era mais abundante. À beirada do campo, onde o agricultor não espera que cresçam mais que ervas-daninhas, o Senhor Jesus encontrou a melhor espiga de milho que jamais se unira a Seu feixe. Que aqueles de nós que ceifam conforme o Seu exemplo sejam encorajados a aguardar pela mesma experiência. Que jamais falemos que qualquer distrito é depravado demais para nos trazer convertidos, nem de uma classe de pessoas que são decaídas demais para se tornarem crentes. Vamos até mesmo às fronteiras de Tiro e Sidom, embora sejam terras amaldiçoadas, pois até mesmo lá encontraremos algum eleito, ordenado para ser uma joia para a coroa do Redentor. Nosso Pai do Céu tem filhos em toda parte.

Nas coisas espirituais, descobre-se que as melhores plantas frequentemente nascem no solo mais infértil. Salomão falou de árvores e discorreu acerca do hissopo que cresce no muro e do cedro do Líbano.[34] Então, neste mundo natural, grandes árvores são encontradas em grandes montanhas e plantas menores, em locais adaptados para suas minúsculas raízes. Contudo não é assim entre as plantas cultivadas pela mão direita do Senhor, pois lá vemos o cedro crescer sobre a

---

[34] Conforme 1 Reis 4:33.

parede — grandes santos em locais onde seria aparentemente impossível que eles existissem. E vemos o hissopo nascendo no Líbano — uma piedade questionável e insignificante onde havia inúmeras vantagens. O Senhor é capaz de fazer existir uma fé forte onde há pouco conhecimento, pouca alegria presente e pouco encorajamento. E a fé forte, sob tais condições, triunfa e conquista, glorificando duplamente a graça de Deus. Assim era essa cananeia, um cedro crescendo onde o solo é bastante escasso. Ela era uma mulher de fé surpreendente, embora pudesse ter ouvido apenas pouco sobre Aquele em quem cria e, talvez, nunca tivesse visto Sua pessoa até aquele dia quando caiu aos Seus pés e clamou: "Senhor, socorre-me!" (Mt 15:25).

Nosso Senhor tinha um olhar ligeiro para perscrutar a fé. Se a joia estivesse no lamaçal, Seus olhos captavam seu reluzir; se houvesse uma espiga de trigo especial entre os espinhos, Ele não falhava em percebê-la. A fé exerce uma forte atração sobre o Senhor Jesus. À vista dela, o "...rei está preso [em suas] tranças" (Ct 7:5) e declara: "arrebataste-me o coração com um só dos teus olhares, com uma só pérola do teu colar" (Ct 4:9). O Senhor Jesus ficou encantado com a bela joia da fé desta mulher e, observando-a e se deleitando nela, Ele resolveu girá-la e colocá-la sob outra luz, para que as várias facetas de seu inestimável diamante pudessem, cada uma delas, cintilar seu brilho e alegrar a Sua alma. Portanto, o Senhor provou a fé da mulher ao ficar em silêncio e ao desencorajar os pedidos dela, para que Ele pudesse estabelecer a força deles. No entanto, Ele, durante todo o tempo, se deleitava nessa fé e, secretamente, a sustentava. Então, após prová-la suficientemente, Jesus a trouxe como ouro e colocou Sua própria marca real com essas palavras memoráveis: "Ó mulher, grande é a tua fé! Faça-se contigo como queres" (Mt 15:28).

Tenho esperança de que talvez, nesta manhã, alguma pobre alma neste lugar, que esteja sob circunstâncias muito desalentadoras, possa, ainda assim, ser levada a crer no Senhor Jesus Cristo com fé forte e perseverante. E, mesmo que ainda não desfrute de paz e não tenha visto alguma resposta graciosa à oração, creio que essa fé combatente possa ser fortalecida, nesta manhã, pelo exemplo da mulher cananeia.

Percebo quatro fatos na história do apelo dessa mulher ao Senhor Jesus e de seu consequente sucesso. Primeiro, *a boca da fé não pode ser fechada*; segundo, *a fé jamais discute com Deus*; terceiro, percebo que *a fé argumenta poderosamente*; quarto, que *a fé conquista o seu pedido*.

1. A boca da fé jamais pode ser fechada, *pois se alguma vez a fé de uma mulher já foi provada de modo a encorajá-la a desistir de orar, foi no caso dessa filha de Tiro.*

Ela teve dificuldade após dificuldade a enfrentar e, ainda assim, não podia ser dissuadida de implorar em favor de sua filhinha visto que acreditava em Jesus como o grande Messias, capaz de curar todas as formas de enfermidades. E ela oraria a Ele até que Ele cedesse à sua importunação, uma vez que estava confiante de que Jesus podia expulsar o demônio de sua filha.

Observem que *a boca da fé não pode ser fechada em razão dos ouvidos e da boca fechados de Cristo*. Ele não lhe respondeu palavra alguma. Ela se expressou muito piedosamente, veio e se lançou aos pés do Senhor. O caso da filha da mulher era muito urgente, seu coração maternal era muito terno e os clamores dela eram muito incisivos. No entanto, Jesus não lhe disse sequer uma palavra; como se não a tivesse escutado, Ele a ignorou. Ainda assim, ela não titubeou, creu nele e mesmo Cristo não conseguia fazê-la duvidar dele, por mais que tentasse pelo silêncio. É difícil crer quando a oração parece fracassar. Peço a Deus que alguma pobre alma que está em busca de Deus aqui possa crer que Jesus Cristo é capaz de salvar e está disposto a fazê-lo, e assim creia completamente, para que suas orações não respondidas não sejam capazes de levá-la a duvidar. Mesmo que você ore em vão durante um mês inteiro, não permita que cruze sua mente uma dúvida sequer acerca do Senhor Jesus e Seu poder para salvar. E se ainda não conseguiu alcançar a paz que a fé deve, por fim, lhe trazer; e se não teve certeza do perdão de seu pecado; e se nenhum raio de alegria visitou seu espírito, ainda assim confie naquele que não pode mentir. Jó declarou: "Ainda que ele me mate, nele esperarei" (Jó 13:15 ARC). Essa era uma fé esplêndida. Seria suficientemente para alguns se pudessem dizer: "Embora Ele me açoite, nele confiarei". Mas Jó disse: "Ainda que ele me mate". Se o Senhor colocasse a farda de um carrasco e viesse contra mim, como se fosse para me destruir, eu confiaria que Ele é totalmente repleto de amor. Ele, ainda assim, é bom e gracioso, não posso duvidar disso e, portanto, lançar-me-ei aos Seus pés e olharei para o alto esperando graça de Sua mão. Ó, se tivéssemos fé como essa! Ó alma, se você a tem, você é salva, tão certo como você vive. Se mesmo a aparente recusa do Senhor em abençoá-lo não puder fechar a sua boca, sua fé é de um tipo nobre, e a salvação é sua.

A seguir, *a fé da mulher não pôde ser silenciada pela conduta dos discípulos*. Eles não a trataram bem, porém não foram de todo maus. Eles não eram como seu Mestre mas, com frequência, afastavam aqueles que tentavam se achegar a Ele. O ruído provocado por ela os incomodava, ela os seguiu com perseverança infinda e, por fim, eles disseram a Jesus: "Despede-a, pois vem clamando *atrás de nós*" (Mt 15:23). Pobre alma, ela nunca fora atrás deles; o clamor dela era pelo Mestre *deles*. Algumas vezes, os discípulos se tornam muito importantes a seus próprios olhos e pensam que os empurrões e os ajuntamentos para ouvir o evangelho é causado pelo anelo das pessoas por ouvi-los, ao passo que ninguém se importaria com seus pobres discursos se não fosse pela mensagem do evangelho que eles foram comissionados a entregar. Dê-nos outro tema e a multidão logo se desfará. Embora cansados dos clamores importunos da mulher, eles agiram, de certa forma, bondosamente com ela, pois estavam desejosos de que ela obtivesse a bênção que buscava, ou, do contrário, a resposta do Senhor não teria sido adequada: "Não fui enviado senão às ovelhas perdidas da casa de Israel" (v.24). Eles não se preocupavam com a cura da filha dela, mas consideraram seu próprio conforto, visto que estavam ansiosos por se livrar dela. "Despede-a", disseram, "pois vem clamando atrás de nós". Mesmo assim, ainda que eles não a tratassem como os homens devem tratar as mulheres, como os discípulos devem tratar quem busca, como os cristãos devem tratar a todos, a boca da mulher não foi impedida. Pedro, não tenho dúvidas, olhou de modo bem carrancudo, e João, talvez, tenha ficado um pouco impaciente, visto que era impulsivo por natureza; André e Filipe e o restante deles consideraram-na muito impertinente e presunçosa. Contudo ela pensava em sua filhinha em casa e nos terríveis sofrimentos a que o demônio a sujeitava e assim se apressou aos pés do Salvador e disse: "Senhor, socorre-me!" (v.25). As palavras frias, duras e grosseiras e o comportamento não compassivo não a impediriam de clamar para Aquele em quem ela cria. Ah, pobre pecador, talvez você esteja dizendo: "Anseio ser salvo, mas certo bom cristão me tratou de modo amargo. Ele duvidou da minha sinceridade, questionou a realidade do meu arrependimento e me causou a mais profunda tristeza. Parece que ele não deseja que eu seja salvo". Ah, caro amigo, isso é muito doloroso, no entanto, se você tem fé no Mestre, não se importe com os discípulos, nem com o mais gentil dentre nós e tampouco com o mais tortuoso, mas insista em seu pleito com seu Senhor até que Ele condescenda em lhe conceder uma resposta de paz.

A boca da cananeia, novamente, não foi cerrada pela doutrina da exclusividade, que parecia confinar a bênção a poucos favorecidos. O Senhor Jesus Cristo disse: "Não fui enviado senão às ovelhas perdidas da casa de Israel" (Mt 15:24) e, se compreendido corretamente, não há nada severo em si, mesmo assim a frase deve ter caído sobre o coração da mulher como um talento[35] de chumbo. "Infelizmente", ela deve ter pensado, "Ele não foi enviado para mim, então; eu o busco em vão por aquilo que Ele reserva aos judeus". Ora, a doutrina da eleição, que é claramente ensinada nas Escrituras, não deve impedir qualquer alma de vir a Cristo, uma vez que, corretamente entendida, ela encoraja mais do que desencoraja. Mas,

---

[35] Conforme indicado na NVI e NVT (Mt 25:15), o talento era uma medida de peso equivalente a 35 quilos.

frequentemente, ao ouvido não instruído, a doutrina da escolha divina de pessoas desde antes da fundação do mundo traz um efeito muito deprimente.

Conhecemos alguns pobres anelantes que dizem, em pesar: "Talvez não haja misericórdia para mim; eu posso estar entre aqueles para quem nenhum propósito da misericórdia tenha sido designado". Têm sido tentados a parar de orar por medo de que não estejam predestinados à vida eterna. Ah, pobre alma, se você tiver a fé dos eleitos de Deus em você, não será mantido distante por quaisquer inferências autocondenatórias extraídas dos mistérios de Deus, mas crerá naquilo que foi evidentemente revelado e será assegurado de que isso não pode contradizer os decretos secretos do Céu. Não obstante nosso Senhor ter sido enviado somente à casa de Israel, ainda há uma casa de Israel não segundo a carne, mas segundo o espírito. Portanto, a mulher siro-fenícia estava incluída mesmo onde ela pensava que estava excluída; e você semelhantemente pode ser incluído dentro dessas linhas de destino gracioso que agora o afligem. De qualquer modo, diga a si mesmo: "Outros que foram tão pecadores quanto eu sou foram incluídos na eleição da graça, por que eu não deveria ser? Outros, tão cheios de angústias em função do pecado quanto eu, foram incluídos, por que eu não poderia ser igualmente incluído?". Tendo esse raciocínio, você avançará em esperança, crendo contra a esperança, não sofrendo subtração plausível da doutrina das Escrituras, a fim de impedi-lo de crer no ordenado Redentor.

A boca da fé, neste caso, não foi fechada sequer por um senso de assumida indignidade. Cristo falou de cachorrinhos e queria dizer que os gentios eram para Israel como os cães.

Ela não contestou, mas se rendeu a ponto de dizer: "Sim, Senhor". Ela sentiu que era digna apenas de ser comparada a um cachorrinho. Não tenho dúvida de que seu senso de indignidade era muito profundo. Ela não esperava receber a bênção que buscava por conta de algum mérito pessoal; ela não dependia da virtude de sua causa, mas sim da bondade do coração de Cristo e da excelência do poder dele em vez de depender da prevalência de seus rogos. Mas, mesmo ciente como estava de que era apenas um pobre cãozinho gentio, suas orações não foram vetadas; ela clamou, apesar de tudo: "Senhor, socorre-me!" (Mt 15:25). Ó pecador, se você se sente o pior dos pecadores do inferno, ore mesmo assim; crendo, ore pela misericórdia. Se seu senso de indignidade for suficiente para o levar à autodestruição, ainda assim eu imploro, clame a Deus das profundezas, do calabouço da autorrejeição, pois sua salvação não se apoia, em qualquer medida ou grau, sobre você mesmo ou qualquer coisa que você seja ou tenha sido ou possa vir a ser. Você precisa ser salvo *de* si mesmo, não *por* si mesmo. Sua parte é se esvaziar para que Jesus possa preenchê-lo; é confessar sua imundície para que Ele possa lavá-lo; ser menos que nada para que Jesus seja tudo para você. Não permita que a quantidade, as trevas, a frequência ou a abominação de suas transgressões silenciem as suas orações, mas, embora você seja um cachorrinho, sim, indigno de ser colocado entre os cães do rebanho do Senhor, ainda creia e abra a sua boca em oração.

Além disso, havia um tom e espírito muito gerais no que o Senhor Jesus disse que tendia a deprimir a esperança da mulher e restringir sua oração, no entanto, *ela não foi impedida pelas influências mais sombrias e depressivas*. "Não é cabível", disse o Senhor Jesus, "não é bom, não é adequado, dificilmente seria lícito tomar o pão dos filhos e lançá-lo aos cães". Talvez ela não tenha percebido tudo o que Ele queria dizer, mas o que ela realmente presenciou era suficiente para jogar água fria nas chamas ardentes da esperança dela, porém a sua fé não foi apagada. Era uma fé do tipo imortal, que nada pode exterminar, pois a mente dela estava certa de que, a despeito do que Jesus quisera dizer, ou não quisera dizer, ela não cessaria de confiar nele e insistiria em sua súplica a Ele. Há muitas coisas dentro e ao redor do evangelho que os homens veem como por entre brumas e, ao entender mal, eles repelem as almas anelantes em vez de atraí-las. Todavia, sejam eles quem forem, devemos resolver vir a Jesus enfrentando todos os riscos: "...se perecer, pereci" (Et 4:16). Em adição à grande pedra de tropeço da eleição, há verdades e fatos que os que buscam a Deus avultam e desconstroem até o ponto de verem milhares de dificuldades. Perturbam-se a respeito da experiência cristã, sobre o nascer de novo, quanto ao pecado inato e todo tipo de coisas. De fato, mil leões se interpõem no caminho quando a alma tenta ir a Jesus, mas aquele que oferta a Cristo a fé que Ele merece diz: "Não temo qualquer dessas coisas. Senhor, socorre-me, e ainda confiarei em ti. Aproximar-me-ei de ti, superarei obstáculos por ti e me lançarei a Teus amados pés, sabendo que aquele que vem a ti, tu não desejas lançar fora".

2. A fé nunca discute com o Senhor.

A fé adora. Vocês percebem como Mateus diz: "Ela, porém, veio e o adorou..." (15:25). A fé também implora e ora. Vocês podem percebê-lo no que Marcos diz: "e pedia a Jesus"

(7:26 NAA). Ela clamou: "Senhor, socorre-me!" depois de ter dito: "Senhor, Filho de Davi, tem compaixão de mim!" (Mt 15:22). A fé suplica, mas jamais discute, nem mesmo contra as coisas mais difíceis que Jesus diz. Se a fé discutisse — estou cometendo um disparate —, ela não seria fé, visto que o que discute é a incredulidade. A fé em Deus implica em concordância com o que Ele diz e, consequentemente, exclui a ideia de dúvida. A fé genuína crê em qualquer coisa e em tudo o que o Senhor diz, quer seja desencorajador ou encorajador. Ela jamais tem um "porém", ou um "se", ou até mesmo um "embora" para pronunciar, mas se firma nisto: "Tu o disseste, Senhor, portanto é verdade; Tu o ordenaste, assim sendo, é justo". A fé jamais vai além disso.

Observe em nosso texto que *a fé assente em tudo o que o Senhor diz*. Ela disse: "Sim, Senhor". O que Ele havia dito? "Você é comparável a um cachorrinho!". "Sim, sim, Senhor, eu sou mesmo". "Não é correto pegar o pão dos filhos e jogá-lo aos cachorrinhos" (Mt 15:26 NAA). "Sim, Senhor, não seria adequado, e eu não gostaria que sequer um de Teus filhos seja privado da graça por minha causa". "Ainda não é o seu tempo", disse Jesus, "os filhos devem ser alimentados *primeiro*; os filhos nas horas da refeição e os cães após o jantar. Este é o tempo de Israel e os gentios virão depois. Mas não ainda". Ela praticamente responde: "Sei disso, Senhor, e concordo com isso".

Ela não levanta questionamentos ou discute a justiça de o Senhor dispensar Sua própria graça de acordo com Seu soberano desígnio. Ela não falha, como fazem alguns que lançam mão de sofismas em seus argumentos quanto à divina soberania. Ficaria provado que ela tinha pequena ou nenhuma fé, se tivesse feito isso. Ela não discute o tempo e a ordem estabelecidos pelo Senhor. "Mas Jesus lhe disse: — Deixe primeiro que os filhos se fartem..." (Mc 7:27 NAA), e ela não contesta o tempo, como muitos que não desejam que agora seja o tempo aceitável, mas o adiam na mesma proporção que essa mulher desejava antecipar o dia da graça. Ela não entrou em discussão quanto a ser impróprio tirar o pão da aliança dos filhos e entregá-lo aos incircuncisos pagãos: ela jamais desejou que Israel fosse roubado em favor dela. Como ela era um cachorrinho, ela não desejava que qualquer propósito de Deus ou qualquer propriedade da casa divina fosse substituído ou mudasse em função dela. Ela concordou com todos os decretos do Senhor. Essa é a fé que salva a alma; que concorda com a mente de Deus, mesmo que ela lhe pareça contrária; que crê nas declarações divinas reveladas quer elas pareçam prazerosas ou terríveis e que assente na palavra de Deus, quer ela seja como um bálsamo para suas feridas ou como uma espada para cortar e matar. Se a Palavra de Deus for verdadeira, ó homem, não lute contra ela, mas curve-se diante dela. Armar-se contra qualquer coisa que Deus declare não é o modo da fé viva em Jesus Cristo, tampouco de obter paz com Deus. A segurança está em render-se. Diga "Sim, Senhor" e você encontrará a salvação.

Notem que ela não apenas concordou com tudo o que o Senhor dissera, mas *ela o adorou ao fazer isso*. "Sim", disse ela, "mas ainda assim és o meu Senhor. Chamaste-me de 'cachorrinho', mas és meu Senhor por tudo isso. Consideras-me indigna de receber Tuas dádivas, mas és meu Senhor, e eu ainda te considero como tal". Ela tinha a mente de Jó: "...temos recebido o bem de Deus e não receberíamos também o mal?" (Jó 2:10). Estava disposta a aceitar o mal e disse: "Quer Deus dê, quer se recuse a conceder, bendito seja o Seu nome, Ele é meu Senhor ainda assim". Ó, essa é uma fé grandiosa, que coloca de lado o espírito de contestação, e não apenas assente na vontade do Senhor, mas o louva nisso. Seja o que for, ó Senhor, mesmo que a verdade me condene, Tu ainda és Senhor, e confesso Tua divindade, confesso Tua excelência, aceito Teus direitos à coroa e me submeto a ti. Faz comigo como quiseres.

E, observem, quando ela "respondeu a ele: — Senhor..." (Mc 7:28), *ela não prosseguiu sugerindo que qualquer alteração fosse feita para ela.* "Senhor", disse ela, "tu me classificaste entre os cachorrinhos"; ela não fala: "Coloca-me entre os filhos", mas pede somente que seja tratada como um cão é tratado. "...Os cachorrinhos comem das migalhas..." (Mt 15:27), assevera a cananeia. Ela não deseja um propósito modificado ou mudança em uma ordenança, tampouco a remoção de um decreto: "Deixa que seja assim. Se essa é a Tua vontade, Senhor, ela é a minha vontade". Ela apenas vislumbra um raio de esperança onde, se não possuísse fé, teria visto apenas as sombras do desespero. Que tenhamos tal fé como a dela e que jamais entremos em controvérsia com Deus.

3. Agora chego a uma parte interessante de nosso assunto, a saber, que a fé argumenta, embora não discuta.

"...É verdade, Senhor, pois os cachorrinhos comem das migalhas..." (Mt 15:27 NAA). O argumento dessa mulher estava correto e era total e estritamente lógico. Era um argumento baseado nas próprias premissas do Senhor, e vocês sabem que, se estiverem arrazoando com alguém, não poderão fazer melhor do que quando pegam as próprias declarações da pessoa e argumentam a partir delas. Ela não vai adiante lançando novas premissas, ou discute as antigas ao dizer: "Eu não sou um cachorrinho!", mas diz: "Sim, sou um cachorrinho". Ela aceita essa declaração do Senhor e a usa como um bendito *argumentum ad hominem*[36], um argumento tal como jamais foi transcendido neste mundo. Ela pegou as palavras de Sua boca e as venceu com elas mesmas, do mesmo modo que Jacó venceu o anjo. Há tanta força no argumento dessa mulher que quase me desespero nesta manhã na incerteza de se serei capaz de demonstrá-lo a vocês. Eu gostaria, no entanto, de afirmar que os tradutores prejudicaram muito o texto ao acrescentar a palavra "porém", pois não há "porém" no grego. É uma palavra completamente diferente. Jesus disse: "Não é bom tomar o pão dos filhos e lançá-lo aos cachorrinhos". "Não", diz ela, "não seria bom fazer isso porque os cães já têm provisão, uma vez que comem das migalhas que caem da mesa de seus donos. Seria muito impróprio dar-lhes do pão dos filhos porque eles têm seu próprio pão". "É verdade, Senhor, admito que seria inconveniente dar aos cachorros o pão dos filhos, pois eles já possuem sua cota quando comem das migalhas que caem da mesa dos filhos. Isso é tudo o que os cães desejam, e tudo o que eu desejo. Não te peço que me dês do pão dos filhos, peço-te apenas pelas migalhas que são dos cachorrinhos".

---

[36] Argumento falacioso usado para anular a premissa apresentada pelo proponente, ao questionar a pessoa que a propôs.

Vejamos a força da sua argumentação, que aparecerá de muitas maneiras. A primeira é esta: *Ela argumentou com Cristo a partir de sua posição de esperança.* "Eu sou um cachorrinho", disse, "mas, Senhor, tu vieste de longe para Sidom, aqui estás perto das fronteiras de meu país e, portanto, não sou como um cão de rua, estou debaixo de uma mesa". Marcos registra que ela disse: "...os cachorrinhos, debaixo da mesa, comem das migalhas das crianças" (Mc 7:28). Foi o mesmo que dizer: "Senhor, tu vês minha posição. Eu era um cachorro de rua, longe de ti, mas, agora que vieste e pregaste em nossas fronteiras, fui privilegiada em ouvir-te. Outros foram curados, e estás realizando obras da graça nesta casa, enquanto eu observo. Portanto, embora eu seja um cachorrinho, sou um cachorrinho debaixo da mesa. Assim sendo, permite-me comer das migalhas". Você percebe, prezado ouvinte? Você admite que é pecador, um grande pecador, mas afirma: "Senhor, sou um pecador a quem é permitido ouvir o evangelho, sendo assim, abençoa-me. Sou um cachorrinho, porém estou sob a mesa, trata comigo de acordo. Quando há um sermão para o consolo de Teu povo, estou lá para o ouvir. Sempre que os santos se reúnem e as preciosas promessas são discutidas, levando-os a se regozijar, estou lá, observando e desejando estar entre eles. Contudo, ainda assim, Senhor, como usaste de graça para me permitir ser um ouvinte do evangelho, rejeitar-me-ás agora que desejo ser um receptor dele? Para qual finalidade e propósito me trouxeste tão perto, ou melhor, chegaste tão perto de mim, se, depois de tudo, me rejeitares? Sou um cachorrinho, mas ainda sou um cachorrinho debaixo da mesa. É um favor ser privilegiado em estar entre os filhos, mesmo que eu apenas repouse aos pés deles. Imploro a ti, bom Senhor, que, visto que sou autorizado a olhar-te e a pedir essa bênção, não me rejeites". Parece-me que esse era um fervoroso raciocínio da mulher, e ela o usou bem.

O apelo seguinte dela foi *seu encorajador relacionamento*. "É verdade, Senhor", assevera a cananeia, "pois os cachorrinhos comem das migalhas que caem da mesa dos *seus donos*" (Mt 15:27 NAA). Vejam a ênfase colocada por Mateus: "da mesa dos seus donos". "Não posso dizer que és meu Pai, não posso erguer os olhos e reivindicar o privilégio de um filho, mas Tu és meu Dono, e os donos alimentam seus cachorrinhos. Eles dão, pelo menos, as migalhas àqueles cães que os têm por senhor." O apelo é muito semelhante àquele sugerido à mente do pobre pródigo que retornava à casa. Ele pensou em dizer ao seu pai: "...trata-me como um dos teus trabalhadores" (Lc 15:19), contudo, a fé desse rapaz era mais fraca do que a da mulher cananeia. "Senhor, se não estou contigo em relação filial, ainda assim sou Tua criatura; tu me fizeste e ergo meus olhos para ti e imploro que não me deixes perecer. Se não possuo outro vínculo contigo, pelo menos tenho este: que devo ter te servido, por isso sou Teu servo embora eu seja um fugitivo. Pertenço a ti pelo menos pela aliança das obras, caso não seja pela aliança da graça, e ó, desde que és meu Senhor, não me rejeites totalmente. Tens alguma posse sobre mim por meio da criação, em algum grau. Ó, olha para mim e me abençoa. Os cachorrinhos comem do que cai da mesa de seu dono, permite-me fazer o mesmo". Ela observa o relacionamento do cão com seu dono e tira o máximo disso, com uma bendita ingenuidade que faríamos bem em imitar.

Percebam, a seguir, que ela invoca *sua associação com os filhos*. Aqui, devo dizer-lhes que lamento que não tenha sido possível, suponho, aos nossos tradutores trazer claramente o que veio após o âmago da passagem. Ela estava implorando por sua *filhinha*. E nosso Senhor lhe respondeu: "Não é correto pegar o pão dos filhos e jogá-lo aos *cachorrinhos*" (Mt 15:26 NAA). A palavra é um diminutivo, e a mulher se fixou nele. A palavra "cães" não serviria a ela tão bem quanto o termo "cachorrinhos", então ela disse: "É verdade, Senhor, pois os cachorrinhos comem das migalhas..." (v.27). Como regra, no Oriente, os cães não são permitidos entrar na casa. Na verdade, eles são vistos como criaturas imundas e vagam sem cuidados como semisselvagens. O cristianismo elevou o cachorro e fez dele o companheiro do homem, do mesmo modo como elevará toda a criação embrutecida, até que a ultrajante vivissecção e as crueldades dos vulgos se tornarão inéditas, senão apenas marcas dos horrores de uma era de barbáries. No Oriente, um cachorro está muito abaixo na escala da vida, vagando pelas ruas, rondando atrás de comida escassa e, em termos de temperamento, é um pouco melhor do que um lobo domesticado. Dessa forma, os adultos orientais não se associam aos cães, tendo preconceito contra eles, mas as crianças não são tão tolas, e consequentemente as crianças orientais se associam aos cachorrinhos. O pai não quererá o cachorro perto dele, mas seu filho não conhece tal tolice e busca o cachorrinho para se unir a ele em suas brincadeiras. Assim, os cachorrinhos vêm a estar debaixo da mesa, tolerados na casa por causa das crianças.

A mim, parece-me que a mulher argumenta deste jeito: "Chamaste a mim e a minha filha de filhotes, cachorrinhos, mas esses animaizinhos estão sob a mesa das crianças, eles se associam a elas, como eu fiz com os discípulos no dia de hoje.

Se eu não sou um deles, estou associada a eles e ficaria feliz de estar entre eles". Como eu desejaria ardentemente que alguma pobre alma se apropriasse disso e dissesse: "Senhor, não posso reivindicar ser um de Teus filhos, mas amo sentar-me entre eles, pois jamais me sinto mais feliz do que quando estou com eles. Às vezes eles me incomodam e perturbam, como as criancinhas que beliscam e ferem seus cãezinhos, mas, muitas vezes, eles me fazem carinho, falam-me com gentileza me trazendo conforto, também oram por mim e desejam a minha salvação. Assim, Senhor, se eu não sou um filho, mesmo assim chamaste-me de cachorrinho, e eu o sou; portanto dá-me o tratamento de um cãozinho, dá-me a migalha da misericórdia que eu procuro".

O argumento dela vai além, pois *o cachorrinho come as migalhas do pão dos filhos, com o consentimento deles*. Quando uma criança tem um cãozinho para brincar enquanto ela come, o que a criança faz? Ora, com certeza, ela dá um pedacinho ao cachorrinho vez ou outra, e o animalzinho toma grandes liberdades e se serve tanto quanto ele se atreve. Quando um cãozinho está com as crianças durante as refeições, é certo que ele receberá uma migalha de um ou outro de seus colegas de brincadeira. E ninguém se oporá a que ele coma o que receber. Do mesmo modo, a mulher parece dizer: "Senhor, lá estão os filhos, Teus discípulos, eles não me tratam muito bem; as criancinhas nem sempre tratam os cachorrinhos com tanta gentileza quanto deveriam. Contudo, Senhor, eles estão desejosos de que eu obtenha a bênção que busco. Eles têm uma porção completa em ti; têm a Tua presença, a Tua Palavra, assentam-se a Teus pés, obtiveram toda sorte de bênçãos espirituais. Tenho certeza de que eles me cederiam, mesmo que com relutância, tão pouco quanto uma dádiva; eles desejam que eu tenha o demônio expulso de minha filha, pois essa bênção, comparada com o que eles têm, é apenas uma migalha, e eles ficam contentes por eu tê-la. Assim, Senhor, respondo ao Teu argumento. Tu dizes que não é bom dar o pão aos cães antes que os filhos estejam satisfeitos, mas, Senhor, os filhos estão saciados e estão desejosos por deixar que eu tenha a minha porção; eles consentem em me permitir as migalhas. Tu não as darás a mim?".

Creio que havia outro ponto de força no pleito dela, e era este: *a abundância da provisão*. Ela possuía uma grande fé em Cristo e cria em coisas grandiosas da parte dele. Assim sendo, disse: "Senhor, não há grande força em Teu argumento se pretendes provar que eu não posso ter o pão por receio de que não haveria suficiente para os filhos, visto que tens tanto, que, mesmo enquanto as crianças são alimentadas, os cachorrinhos podem ter as migalhas, e ainda assim haverá suficiente para elas". Onde há a mesa de um homem pobre e ele não pode se dar ao luxo de perder as migalhas, os cães não deveriam ser admitidos. Todavia, quando se trata da mesa de um rei, onde o pão não é motivo de preocupação e os filhos estão assentados e se alimentando até a saciedade, pode-se permitir aos cachorrinhos que se alimentem daquilo que cai da mesa — não do pão que o dono lança, mas das migalhas que *caem* ocasionalmente, e elas são tantas que há suficiente para os cães sem que os filhos fiquem privados de seu bocado. "Não, Senhor", diz ela, "eu não gostaria que tu tirasses o pão de Teus próprios filhos. Deus não permita que tal coisa ocorra por minha causa. Porém, há suficiente para Teus filhos em Teu amor e misericórdia transbordantes, e também para mim, pois tudo o que peço é uma migalha comparado com o que concedes diariamente aos outros".

Agora, aqui está o último ponto no qual o argumento dela era forte. *Ela olhou para as coisas do ponto de vista de Cristo.* Disse: "Se, grandioso Senhor, tu me vês como um cão, então, vê que eu humildemente te aceito em Tua palavra e imploro que, se eu for um cachorrinho para ti, então a cura que peço para minha filha é apenas uma migalha para que Teu grande poder e bondade a concedam para mim". Ela semelhantemente usou uma palavra diminutiva e disse "migalhinha".

Os cachorrinhos comem das pequenas migalhas que caem da mesa das crianças. Que fé ousada foi essa! Ela valorizou a misericórdia que procurava de maneira incalculável; ela a estimou como valendo milhares de mundos para ela, mas, para o Filho de Deus, ela sabia que era meramente uma migalha, tão rico Ele é em poder para curar e tão pleno de bondade e bênçãos. Se um homem dá uma migalha a um cão, esse homem fica com um pouco menos. No entanto, se Cristo conceder misericórdia ao maior dos pecadores, Ele não fica com nem um pouco a menos, Ele continua tão rico em condescendência, misericórdia e poder para perdoar quanto antes. O argumento da mulher era muito potente. Ela era tão sábia quanto era anelante, e, melhor de tudo, ela cria de forma mais maravilhosa.

Terminarei esse arcabouço do argumento dizendo que, no fundo, a mulher estava, na realidade, argumentando de acordo com o propósito eterno de Deus, pois, qual era o grande desígnio divino ao conceder o pão aos filhos ou, em outras palavras, enviar a Israel a divina revelação? Ora, sempre foi Seu propósito que, por meio dos filhos, os cães pudessem obter o pão; que, por intermédio de Israel, o evangelho fosse entregue aos gentios. Sempre fora plano de Deus abençoar a Sua própria herança para que o caminho dele pudesse ser conhecido na Terra e Sua força salvadora entre todas as nações. E essa mulher, de um modo ou de outro, por um instinto divino, entrou no método divino. Embora ela não houvesse perscrutado o segredo, ou, pelo menos, não nos é dito que ela o fez em tantas palavras, ainda assim havia um impulso inato em seu argumento. Colocando de outra forma, fica assim: "É por meio dos filhos que os cães devem ser alimentados. Senhor, não peço que cesses de dar aos filhos o pão deles. Tampouco peço-te que apresses a refeição dos filhos. Que eles sejam alimentados primeiro. Contudo, mesmo enquanto eles estão comendo, permite-me obter as migalhas que caem de suas repletas mãos, e eu ficarei satisfeita". Este é um forte argumento para você, pobre pecador que veio aqui. Eu o deixarei em suas mãos e orarei para que o Espírito de Deus o ajude a usá-lo e, se você o transformar em uma boa consideração, prevalecerá com o Senhor no dia de hoje.

4. *Nosso último subtítulo com o qual encerrarei é este:* a fé conquista seu pedido.

A fé dessa mulher, primeiramente, recebeu um enaltecimento por si própria. Jesus disse: "Ó mulher, grande é a tua fé!" (Mt 15:28). Ela não ouvira as profecias acerca de Jesus; não fora nascida, criada e educada de forma que, provavelmente, viesse a se tornar uma cristã e, mesmo assim, tornou-se uma cristã de primeira classe. É primoroso que tenha sido assim, mas a graça se deleita em realizar maravilhas. Ela não havia visto o Senhor anteriormente em sua vida, não era como aqueles que haviam se associado a Ele havia muitos meses. No entanto, com apenas um vislumbre dele, ela adquiriu essa grande fé. Isso era surpreendente, mas a graça divina é sempre surpreendente. Talvez essa mulher jamais houvesse visto um milagre, tudo aquilo sobre o qual ela apoiava a sua fé era que ouvira, em seu próprio país, que o Messias dos judeus chegara, e ela cria que o Homem de Nazaré era esse Messias e sobre isso se firmou. Ó irmãos, por termos todas as nossas vantagens, as oportunidades que temos de conhecer toda a vida de Cristo e compreender as doutrinas do evangelho, conforme nos são reveladas no Novo Testamento, com muitos anos de observação e experiência, a nossa fé deveria ser muito maior do que é. Não nos envergonha vermos essa pobre mulher com tão pequena oportunidade ter uma fé tão robusta, a ponto de o próprio Senhor Jesus a elogiar dizendo: "Ó mulher, grande é a tua fé!" (Mt 15:28)?

Todavia, a fé dessa mulher prevaleceu em algo mais: ela *recebeu um elogio pelo modo como agiu*, pois, de acordo com Marcos, Jesus disse: "*Por causa desta palavra*, podes ir; o demônio já saiu de tua filha" (Mc 7:29), como se Ele recompensasse o que ela dissera tanto quanto a fé que o sugerira. O Senhor se alegrou tanto com a maneira sábia, prudente e humilde, mas corajosa, com que ela virou Suas palavras contra Ele que disse: "Por causa desta palavra, podes ir; o demônio já saiu de tua filha". O Senhor que elogia a fé, em seguida, elogia os frutos e os atos da fé. A árvore consagra o fruto. Nenhuma ação do homem pode ser aceitável a Deus até que o próprio homem seja aceito. Contudo, tendo a mulher sido aceita em sua fé, os resultados dessa fé eram compatíveis com o coração de Jesus.

A cananeia também *conquistou o que desejava*: "...o demônio já saiu de tua filha", e saíra de uma vez. Ela só precisava voltar para casa e encontrar sua filha na cama descansando em paz, algo que a menina não fazia desde que o demônio a possuíra. Nosso Senhor, quando concedeu o desejo do coração dessa mãe, o fez grandiosamente. Ele deu a ela um tipo de *carta branca* e disse: "Faça-se contigo como queres" (Mt 15:28). Era como se o Senhor da glória se rendesse voluntariamente aos braços vencedores da fé dessa mulher. Que o Senhor conceda a vocês e a mim, em todos os momentos de luta, que ainda sejamos capazes de vencer pela fé, assim não poderemos imaginar quão grandes serão os despojos que dividiremos quando o Senhor disser: "Faça-se contigo como queres".

O fim de tudo é este: essa mulher é uma lição para todos os que estão à margem, a vocês que pensam a seu respeito como estando além do limite da esperança, a vocês que não foram educados para frequentar a casa de Deus, que, provavelmente, têm sido negligentes em toda a religião por toda a sua vida. Essa pobre mulher é sidônia; ela vem de uma raça que havia sido condenada a morrer muitos séculos antes, parte da amaldiçoada semente de Canaã, e, porque creu, ela se tornou grande no reino do Céu. E não há razão pela qual aqueles que são contados como estando fora da Igreja do Senhor não devessem estar bem ao centro dela, e ser, dentre todos, as luzes mais incandescentes e brilhantes. Ó, vocês pobres proscritos e afastados, tenham coragem, recebam conforto, venham a Jesus Cristo e confiem a si mesmos às Suas mãos.

Depois de tudo, essa mulher é um exemplo para aqueles que pensam que foram repelidos em seus esforços em busca da salvação. Vocês têm orado e não têm prevalecido? Têm buscado ao Senhor e parecem estar mais infelizes do que nunca? Fizeram tentativas de mudanças e remendos e creram que o fizeram na força divina, e todas falharam? Ainda assim, confie naquele cujo sangue não perdeu sua eficácia, cuja promessa não perdeu sua verdade e cujos braços não perderam o poder para salvar. Agarrem-se à cruz, pecadores. Se a terra afundar debaixo de seus pés, perseverem. Se a tempestade se enfurecer e todas as inundações se levantarem, e mesmo que pareça que o próprio Deus está contra vocês, agarrem-se à cruz. Essa é a sua esperança. Ali, vocês não podem perecer.

A seguir, essa é uma lição para cada intercessor. Essa mulher não implorava por si mesma; pedia por outro. Ó, quando você interceder por um pecador como você, não o faça de coração frio; implore como se fosse por sua própria alma e sua própria vida. Aquele que carrega a questão em seu coração e a transforma em sua própria, e com lágrimas suplica por uma resposta de paz, prevalecerá com Deus como um intercessor.

Por fim, lembrem-se de que essa poderosa e gloriosa mulher é uma lição a cada mãe, visto que ela implorava por sua filhinha. O instinto maternal transforma o mais fraco em forte, o mais tímido no mais corajoso. Como é poderoso o amor de uma mãe, mesmo entre os pobres animais e pássaros. Ora, o pequeno pássaro, que se assusta com a aproximação de passos, acomoda-se em seu ninho quando o intruso se aproxima, caso os filhotes dela estejam em perigo. O amor de mãe a torna heroica por seu filho. Assim sendo, quando estiverem implorando a Deus, façam-no como o amor de uma mãe sugeriria, até que o Senhor lhe diga também: "Ó mulher, grande é a tua fé! O demônio saiu de sua filha. Faça-se contigo como queres!". Deixarei esse último pensamento aos pais como um encorajamento a que orem. Que ele os incite a isso, em nome de Jesus. Amém.

5

A MULHER ENFERMA: ERGUENDO OS ENCURVADOS [37]

Ora, ensinava Jesus no sábado numa das sinagogas. E veio ali uma mulher possessa de um espírito de enfermidade, havia já dezoito anos; andava ela encurvada, sem de modo algum poder endireitar-se. Vendo-a Jesus, chamou-a e disse-lhe: Mulher, estás livre da tua enfermidade; e, impondo-lhe as mãos, ela imediatamente se endireitou e dava glória a Deus. —Lucas 13:10-13

Creio que a enfermidade desta mulher não era apenas física, mas espiritual: sua aparência exterior era o indicativo de sua profunda e prolongada depressão mental. Ela estava duplamente arqueada quanto ao corpo, e encurvada pela tristeza de sua alma.

---

[37] Sermão nº 1426, ministrado na manhã de domingo, 14 de julho de 1878, no *Metropolitan Tabernacle*, Newington.

Há sempre uma afinidade entre o corpo e a alma, mas isso nem sempre é tão claramente visto como no caso dela; teríamos muitas visões tristes por todos os lados se assim o fosse. Imagine por um momento qual seria o resultado sobre esta congregação se nossa aparência exterior refletisse nosso estado interior. Se alguém que tivesse um olhar como o do Salvador pudesse nos observar agora, vendo o interior e o exterior, qual seria a aparência desta multidão? Muitos cenários deploráveis seriam vistos, pois em muitos bancos haveria pessoas mortas assentadas, olhando para frente por meio dos olhos vidrados da morte, carregando o semblante de quem vive e nome de quem vive, mas, ao mesmo tempo, estando mortos para as coisas espirituais. Caro amigo, você tremeria ao se descobrir próximo a um cadáver. Infelizmente, o cadáver não estremeceria, mas permaneceria tão insensível quanto os ímpios normalmente são, embora a preciosa verdade do evangelho ressoe em seus ouvidos — ouvidos que ouvem, porém ouvem em vão. Inúmeras almas serão encontradas mortas "em delitos e pecados" (Ef 2:1) em todas as congregações e, ainda assim, assentadas onde o povo de Deus está e não sendo discernidas entre os vivos em Sião. Mesmo nos casos em que há vida espiritual, o aspecto não seria totalmente amável. Aqui, veríamos um homem cego, e ali, um mutilado, e um terceiro encurvado sem estar perfeitamente reto.

A deformidade espiritual assume muitas formas, e cada uma delas é dolorosa de se observar. Um homem paralisado com uma fé vacilante, manifestada por meio de um corpo cambaleante, seria uma visão desconfortável. E presenciar as convulsões de paixão ou desespero de alguém como convulsões sofridas em seu corpo seria igualmente indesejável.

Como seria triste ter ao nosso redor pessoas sofrendo de febre, ou tremendo com a malária, revezando entre o quente e o frio, ardendo quase ao ponto do fanatismo em um momento e, a seguir, tão gélido quando o vento norte por conta da total indiferença. Não tentarei delinear em mais detalhes acerca do paralítico, do coxo, do cego e do companheiro incapacitado reunidos aqui nesta Betesda[38]. Certamente, se a carne fosse moldada de acordo com o espírito, este tabernáculo seria transformado em um hospital e cada um fugiria de seu companheiro, e desejaria fugir de si mesmo. Se para qualquer um de nós a nossa enfermidade fosse exibida em nossa fronte, garanto-lhes que não nos demoraríamos diante do espelho, tampouco ousaríamos pensar nos desventurados objetos que nossos olhos contemplariam. Abandonemos a cena imaginária com este pensamento consolador: Jesus está entre nós, independentemente do fato de estarmos enfermos e, embora Ele não veja nada que lhe seja aprazível aos olhos, caso nos julgue de acordo com a Lei, mesmo assim, uma vez que a Sua misericórdia se deleita em aliviar a miséria humana, há escopo abundante para Ele aqui, em meio a estas milhares de almas adoentadas.

Naquela sinagoga, naquele *Shabat*, essa pobre mulher descrita no texto deve ter sido uma das menos observadas. Sua enfermidade pessoal a tornava bem pequena em estatura. Ela estava reduzida a quase metade de sua altura e, como consequência, como acontece com as pessoas de estatura bem baixa, ela ficaria quase perdida em meio a uma multidão em pé. Uma pessoa tão encurvada como ela podia ter vindo

---

[38] Referência a João 5:1-14.

e ido sem ser notada por ninguém no espaço daquele local de reunião. Contudo, posso imaginar que nosso Senhor ocupava uma posição de certa forma superior uma vez que estava ensinando na sinagoga e Ele deve ter se dirigido a um dos lugares mais elevados pela melhor conveniência de ser visto e ouvido. Por essa razão, Ele poderia vê-la mais prontamente do que os demais. Jesus sempre ocupa uma posição de onde possa avistar os que estão encurvados. Seus olhos vivazes não perdem o alvo. A mulher, pobre alma, era naturalmente a menos observada de todas as pessoas presentes, mesmo assim foi a mais observada, visto que o olhar gracioso de nosso Senhor passou por cima de todo o restante, mas se iluminou sobre ela com consideração fixa. Assim, o terno olhar do Senhor permaneceu até que tivesse realizado a obra do amor.

Talvez haja alguém nesta multidão, nesta manhã, que seja menos observado do que qualquer um outro. Mesmo assim, este é percebido pelo Salvador, pois Ele não vê como o homem vê, ao contrário, observa mais aqueles por quem as pessoas tomam como não merecedores de sua consideração. Ninguém o conhece, ninguém se importa com você; seu problema pessoal é desconhecido e você não o revelaria ao mundo. Sente-se muito sozinho; não há solidão como aquela experimentada em uma grande multidão, e você está vivendo essa solidão agora. O coração do pregador se comove por você, mas isso pouco o ajudará. Há mais alegria no fato de que, assim como nosso Mestre observou a menos percebida naquele *Shabat* na sinagoga, cremos que Ele o fará neste dia, e Seus olhos se iluminarão sobre você. Ele não o ignorará, mas concederá uma bênção dominical especial ao seu exausto coração. Embora você, por si só, seja contado entre os últimos, será colocado em primeiro lugar com o Senhor efetuando um notável milagre de amor sobre você. Na esperança de que seja assim neste dia, prosseguiremos, com a ajuda do Espírito Santo, observando a obra da graça que foi realizada sobre essa pobre mulher.

1. Nosso primeiro assunto para consideração é, o encurvamento do aflito.

Lemos acerca dessa mulher que ela estava "possessa de um espírito de enfermidade [...], andava ela encurvada, sem de modo algum poder endireitar-se" (Lc 13:11). Sobre isso, afirmamos, primeiramente, que ela havia perdido sua postura ereta natural. Posso imaginar que, quando ela era uma menina, tinha os pés leves como os da corça, que seu rosto formava covinhas com muitos sorrisos e que seus olhos brilhavam com alegria infantil. Ela tinha sua cota do brilho e da beleza da juventude e andava ereta como os outros de sua raça, olhando para o Sol dia a dia, e para as cintilantes estrelas à noite, regozijando-se em tudo ao seu redor e crendo que a vida era uma alegria. Contudo, gradualmente, uma enfermidade rastejou para cima dela, arrastando-a para baixo, provavelmente uma fraqueza na coluna vertebral. Pode ser que os músculos e ligamentos tenham começado a se contrair tanto que ela ficou amarrada cada vez mais a si mesma e ao chão, ou os músculos tenham começado a relaxar, de forma que ela não conseguia sustentar a posição perpendicular e seu corpo se inclinou mais e mais para frente. Suponho que qualquer desses dois casos poderia levá-la a estar encurvada e por isso ela não tinha poder para endireitar-se.

De qualquer forma, por 18 anos ela não olhara mais em direção ao Sol; por 18 anos nenhuma estrela noturna havia alegrado seu olhar; sua face era atraída para baixo, em direção à poeira, e toda a luz da sua vida se tornara turva. Ela caminhava como se estivesse buscando uma cova, e não duvido que ela muitas vezes tenha sentido que haveria alegria se encontrasse uma. Estava tão aprisionada, como se presa pelo ferro, tão encarcerada, como se estivesse cercada por paredes de pedra. Infelizmente conhecemos alguns dentre os filhos de Deus que estão, neste momento, na mesma condição. Estão perpetuamente encurvados e, embora se recordem de dias mais felizes, essa memória serve apenas para aprofundar a sua presente tristeza. Algumas vezes cantam em tons menores:

> *Onde está a conhecida bênção*
> *De quando pela primeira vez vi o Senhor?*
> *Onde está a doce e refrescante visão*
> *De Sua Palavra e do Salvador?*
>
> *Que horas alegres eu então desfrutava!*
> *Como é doce delas recordar!*
> *Mas elas deixaram minh'alma desabitada*
> *Com um vazio que o mundo não pode ocupar.*[39]

Agora, raramente entram em comunhão com Deus; dificilmente ou nunca contemplam a face do Bem-Amado. Eles tentam permanecer firmes ao crer e são bem-sucedidos. Mas possuem pouca paz, pouco consolo, pouca alegria; perderam

---

[39] Tradução livre de estrofes do hino *Walking with God*, de William Cowper (1731–1800).

a coroa e a flor da vida espiritual, embora a vida permaneça. Tenho certeza de que estou me dirigindo a mais do que dois ou três que estão em tal estado neste momento, e oro para que o Consolador abençoe minha prédica a eles.

Essa pobre mulher estava *encurvada sobre si mesma e em direção daquilo que é deprimente*. Ela parecia crescer para baixo; sua vida estava vergada; ela se encurvava cada vez para mais baixo, à medida que o peso dos anos a pressionava. A aparência dela era toda inclinada à terra; nada celestial, nada reluzente podia vir diante de seus olhos. Sua visão foi resumida à poeira e ao túmulo. Assim estão alguns dos filhos de Deus cujos pensamentos se afundam mais e mais, como o chumbo, e seus sentimentos correm em sulcos profundos, abrindo cada vez mais um pequeno canal. Você não consegue trazer-lhes alegria, mas pode, rapidamente, alarmá-los. Usando uma estranha arte, eles conseguem espremer os cachos de Escol[40] e retirar deles o suco da tristeza. Onde outros saltariam de alegria, eles se encolhem por pesar, pois chegam à infeliz inferência de que as coisas alegres não são para pessoas como eles. Os tônicos expressamente preparados para os pranteadores, eles não ousam aceitar, e, quanto mais esses tônicos trouxerem consolo, mais temerosos eles ficarão em se apropriar deles. Se há uma passagem sombria na Palavra de Deus, eles a leem, com certeza, e dizem: "Isso se aplica a mim". Se houver uma parte trovejante em um sermão, eles se lembram de cada sílaba dela. E mesmo que se perguntem como o pregador os conhece tão bem, eles creem que cada palavra do pregador foi dirigida a eles. Se ocorre qualquer coisa na providência, quer seja adversa ou propícia, em vez de a lerem

---

[40] Referência a Números 13:23-24.

como um lembrete do bem, eles conseguem traduzi-la em um sinal de mal, façam eles isso conscientemente ou não. "Todas essas coisas estão contra mim", dizem, pois não conseguem ver nada além do que é terreno e não imaginam nada mais do que temor e sofrimento.

Sabemos que algumas pessoas prudentes, porém, de certa forma, insensíveis, culpam esses encurvados e os censuram por terem o espírito tão abatido. E isso nos faz perceber, a seguir, que *a mulher não podia se endireitar*. Não era útil culpá-la. Pode ter havido um tempo, quem sabe, em que as suas irmãs mais velhas lhe dissessem: "Irmã, você deveria se manter mais ereta; deveria não ter os ombros tão caídos, você está saindo do prumo. Deve cuidar para não ficar deformada". Puxa vida, que bons conselhos algumas pessoas podem dar! Estes são normalmente oferecidos gratuitamente, e isso é o correto, uma vez que todo o seu valor está em não haver a cobrança. Os conselhos oferecidos a pessoas que se tornaram deprimidas de espírito são normalmente néscios e causam dor e abatimento de espírito. Às vezes, eu desejaria que aqueles que estão tão rápidos com os seus conselhos tivessem, eles mesmos, sofrido um pouco, porque assim, talvez, teriam a sabedoria de deter a língua deles. De que serve aconselhar um cego a ver, ou dizer a alguém que não consegue se levantar que ele deve se manter ereto e não ficar olhando tanto para o chão? Isso é um acréscimo desnecessário à angústia. Algumas pessoas que fingem ser consoladoras bem poderiam ser classificadas como atormentadores. Uma enfermidade espiritual é tão legítima quanto uma física. Quando Satanás aprisiona uma alma, ela está tão verdadeiramente presa quanto quando um homem amarra um boi ou um jumento. O animal não consegue se libertar por si só, pois está preso. E essa era a condição dessa mulher. Posso estar falando a alguns que corajosamente tentaram animar seus próprios espíritos. Tentaram a mudança de cenário, andaram na companhia dos santos, pediram a pessoas cristãs que as consolassem, frequentaram a casa de Deus e leram livros de consolo. No entanto, continuam atados e não há como o negar. Como alguém que derrama "...vinagre sobre feridas, assim é o que entoa canções junto ao coração aflito" (Pv 25:20). Há uma incongruência acerca das alegrias mais seletas quando são forçadas a um coração entristecido. Algumas almas angustiadas estão tão adoentadas que rejeitam qualquer tipo de comida, e assim se aproximam dos portões da morte. Todavia, se algum de meus ouvintes estiver em tal estado, não deve se desesperar visto que Jesus pode endireitar aqueles que estão mais encurvados.

Provavelmente, a pior coisa sobre o caso dessa pobre mulher é que *ela havia suportado o seu problema por 18 anos*, portanto a sua enfermidade era crônica e confirmada. Dezoito anos! Esse é um tempo muito, muito longo. Dezoito anos de alegria voam como Mercúrio[41]: com asas em seus calcanhares, eles chegam e logo vão! Dezoito anos de uma vida feliz — como esse é um intervalo curto! Contudo, 18 anos de dor, 18 anos de encurvamento em direção ao chão, 18 anos nos quais o corpo se aproximou mais à aparência dos animais do que do ser humano, que período deve ser! Dezoito longos anos — cada um deles com 12 lúgubres meses trazendo as suas cadeias após si! Ela estivera 18 anos sob a escravidão do

---

[41] Mercúrio (ou Hermes, na mitologia grega) é um deus romano que possui asas em seus calcanhares.

diabo; que grande infortúnio! É possível um filho de Deus ficar 18 anos desanimado? Devo dizer que sim. Há um exemplo: o Sr. Timothy Rogers, escritor de um livro a respeito de *melancolia religiosa* — um livro maravilhoso — esteve, penso eu, 28 anos em desânimo. Ele mesmo conta a história e não há como questionar a sua exatidão. Exemplos semelhantes são bem conhecidos por aqueles que estão familiarizados com as biografias religiosas. Indivíduos que estiveram trancafiados por muitos anos no sombrio covil do desespero, mas que foram, no final de tudo, trazidos à alegria e ao consolo singulares. Dezoito anos de desalento deve ser uma aflição assustadora, porém há escape dela, pois, embora o diabo possa ter levado 18 anos para forjar a cadeia, levou apenas 18 minutos ao nosso abençoado Senhor para quebrá-la. Ele pode libertar o cativo com rapidez. Construa, construa seu calabouço, ó inimigo infernal, coloque seu alicerce bem profundo, coloque as camadas de granito tão unidas que ninguém consiga mover uma pedra de sua trama. Porém, quando o Senhor vier, o Mestre que destruirá as suas obras, Ele falará e, como a trama vã desta visão, a sua Bastilha desaparecerá em puro ar[42]. Dezoito anos de melancolia não provam que Jesus não possa libertar os cativos. Eles apenas oferecem a oportunidade de Ele demonstrar Seu poder gracioso.

Além disso, percebam que essa pobre mulher, que se encurvara como se estivesse nesse estado em sua mente e corpo, *ainda frequentava a casa de oração*. Nosso Senhor estava na sinagoga, e ela também. Ela bem poderia ter dito: "É muito

---

[42] Referência ao discurso final de Próspero, personagem de *A Tempestade*, de Willliam Shakespeare (1564–1616). Tradução de Bárbara Heliodora.

doloroso para mim ir a um local público, tenho justificativa". Mas não, lá estava ela. Querido filho de Deus, o diabo algumas vezes lhe sugeriu que é inútil você ir ouvir a Palavra. Vá assim mesmo! Ele sabe que você possivelmente escapará das mãos dele enquanto estiver ouvindo a Palavra de Deus, e, portanto, se puder mantê-lo distante dela, ele o fará. Foi enquanto estava na casa de oração que essa mulher encontrou sua liberdade, e lá você poderá encontrá-la também. Assim sendo, continue indo à casa do Senhor, venha o que vier.

Durante todo esse tempo, também, ela era uma filha de Abraão. O diabo a havia prendido como um boi ou um jumento, mas ele não conseguiu tirar dela seu caráter privilegiado. Ela ainda era uma filha de Abraão, ainda era uma alma que cria e confiava em Deus em fé humilde. Quando o Salvador a curou, Ele não disse a ela: "Teus pecados estão perdoados". Não havia um pecado em particular nesse caso. Ele não se dirigiu a ela como fez com aqueles cuja enfermidade fora causada pelo pecado, uma vez que, independentemente de ela estar encurvada, tudo o que precisava era de consolo, não de repreensão. O coração dela estava reto com Deus. Sei que estava porque, no momento em que ela foi curada, começou a glorificar a Deus, o que demonstra que ela estava pronta para isso e que o louvor estava aguardando em seu espírito por essa alegre oportunidade. Ela sentia certa medida de consolo em ir à casa de Deus, ainda que estivesse encurvada por 18 anos. Aonde mais ela deveria ir? Que bem receberia por permanecer em sua residência? Uma criança enferma está melhor na casa do pai, e ela estava melhor onde a oração era feita.

Aqui, então, está uma imagem do que ainda se pode ver entre os filhos do homem, e esse pode ser o seu caso, caro ouvinte. Que o Espírito Santo abençoe essa descrição para o encorajamento do seu coração.

2. Em segundo, convido-os a notar a mão de Satanás nessa escravidão.

Não teríamos sabido disso se nosso Senhor não houvesse dito que Satanás prendera essa pobre mulher por 18 anos[43]. *Ele deve tê-la atado de modo muito astuto para que o nó permanecesse por tanto tempo*, pois não parece que ele a possuía. Vocês percebem, ao ler o evangelho, que nosso Senhor jamais impôs a mão sobre uma pessoa possuída pelo diabo. Satanás não a possuía, mas se lançara sobre ela certa vez, há 18 anos e a prendera como um homem amarra seus animais no estábulo, e ela não fora capaz de se livrar por todo aquele tempo. O diabo pode, em um momento, dar um nó que eu e você não conseguiríamos desatar por 18 anos. Neste caso, ele havia prendido tão seguramente a sua vítima que nenhum poder, dela ou dos outros, conseguia resolver a questão. Do mesmo modo, quando lhe é permitido, ele pode prender qualquer um do povo de Deus muito rapidamente e por quase qualquer meio. Talvez uma palavra de um pregador, que jamais pretendia causar tristeza, pode ter levado um coração a ficar entristecido. Uma frase apenas de um bom livro ou uma passagem mal-entendida das Escrituras podem ser suficientes para que as astutas mãos de Satanás aprisionem um filho de Deus em uma longa servidão.

---

[43] Conforme Lucas 13:16.

Satanás prendera a mulher a si mesma e ao chão. Há um modo cruel de amarrar um animal, que é, de certa forma, um caso semelhante. Já testemunhei animais cuja cabeça fora amarrada ao seu joelho ou pé, e dessa forma Satanás amarrara essa mulher a si mesma. Assim, há alguns filhos de Deus cujos pensamentos são somente a respeito de si mesmos. Voltaram seus olhos para ver seu próprio interior e enxergam apenas o revolver do mundinho dentro de si. Estão sempre lamentando por suas enfermidades, sempre se queixando sobre suas corruptibilidades, sempre observando suas próprias emoções. O único objeto de seus pensamentos é a sua própria condição. Se alguma vez mudarem o cenário e se voltarem para outro objeto, é apenas para observar o chão abaixo de si, para lamuriar sobre esse mundo miserável e suas tristezas, seus sofrimentos, seus pecados e suas decepções. Assim, estão amarrados a si próprios e ao chão e não conseguem olhar para Cristo como deveriam, tampouco permitem que os raios de sol do amor do Senhor brilhem com total fulgor sobre eles. Prosseguem lamentando sem o Sol, oprimidos por seus anseios e fardos. Nosso Senhor usa a figura de um animal amarrado, e declara que mesmo no sábado o proprietário desprende "o seu boi ou o seu jumento para levá-lo a beber" água (Lc 13:15).

Essa mulher estava afastada daquilo que a sua alma necessitava. Ela era como um jumento ou um boi, que não pode se libertar para ir beber água. Ela conhecia as promessas, ouvia-as todos os sábados, ia à sinagoga e ouvia sobre Aquele que liberta os cativos, mas não conseguia se alegrar em tal promessa ou experimentar a liberdade. Do mesmo modo, há multidões dentre o povo amado de Deus que estão amarrados a si próprios e não conseguem saciar a sede, não podem beber do rio da vida nem encontrar consolo nas Escrituras. Sabem o quanto o evangelho é precioso e como são consoladoras as bênçãos da aliança, porém não conseguem desfrutar das consolações ou bênçãos. Ó, como seria bom se pudessem! Eles suspiram e choram, mas ainda se sentem atados.

Há uma restrição aqui. Satanás fizera muita coisa à pobre mulher, mas *fizera apenas o que lhe fora permitido fazer*. Vocês podem ter certeza de que, sempre que Satanás açoita um filho de Deus, ele nunca limita suas forças, pois não conhece qualquer coisa sobre misericórdia, nem qualquer outra consideração o restringe. Quando o Senhor entregou Jó às mãos de Satanás por um tempo, que destruição e massacre ele ocasionou aos bens de Jó. Não poupou seus pintinhos, ou seus filhos, ou ovelhas, ou cabritos, ou camelos ou bois, mas o açoitou por todos os lados e causou a completa ruína a toda sua propriedade. Quando lhe foi dada uma segunda permissão, ele tocou nos ossos e na carne de Jó; nada satisfaria o diabo senão ferir o patriarca com feridas e "...tumores malignos, desde a planta do pé até o alto da cabeça" (Jó 2:7). Ele poderia tê-lo afligido mais que o suficiente ao torturar uma parte de seu corpo, mas isso não bastaria; Satanás precisava se fartar em vingança. O diabo faria tudo o que pudesse e assim o cobriria de feridas abertas. No entanto, no caso de Jó, houve um limite, bem como no caso da mulher. Satanás a prendeu, mas não a matou. Pode tê-la curvado à cova, mas não podia lançá-la para dentro dela. Pode tê-la prostrado até que estivesse totalmente encurvada, mas não podia tirar sua pobre e frágil vida. Mesmo com todos os seus artifícios infernais, ele não podia fazê-la morrer antes do tempo. Além disso, ela ainda era uma mulher, ele não a transformou em um animal, ainda que ela estivesse tão encurvada à semelhança de feras. Da mesma forma, o diabo não pode destruí-lo, ó filho de Deus. Ele pode açoitá-lo, mas não o trucidar. Ele aflige aqueles que não pode destruir e sente uma satisfação maliciosa ao fazer isso. Ele sabe que não há esperança de o destruir, pois você está longe do alcance de sua arma de fogo. Porém, se ele não puder feri-lo com um tiro, ele, se possível, o aterrorizará com a pólvora. Se não puder matá-lo, ele o amarrará, como para o abate. Sim, e ele sabe como fazer uma pobre alma sentir mil mortes enquanto ela teme apenas uma. Contudo, todo esse tempo, Satanás não era capaz de tocar essa pobre mulher com relação à sua verdadeira posição: ela era uma filha de Abraão 18 anos antes, quando o diabo a atacou, e continuava sendo filha de Abraão 18 anos depois disso, quando o adversário já fizera o seu pior. E você, prezado coração, mesmo que não tenha tido um senso de consolo do amor do Senhor por 18 anos, você ainda é amado. Se Ele, sequer uma vez, lhe deu alguma evidência do amor dele que você pudesse desfrutar; se, por causa da perplexidade e da distração, você continua a escrever coisas amargas a seu próprio respeito durante todo esse tempo, ainda assim seu nome está nas mãos do Senhor e ninguém pode apagá-lo. Você pertence a Jesus e ninguém pode arrancá-lo dele. O diabo pode prendê-lo fortemente, mas Cristo o amarrou com força ainda maior com as cordas de Seu amor eterno, que deve mantê-lo, e o manterá, firme até o fim.

Essa pobre mulher estava sendo preparada para glorificar a Deus, mesmo em meio a uma experiência diabólica. Ninguém naquela sinagoga podia glorificar a Deus como ela quando foi, por fim, liberta. Cada um daqueles 18 anos trouxe ênfase à sua expressão de ação de graças. Quanto maior tivesse sido o seu sofrimento, ainda mais doce seria a sua canção. Eu gostaria de ter estado lá naquela manhã para ouvi-la contar sobre o poder emancipador do Cristo de Deus. O diabo deve ter sentido que perdera todo o seu trabalho, deve ter se arrependido de não a ter deixado em paz durante aqueles 18 anos, uma vez que, desse modo, estivera qualificando-a para contar a mais amável história do maravilhoso poder de Jesus.

3. Eu gostaria que vocês percebessem, por terceiro, o Libertador em ação.

Vimos a mulher presa pelo diabo, mas aí vem o Libertador, e a primeira coisa que lemos acerca dele é que Ele a viu. Seus olhos estavam bem abertos, lendo cada coração, à medida que passavam de um para outro. Por fim, Ele viu a mulher. Sim, aquela era a que Ele procurava. Não devemos imaginar que Ele a vira da mesma forma comum como vejo alguém dentre vocês, mas Ele leu cada linha do caráter e da história dela, cada pensamento de seu coração, cada desejo de sua alma. Ninguém lhe dissera que ela estivera 18 anos aprisionada, mas Ele sabia tudo a esse respeito: como ela se tornara cativa, o que sofrera durante esse tempo, como orava por cura e como a enfermidade a pressionava. Em um minuto, Ele lera sua história e compreendera o seu caso. Ele a viu e, ó, como era significativo esse olhar perscrutador. Nosso Senhor tinha olhos maravilhosos. Todos os pintores do mundo jamais serão capazes de produzir um quadro satisfatório de Cristo, pois eles não conseguem reproduzir os expressivos olhos do Senhor. O Céu repousava silenciosamente sobre esse olhar, que não apenas era brilhante e penetrante, mas cheio de poder que comove, de ternura irresistível e de força que trazia confiança segura. Enquanto Ele observava a pobre mulher, não duvido que lágrimas tenham se formado em Seus olhos, todavia não eram lágrimas apenas de certa tristeza, uma vez que Ele se alegrou de antemão por saber que podia curá-la.

Quando Ele olhou para ela, chamou-a para si. Ele sabia o nome dela? Ó, sim, Ele sabe todos os nomes e, portanto, Seu chamado é pessoal e inconfundível. Ele declara: "Chamei-te pelo teu nome, tu és meu" (Is 43:1). Vejam, lá está a pobre criatura vindo pelo corredor; aquela massa de sofrimento está se movendo ainda que encurvada em direção ao chão. É mesmo uma mulher? Dificilmente você poderia ver a face dela, porém ela vem para Aquele que a chamou. Não podia ficar ereta, mas podia vir, como vinha, curvada e enferma como estava. Alegro-me no modo de meu Mestre curar as pessoas visto que Ele vem a elas onde elas estão. O Senhor não propõe que, se eles fizerem tal coisa, Ele fará o restante, mas Ele faz do começo ao fim. Ele ordena que se aproximem dele como estão e não lhes pede para se corrigirem ou se prepararem antes. Que meu bendito Mestre olhe para alguns de vocês, nesta manhã, até que sintam que o pregador fala a vocês, que o Mestre do pregador está falando a vocês. E que em seus ouvidos soe a voz dizendo: "Venham a Jesus como estão". Então, que vocês tenham a graça de responder:

Tal qual estou, pobre, miserável, cego
Encontro em ti tudo o que preciso:
Visão, riquezas e cura do coração
Ó Cordeiro de Deus, me achego a ti![44]

---

[44] Tradução livre de uma das estrofes do hino *Just as I Am, Without One Plea*, de Charlotte Elliott (1789–1871).

Quando a mulher chegou, *o grande Libertador lhe disse: "Mulher, estás livre da tua enfermidade"* (Lc 13:12). Como isso podia ser verdade? Ela ainda estava tão encurvada quanto antes. Ele quis dizer que a maldição de Satanás fora retirada dela, que o poder que a fizera curvar-se daquela maneira estava quebrado. Ela creu nisso no fundo de sua alma, na mesma hora que Jesus o disse, embora ela ainda não estivesse de modo algum diferente em aparência do seu estado anterior.

Ó, que alguns de vocês, que são o povo amado de Deus, tenham o poder para crer, na manhã de hoje, que chegou ao fim o domínio de sua tristeza, poder para crer que seus 18 anos se findaram e que seu tempo de dúvidas e desânimo terminou. Oro para que Deus lhes dê a graça de saber que, logo que o Sol dourou o horizonte nesta manhã, a luz foi ordenada sobre vocês. Vejam, venho hoje anunciar a alegre mensagem da parte do Senhor. Venham, prisioneiros; saltem, cativos, pois Jesus veio libertá-los neste dia.

A mulher foi liberta, mas, na verdade, não pôde desfrutar da liberdade, e eu lhes direi o porquê. Nosso Senhor lhe traria plenitude a Seu próprio modo: *Ele impôs a mão sobre ela*. A mulher sofria de falta de força, e, ao colocar Sua mão sobre ela, creio que o Senhor derramou vida dentro dela. O cálido jato de Seu poder e vitalidade infinitos entrou em contato com o fluxo da existência dolorosa da mulher e a avivou de tal forma que ela se endireitou. A obra do amor estava realizada: o próprio Jesus a efetuara. Amados sofredores, se, nesta manhã, pudéssemos afastá-los de pensar a seu próprio respeito e levar seu pensamento ao Senhor Jesus, e afastá-los de olhar para baixo, para as suas preocupações, para meditar nele, que transformação viria sobre vocês! Se as mãos de Jesus pudessem ser colocadas sobre vocês, as doces mãos perfuradas que os compraram, as mãos poderosas que governam o Céu e a Terra por amor a vocês, as benditas mãos que estão estendidas para buscar os pecadores, as amadas mãos que os trarão a Seu peito eternamente; se vocês pudessem senti-las ao pensar nele, então logo recuperariam sua alegria de outrora e renovariam a flexibilidade de seu espírito. O encurvamento de sua alma passaria como um sonho da noite, e seria para sempre esquecido. Ó Espírito do Senhor, faz que seja assim.

4. Não me demorarei aqui, mas convido-os a notar o rompimento das cadeias.

É-nos dito que ela se endireitou, e de uma vez. Agora, o que eu desejo que vocês observem é o seguinte: ela se endireitou — isso foi ação e obra dela mesma. Não havia qualquer pressão ou força sobre ela, ela se levantou e "se endireitou". Ela recebeu o milagre que foi realizado nela, mas também foi ativa e, sendo capacitada, endireitou-se. Que encontro maravilhoso temos aqui das partes ativa e passiva na salvação dos homens!

Os arminianos dizem ao pecador: "Ora, pecador, você é um ser responsável; deve fazer isto e aquilo". Os calvinistas dizem: "Na verdade, pecador, você tem uma parcela de responsabilidade, mas também é incapaz de fazer qualquer coisa por si próprio. Deus deve efetuar em você tanto o querer como o realizar". O que faremos com esses dois mestres? Cem anos atrás, eles entraram em disputa de modo assustador. Não permitiremos que disputem agora, mas o que faremos com eles? Permitiremos que ambos falem e creremos no que é verdade em seus testemunhos.

É verdade o que diz o arminiano acerca de que deve haver um esforço da parte do pecador ou ele jamais será salvo? Infelizmente, sim. Tão logo quanto o Senhor atribui vida espiritual, há atividade espiritual. Ninguém jamais foi arrastado para o Céu por suas orelhas ou carregado para lá enquanto dorme em uma cama de plumas. Deus trata conosco como seres responsáveis e inteligentes. Isso é verdade, e qual a utilidade de negar isso?

Agora, o que tem o calvinista a dizer? Eles dizem que o pecador é escravo pela enfermidade do pecado, e não pode se endireitar sozinho, e, quando ele o faz, é Deus que faz tudo, e toda a glória deve ser dada ao Senhor. Isso também não é verdade? "Ó", diz o arminiano, "eu jamais neguei que a glória pertence ao Senhor. Cantarei com você um hino à glória divina, orarei igualmente a você pelo poder divino". Todos os cristãos são completamente calvinistas quando se trata de cantar e orar, mas é uma lástima negar como doutrina o que professamos quando estamos sobre nossos joelhos e em nossas canções. É deveras verdade que somente Jesus salva o pecador, e igualmente verdadeiro que o pecador crê para a salvação. O Espírito Santo nunca creu em lugar de alguém; o homem deve crer por si próprio e ele mesmo se arrepender, ou estará perdido. Contudo, nunca houve um grão de fé genuína ou arrependimento verdadeiro neste mundo senão aquele que é produzido pelo Espírito Santo. Não vou explicar tais dificuldades, exceto em teoria. Há fatos claros sobre a vida cotidiana. A pobre mulher sabia, com certeza, onde colocar a coroa. Ela não disse: "Eu me endireitei!". Não, mas ela glorificou a Deus e atribuiu toda a obra ao poder gracioso do Senhor.

O fato mais notável é que *ela se endireitou imediatamente*, pois havia algo além da sua enfermidade a ser vencido.

Suponham que alguém tenha uma doença na coluna vertebral, ou nos nervos e músculos, por 18 anos. Mesmo que a doença que causou sua deformidade pudesse ser totalmente removida, qual seria o efeito? Ora, o resultado da doença permaneceria, pois o corpo teria ficado condicionado pela longa permanência em certa postura. Provavelmente vocês já ouviram falar dos faquires na Índia: alguém que segura sua mão para cima por anos em cumprimento a um voto, mas, quando os anos de sua penitência terminam, ele não consegue abaixar seu braço. Ele se tornou fixo e imóvel. Neste caso, a cadeia que prendia a pobre mulher encurvada foi retirada e, ao mesmo tempo, a consequente rigidez foi removida. Ela, em um momento, ficou ereta, o que foi uma evidência dupla do poder milagroso. Ó meu pobre amigo em provação, se o Senhor o visitar nesta manhã, Ele não apenas retirará a primeira e maior causa de sua tristeza, mas a própria tendência à melancolia irá embora. Os grandes sulcos que lhe causaram esgotamento serão aplanados, as rachaduras da estrada do sofrimento, às quais você se acostumou pela longa continuação em tristeza, serão preenchidas, e você será forte no Senhor e no poder da Sua força.

Sendo a cura de tal forma perfeita, *a mulher se levantou para glorificar a Deus*. Eu gostaria de ter estado lá, estou desejando isso a manhã toda. Eu gostaria de ver aquele chefe da sinagoga, um hipócrita, quando irado fez o seu discurso. Porém, eu me alegraria especialmente em ver a pobre mulher endireitando-se e ouvir o louvor dela ao Senhor. O que ela disse? Não ficou registrado, mas bem podemos imaginar. Penso que foi algo semelhante a isto: "Por 18 anos entrei e saí do meio de vocês. Vocês me viram e sabem que pessoa pobre, miserável e infeliz eu era, mas Deus me levantou em um instante.

Bendito seja o Seu nome, eu fui aprumada!". O que pronunciou com sua boca não era nem metade do que ela expressava. Nenhum repórter poderia ter anotado tudo: ela falou com seus olhos, falou com suas mãos, falou com cada membro de seu corpo. Suponho que ela se mexia para ver se realmente estava ereta e para se assegurar de que não era tudo uma ilusão. Ela toda devia ser uma massa viva de contentamento e louvava a Deus, em cada movimento, desde a sola do pé até o topo da cabeça. Jamais houve uma mulher mais eloquente em todo o Universo. Era como uma recém-nascida liberta de uma morte duradoura, jubilosa com a novidade de uma vida cheia de viço. Ela bem fez em glorificar a Deus.

Ela não se confundiu sobre como a cura fora efetuada; ela a atribuiu ao poder divino e a esse poder exaltou. Irmão, irmã, vocês não podem glorificar Cristo nesta manhã pelo fato de Ele os ter libertado? Embora preso por tanto tempo, vocês não precisam mais estar aprisionados. Cristo é capaz de libertá-los. Confiem nele, creiam nele, endireitem-se e depois vão dizer a seus familiares e conhecidos: "Vocês sabem o quanto eu estava deprimido, pois me animaram em meu sofrimento o melhor que puderam, porém agora devo dizer-lhes o que o Senhor fez por minha alma".

5. Agora, em quinto lugar, refletiremos sobre nossa razão para esperar que o Senhor Jesus faça hoje o mesmo *que Ele fez há 1.800 anos e mais.*

Qual foi o motivo para Ele libertar essa mulher? De acordo com a própria declaração do Senhor foi, primeiramente, *bondade humanitária*. Ele disse: "Quando vocês têm seu boi ou jumento amarrado e percebem que ele está com sede, vocês desamarram o nó e levam a pobre criatura para o rio, ou para o tanque, para dar-lhe água. Nenhum de vocês deixaria um boi amarrado até ele morrer de fome". Esse é um bom argumento e nos leva a crer que Jesus ajudará os sofredores. Você, alma aflita, não soltaria um boi ou um jumento se o visse sofrendo? "Sim", diz você. E você acha que o Senhor não o libertará? Você tem mais entranhas de misericórdia[45] do que o Cristo de Deus? Venha, venha, não pense tão maldosamente sobre meu Mestre. Se o seu coração o leva a ter compaixão por um jumento, você acha que o coração dele não o levará a ter compaixão de você? Ele não o esqueceu, ainda se lembra de você. Sua terna humanidade o move a libertá-lo.

Mais do que isso, havia um *relacionamento especial*. Jesus diz ao chefe da sinagoga que o homem perderia o seu boi ou o seu jumento. Talvez ele possa pensar que não é da conta dele ir e libertar o que pertence a outro homem, mas é seu próprio boi e seu próprio jumento, então ele irá e os soltará. E você pensa, amado, que o Senhor Jesus não o libertará? Ele o comprou com Seu sangue, o Seu Pai deu você a Ele; Ele o ama com amor eterno, e não o libertaria? Você é propriedade dele. Você não sabe que Ele varre a casa para encontrar Sua moeda perdida? E que percorre as montanhas e vales para achar Sua ovelha perdida?[46] E Ele não viria e libertaria Seu pobre boi ou jumento que está amarrado? Ele não libertaria Sua filha cativa? Certamente Ele o fará. Você é uma filha de Abraão, um filho da fé, e Ele não o libertará? Confie nisto: Ele o libertará!

---

[45] Conforme Colossenses 3:12 (ARC).
[46] Referência a Lucas 15:1-10.

A seguir, houve um *ponto de antagonismo* que moveu o Senhor a agir prontamente. Ele diz: "...esta filha de Abraão, a quem Satanás trazia presa..." (Lc 13:16). Se eu soubesse que o diabo havia atado alguma coisa, tenho certeza de que eu a libertaria, vocês não? Podemos ter certeza de que alguma maldade está fermentando quando o diabo está em ação, e, portanto, deve ser boa obra desfazer o trabalho dele. No entanto, Jesus veio ao mundo com o propósito de destruir as obras de Satanás, assim, quando Ele viu a mulher como um boi amarrado, Ele disse: "Eu a libertarei! Se não for por qualquer outra razão, pelo menos que seja para desfazer o que o diabo fez". Agora, caro amigo atribulado, visto que o seu sofrimento pode ser traçado a partir da influência satânica, Jesus Cristo, em seu caso, se provará mais do que alguém páreo para o diabo, Ele libertará você.

Depois pensem sobre *a condição sofrida dela*. Um boi ou um jumento atado a uma manjedoura sem água logo estará em condição muito triste. Tenham compaixão dele, coitado! Ouçam o mugido do boi enquanto, hora após hora, a sua sede o controla. Você não teria compaixão dele? E você acha que o Senhor não tem misericórdia de Seu pobre filho, que é provado, tentado e afligido? Aquelas lágrimas serão derramadas por nada? Aquelas noites sem dormir serão desconsideradas? Aquele coração partido que desfalece e não consegue crer na promessa, a ele será para sempre negado uma audiência? O Senhor se esqueceu de ser gracioso? Em Sua ira, Ele fechou Suas entranhas de misericórdia? Ah, não! Ele lembrará do estado pesaroso e ouvirá os gemidos de Seus filhos, pois guarda as lágrimas deles em Sua taça.

Por último, havia mais esta razão para mover o coração de Cristo: *ela estivera naquele estado por 18 anos*. "Então", disse

Ele, "ela será liberta de uma vez". O chefe da sinagoga teria dito: "Ela está presa há 18 anos e bem pode esperar até amanhã, pois é só mais um dia". Porém, Cristo responde: "Não! Se ela está presa há 18 anos, não deve esperar sequer um minuto a mais. Ela já sofreu o bastante com isso e será liberta agora mesmo". Por isso, não argumentem que, por causa da duração de seu abatimento, ele não chegará a um fim. Ao contrário, argumente que a libertação está próxima. A noite tem sido muito longa, assim sendo, o amanhecer deve estar próximo. Você já foi açoitado por tanto tempo que o último golpe deve estar próximo, pois Deus não nos aflige de bom grado, tampouco causa dano aos filhos dos homens. Portanto, anime-se e encoraje-se. Que meu divino Mestre venha agora e faça aquilo que eu faria de bom grado, mas que não tenho a capacidade de fazer, isto é, que Ele faça cada filho de Deus aqui saltar de alegria.

Sei o que significa estar preso por Satanás. O diabo não me amarrou por 18 anos ininterruptos, e não creio que ele o fará algum dia. Mas ele me trouxe a uma triste escravidão por muitas vezes. Ainda assim, meu Mestre vem e me liberta e me guia às águas, e que bebida maravilhosa recebo em tais ocasiões! Parece que eu poderia beber todo o Jordão em um só gole quando chego às promessas do Senhor e me satisfazer com o doce amor de Deus. Por esse motivo sei que Ele guiará outras pobres almas para a fonte, e quando Ele o fizer para qualquer um de vocês, oro para que você beba como um boi. Pode ser que você venha a ser amarrado novamente, portanto beba quanto puder da graça de Deus e se regozije enquanto pode. Coma o que é bom e permita à sua alma se fartar com a gordura. "Alegrai-vos no Senhor e regozijai-vos, ó justos; exultai, vós todos que sois retos de coração" (Sl 32:11), pois o Senhor liberta os cativos. Que Ele liberte a muitos agora. Amém.

6

MARIA DE BETÂNIA: UM EXEMPLO AOS QUE AMAM JESUS [47]

―――――※―――∽―――※―――――

Ela praticou boa ação para comigo.
—Marcos 14:6

Essa santa mulher *desagradara aos discípulos*. Ela deve ter sentido muito por isso, visto que não entristeceria voluntariamente o menor dentre os servos do Senhor. Mas ela agiu sem qualquer culpa da parte dela. Foi a consequência inesperada de uma ação bendita; a falta repousava sobre aqueles que reclamaram da ação santa que ela praticara, não sobre ela mesma. Não sei se todos os discípulos se sentiram ofendidos, mas lemos em Mateus que eles "...indignaram-se..." (Mt 26:8), e o evangelista parece falar deles como um grupo. Disso, deduzo que aqueles que muito amam a Jesus não devem mensurar sua

---

[47] Sermão nº 1834. Destinado a ser lido no domingo, 12 de abril de 1885; ministrado em 2 de novembro de 1884, no *Metropolitan Tabernacle*, Newington.

conduta baseando-se naquelas dos discípulos mais comuns de Cristo; certamente, poderia ficar mal para eles, até mesmo se fossem julgados pelos apóstolos. Eles não devem diminuir o fervor de seu zelo à mornidão dos cristãos em geral. Não devem medir a consagração de sua vida pelo pouco que muitos cristãos confessos apresentam sobre o altar de Deus. Não, meu irmão ou minha irmã, não se angustie sobremaneira se os melhores de sua família os julgarem mal, porque isso aconteceu com muitos filhos abençoados antes de vocês. Ó, homem muito abençoado, você não pode tolerar ser morno, e não se surpreenda se os mornos não concordarem com você! Não considere estranho se, em seu ardor, você vier a ser acusado de fanatismo, falta de prudência, precipitação e antecipação. Não deixe que seu coração se entristeça por isso nem mesmo caso eles o chamem de louco, ou suspeitem de que você tem mais zelo do que conhecimento. Maria de Betânia, a quem nos alegraremos em imitar, esteve sob esse tipo de censura; e Davi e o seu Senhor, o Filho de Davi, foram ambos considerados insanos.

Essa mulher honrosa realizou um ato notável, que deve ser relembrado onde quer que o evangelho for pregado, e, mesmo assim, incitou a ira na irmandade dos discípulos. Como o julgamento dos homens é mesquinho!

Ela trouxe sobre si mesma, principalmente, a censura de Judas. Pelo tanto que seus irmãos o conheciam, Judas era reputado entre os melhores dentre eles. Eles jamais suspeitariam que ele faria o papel de traidor, caso contrário, se oporiam ao fato de ele ser seu tesoureiro. Uma vez indignaram-se contra Tiago e João, mas tinham respeito pelo sagaz Judas. Penso que ele deveria ser o mais profissional dentre todos eles — o que não é nenhum elogio para os que tem pendor para os negócios, não é mesmo? Ele tinha um espírito de liderança entre o pequeno bando. Era um daqueles que seria escolhido por sua cautela — o que não elogia muito os cautelosos, certo? Sem dúvida, Judas tinha muito da astúcia fria e calculista que torna um homem apto para lidar com dinheiro e compras. Tinha muito mais habilidade de negociação do que o impetuoso Pedro, ou o afetuoso João, ou o duvidoso Tomé. Ele era o homem certo no lugar certo, se fosse o caso de ele ser tão somente um homem honesto. É surpreendente que ele tenha conseguido esconder a profunda mesquinhez de seu espírito de todos os seus companheiros durante os anos que eles conviveram. No entanto, ele escondeu e, portanto, a sua opinião tinha peso. Entre os apóstolos, a censura de Judas significava a calma condenação de uma pessoa sensata. O julgamento dele não seria aquilo que nós esperaríamos que fosse, pois não consideraríamos sua censura agora por sabermos que ele traiu o seu Senhor. Contudo, os discípulos não podiam prever isso e, no julgamento deles, aquilo que Judas condenasse deveria ser muito censurável. Pelo menos não seria nada profissional, seria desprovido de senso comum, deveria ser imprudente e um desperdício. Judas não era o perfeito exemplo de economia? Ele não era o tipo de homem que, nos dias atuais, muitos pais indicariam aos seus filhos como exemplar? Ouçam-nos dizer: "Menino, se você quiser prosperar no mundo, imite Judas Iscariotes. Ele é um homem exemplar, é cristão e, mesmo assim, tem um olhar perspicaz para tirar vantagem própria e é um sagaz homem de negócios".

Foi difícil para uma mulher tímida ter de suportar tal reprovação de alguém tão altamente respeitado no colegiado dos apóstolos. Porém, ela tinha este consolo que, garanto, colocou fora de sua mente toda a preocupação com a censura dos discípulos, até mesmo do maior deles: ela agradou o seu Mestre. Pôde ver pelo olhar do Senhor que Ele aceitara aquilo que Seus seguidores condenaram. Sabia, em sua consciência, que tinha a aprovação do Senhor, mesmo que fosse reprovada pelos servos dele. Ó irmãos e irmãs, levemos nosso caso diante da Suprema Corte e vivamos diante do Senhor não como escravos dos homens! Se temos consciência de termos feito sinceramente o que fizemos como para o Senhor, e se temos certeza de que *Ele* aprovou nosso serviço, o que os homens dizem a nosso respeito tem as menores consequências possíveis. Jamais provoquemos nossos irmãos a ficarem irritados conosco, tampouco façamos aquilo que pode ser altamente reprovado se fomos muito além do costumeiro em nosso fervor espiritual. Que respondamos como o jovem Davi aos seus invejosos irmãos: "Porventura, não há razão para isso?" (1Sm 17:29 ARC). As opiniões de outros irmãos não são regra para nós. Temos nossas próprias obrigações a cumprir, e já que o nosso débito de amor é maior do que o normal, tomemos a liberdade de sermos tão plenos de amor e zelo quanto pudermos, nos arrependendo apenas de não poder ir mais além no caminho do serviço sagrado.

"Bem, mas aqueles que amam a Cristo encontram homens carrancudos hoje em dia?", pergunta alguém. Ah, sim, e também entre seus próprios irmãos em Cristo. Se você se unir ao grupo comum de irmãos e viajar na estrada para o Céu tão lentamente que suscite questionamento se você está indo para lá mesmo, então escapará de críticas. Se andar no ritmo daqueles que caminham a passos de tartaruga, eles o chamarão de um bom homem, uma pessoa reta e respeitável. Contudo, se você correr, se colocar toda a energia de sua natureza e for determinado a viver em alto padrão para Cristo, receberá indiferença, e de muitos dos discípulos do Senhor, pois você estará praticamente condenando o coração dividido deles, e quem é você para causar tal problema em Israel? Os mais prudentes dentre os seus irmãos falarão que o seu orgulho e a maldade de seu coração o tornam muito precipitado e presunçoso, e eles o diminuirão ou o expulsarão. Você não pode cometer contra algumas pessoas o grande crime de ser mais útil do que elas. Quando alguém se reconhece como o padrão de santidade, olha para aquele que o supera como culpado de um tipo de blasfêmia. Se você ultrapassar outros, não o faça esperando sorrisos, mas conte com olhares irados. Será chamado de imprudente e considerado impertinente. Suportem tudo isso e não murmurem. Vão ao seu Senhor e digam-lhe que fizeram e estão fazendo tudo o que podem como para Ele, e roguem que Ele sorria sobre vocês. Almejem a aceitação dele de suas pobres obras e façam seu trabalho, mantendo-se ocupados até que Ele volte. Semeiem a semente do dever e não se importem se, no julgamento humano, chove ou faz sol. "...o que olha para as nuvens nunca segará" (Ec 11:4), se você não se preocupar de modo algum com as nuvens, semeará e ceifará com o consolo da fé verdadeira, e Deus o abençoará.

Desta vez, falarei sobre essa mulher bendita com este esperançoso desejo: que você e eu imitemos seu memorável exemplo perpetuamente. Não direi nada além do que explanar, tanto quanto sei, o significado do que o Senhor quis dizer quando falou: "Ela praticou boa ação para comigo" (Mc 14:6) ou "fez-me boa obra". A passagem poderia ser traduzida como: "Ela praticou uma bela ação para comigo" — uma ação oportuna —, mas os tradutores não gostam de usar tal termo. "O que é belo há de ser eternamente uma alegria"[48]. Isto era algo belo, que é eternamente uma alegria à Igreja do Senhor: o memorial constante dessa mulher que é combinado à pregação do evangelho de Cristo, pois, enquanto o evangelho for pregado, essa Maria de Betânia terá um memorial em virtude do que ela fez.

O que de belo havia na obra dela — o quebrar do vaso de alabastro e o derramar do nardo líquido? O que havia de belo nisso? Tentarei lhes mostrar.

1. Havia sete belezas em tal gesto, e a primeira e principal, *talvez*, foi que era totalmente para glorificar Jesus.

Quando ela derramou o "preciosíssimo perfume de nardo puro" (Mc 14:3) sobre a cabeça de Jesus, ela desejava *honrá-lo* pessoalmente. Cada gota desse bálsamo era para o próprio Cristo, manifestação de reverência à Sua pessoa.

Maria de Betânia não estava pensando tanto nas obras de amor do Senhor, em Suas palavras da verdade, em Seu incomparável e precioso ser. Ela contemplara as obras de amor de Jesus quando Lázaro foi ressuscitado; ouvira Suas palavras da verdade quando se assentou a Seus pés. Contudo agora ela sentia uma reverência de adoração pela triplamente bendita Pessoa do Senhor, trouxe aquele frasco de nardo puro e o ofereceu a Ele como seu Mestre, seu Amigo, seu Senhor,

---

[48] Primeiro verso da poesia *Edymion* (Endimião), de John Keats (1795–1821). Tradução de Augusto de Campos.

seu tudo. Foi sugerido que ela poderia tê-lo vendido e dado o dinheiro aos pobres[49], mas ela desejava apresentar uma oferta a Jesus diretamente e não por qualquer método indireto. Sem dúvida ela não se detinha em suas doações aos pobres, porém sentiu que, mesmo tendo feito *isso*, ainda não satisfizera o anelo de seu grato coração para com *Aquele* que se tornara o mais pobre dentre os pobres por amor a ela. Ela desejava ofertar algo para *Ele* — algo compatível com Alguém que era como ela o concebia ser — algo compatível com o tempo e circunstâncias vigentes em relação a Ele.

Penso que essa santa mulher sabia mais de nosso Senhor do que todos os Seus discípulos juntos. Seus olhos haviam espreitado para dentro do véu. Vocês se lembram que apenas um ou dois dias depois disso, Jesus entrou montado em um jumentinho triunfantemente por Jerusalém sendo proclamado rei[50]. Ele não deveria ser ungido primeiro? E quem o ungiria visivelmente ao reino senão essa consagrada mulher? Ela deveria lhe dar uma unção real preparatória à Sua proclamação pelas ruas da capital. De qualquer maneira, o nardo puro que ela trouxera deveria ser derramado apenas *para Ele*. Naquele momento ela se esqueceu dos pobres, bem como dos discípulos. Marta estava ocupada colocando a mesa para todos — discípulos e Mestre —, porém Maria tinha concentrado toda a sua atenção em Jesus. Ela "a ninguém [viu], senão Jesus" (Mt 17:8). Bendita exclusividade de visão! O que ela fez não poderia ser a Pedro, Tiago e João juntamente com Jesus, mas somente para Ele, que se destaca acima e além de todos os

---

[49] Conforme Marcos 14:5.
[50] Conforme João 12:12-13.

demais, digno de reverência exclusiva. Visto que Maria amava a Jesus acima de todos os demais acerca de quem ouvira anteriormente, o seu coração deveria encontrar expressão em uma obra de amor que deveria ser completa e totalmente apenas para Ele.

Isso é, como lemos no texto, algo belo. Será belo de sua parte e da minha se, ao cuidar dos pobres dentro de nossa habilidade e cumprir com nossos deveres em nossos relacionamentos com nosso semelhante, nós sintamos que devemos fazer algo para Jesus — exclusivamente para nosso Senhor. Vocês me perguntam o que poderão fazer por Ele? Não, irmã, eu não devo lhe dizer; seu próprio coração deve originar a ideia e sua própria mão executá-la. "Ó", clama um irmão, "diga-me o que eu posso fazer por Jesus!". Não, irmão, não devo dizer-lhe. A melhor parte de toda a questão repousará na engenhosidade de seu espírito em criar algo para Ele que parta apenas de sua fervorosa alma. A obra desta santa mulher seria, de certa forma, maculada se houvesse uma ordem para que trouxesse um vaso de alabastro e derramasse o seu conteúdo sobre a cabeça do Senhor. Foi o amor dela que a comandou, e isso é melhor que um preceito formal. A sua obra não teria metade do valor se Simão tivesse sugerido: "Não tenho nardo puro suficiente para ungir nossos convidados; traga um vaso da sua casa". A glória de tal atitude estava na sugestão espontânea do próprio coração de Maria de que ela deveria fazer algo que fosse totalmente voltado a Jesus.

Maria deveria fazer ela mesma essa obra e não por procuração. E deveria fazê-la para Ele de modo distinto, direto e público. Outros puderam sentir o cheiro do nardo. Ela não quis impedir isso, porém o perfume nunca foi para eles, mas exclusivamente para Cristo. Maria o derramou sobre a *Sua* cabeça; derramou-o sobre os *Seus* pés, ela *o* ungiria da cabeça aos pés como sinal de sua intensa e reverente gratidão e seu amor ilimitado. Sentiu-se envolvida *nele*, seu Senhor e seu Deus, assim sua oferta voluntária foi para Ele e somente para Ele. Que alegria ser permitido fazer algo para Aquele cujo grande amor nos mantém firmes! Sinto que, de bom grado, eu me afastaria de todos vocês para permitir a meu coração esse raro deleite.

Infelizmente quão pouco dessa devoção Tu obténs, bom Deus, nestes dias em que tudo é calculável! Em vez de "tudo por Jesus", quão raramente fazemos algo por Jesus! Irmãos, quando vocês cantam hinos, cantam um hino a Jesus? Quando estão em oração, oram *para* Jesus e *por* mais de Jesus? Não está escrito: "...continuamente se fará por ele oração, e o bendirão todos os dias" (Sl 72:15)? Quando vocês chegam à mesa da Ceia, oro para que esqueçam todos os que vieram com vocês a essa assembleia e exclamem: "Lembrarei de *ti*!". Primeiramente, por todos os meios possíveis, permitam que Jesus preencha os seus pensamentos. Coloquem apenas Ele no trono e pensem apenas em comer de Sua carne e beber de Seu sangue, recebendo-o assim em si mesmos, para que possa haver uma união vital entre o Cristo de Deus e a sua própria alma. A meu ver esta é a beleza de nossa comunhão na Ceia do Senhor: nos alimentamos apenas de Jesus. Façamos dele a única comida e a única bebida de nossa alma e, assim, vivamos por Ele. Meu coração anseia agora por saber o que devo fazer para imitar a mulher que trouxe apenas para Jesus "...um vaso de alabastro com o preciosíssimo perfume de nardo puro..." (Mc 14:3), o qual custava muito caro. Ó vocês que amam meu Senhor e que foram lavados em Seu precioso sangue, que devem tudo a Ele, pensem na incomparável beleza dele agora e, à medida que olharem nessa face onde brilha o seu Céu, pensem consigo mesmos: "O que podemos fazer para Jesus — para Ele de modo absoluto, direto e pessoal?". Aqui está a primeira beleza da atitude reverente dessa mulher: era para Jesus, somente para Jesus, completamente para Jesus!

2. *A segunda beleza está nisto:* **foi um ato de puro amor,** *totalmente de amor a Jesus.*

Uma outra mulher — bendita foi ela entre as mulheres; refiro-me àquela que era pecadora —também trouxe um vaso de alabastro e fez como Maria de Betânia, mas fez algo que Maria não fez: misturou suas lágrimas ao seu unguento, lavou Seus pés com lágrimas e os enxugou com os cabelos de sua cabeça[51]. Essa foi uma bela atitude a seu próprio modo, porém o que Maria fez é belo de outra maneira. A distinção está nisto: não parece haver, no ato de Maria, qualquer lembrança de pecado pessoal, embora, sem dúvida, esse sentimento estivesse no coração dela e a tenha trazido a seu estágio mais elevado de adoração a seu Senhor perdoador. O pecado dela já havia sido afastado. Maria se assentou aos Seus pés e escolhera a melhor parte[52]; a questão do perdão do pecado fora realizada bastante tempo antes. Agora, embora em seu coração houvesse profunda gratidão pelo perdão e pela ressurreição de Lázaro, o ato parece estar absorvido no pensamento mais profundo

---

[51] Conforme Lucas 7:36-38.
[52] Referência a Lucas 10:42.

de sua alma, pois alcançara um amor totalmente avassalador por Jesus. Ela jamais teria conhecido esse tipo de amor se não tivesse aprendido a se sentar aos Seus pés, uma vez que assentar-se ali por muito tempo tem um efeito maravilhoso sobre a mente. Leva até mesmo as coisas que são boas em si mesmas a serem obliteradas por questões que estão cada vez menos ligadas ao ego. É maravilhoso amar a Cristo, pois escapamos do inferno por meio dele; é abençoador amá-lo por Ele ter aberto o reino do Céu para todos os que creem. Contudo, é ainda superior esquecer de si mesmo e contemplar com deleite as inefáveis perfeições daquele a quem Céu e Terra reconhecem como "...o mais distinguido entre dez mil" (Ct 5:10); "...sim, ele é totalmente desejável..." (v.16). "Nós amamos porque ele nos amou primeiro" (1Jo 4:19). Aqui começamos, e esse começo sempre permanece, mas sobre ele amontoamos camada após camada das pedras preciosas do amor, que são coroadas com pináculos de afeição inexprimível ao grande Senhor. Ele, por si próprio, conquistou nosso coração e arrebatou nosso espírito como uma tempestade, e agora devemos fazer algo que expressará nosso amor por Cristo. Esse amor não é apenas gratidão pelos benefícios recebidos das mãos dele, mas uma afeição intensa por Sua pessoa gloriosa e adorável.

Venham caros amigos, vocês sentem esse tipo de emoção em seu coração neste momento? Você sente agora mesmo que Cristo ganhou perfeitamente o veredito de seu entendimento, tão completamente Ele atou em grilhões acetinados cada momento de suas afeições, que você precisa fazer algo que terá apenas este objetivo: expressar o seu amor por Aquele que o fez quem você é? Permita-se essa emoção, coroe-a com ação e dê continuidade a ela por toda a sua vida.

Não sejamos, neste ponto, lentos para nos tornar imitadores da irmã de Marta e Lázaro. Ó doce amor de Jesus, venha e encha nossa alma até a borda e que ela transborde em afeiçoado serviço pessoal.

3. A terceira beleza da ação está em que foi feita com sacrifício considerável.

Havia um preço no vaso de alabastro e que não era insignificante para uma mulher que não fosse uma rainha ou princesa. Estarei sempre em dívida com Judas por ter somado o preço daquele dispendioso nardo. Ele o fez para condenar Maria, mas vamos levar em conta os valores que ele apontou e valorizar a atitude dela na mesma medida que ele a rechaçou como desperdício. Eu jamais saberia quanto custava, tampouco vocês, se Judas não tivesse anotado em seu livreto de bolso: "...este perfume poderia ser vendido por mais de trezentos denários..." (Mc 14:5). Ele lamentou esse "tanto". Calculou o valor equivalente a mais de 1.815.000 centavos[53]. Ele fez bem ao colocá-lo em centavos, pois sua alma se deleitava nas pequenas quantias que compõe uma unidade monetária. Centavos, sem dúvida, quando a despesa era para Aquele a quem o ouro e a prata pertencem! Ainda assim, gosto de seu cálculo em centavos, pois ele é sugestivo, uma vez que o centavo romano era o salário de um dia. Peguemos esses valores no salário atual — digamos R$ 60,50 [por dia] — e você terá

---

[53] Naturalmente, Spurgeon fez esse cálculo baseado no poder de compra e salário de um trabalhador braçal na Inglaterra do século 19. Em libras esterlinas, o perfume custaria em torno de 300 centavos de libra, enquanto o salário seria cerca de 4 xelins (uma fração da libra adotada até 1971), totalizando 60 libras. Para conveniência do leitor brasileiro, optamos por colocar os valores neste parágrafo atualizados e convertidos para reais.

R$ 18.150,00 [em 300 dias]. Essa era uma grande soma em dinheiro para uma mulher que vivia em Betânia. Seria 3 mil reais no dinheiro deles, mas o dinheiro naquela época tinha um valor diferente do que tem hoje e seria uma grande quantia para que ela gastasse em apenas um ato.

O presente dela foi caro, e o Senhor Jesus merecia ser servido com o melhor e com o custo mais elevado. Houve outra mulher que serviu o Senhor com ainda mais do que isso: ofertou apenas duas pequenas moedas, mas, ao fazê-lo, somos informados de que aquilo era tudo quanto possuía[54]. Não sei quanto Maria possuía, porém vejo-me persuadido a crer que isso era tudo o que ela tinha, e que tudo o que ela pudesse reunir parecia-lhe pouco pelo Senhor Jesus Cristo. Se a cabeça do Senhor devia ser ungida, bastantes óleos comuns podiam ser adquiridos em Betânia. O monte das Oliveira não era distante. No entanto, ela desprezaria o pensamento de derramar um óleo de oliva comum sobre Ele. Maria deveria encontrar um bálsamo imperial como aqueles que César aceitaria. Se Cristo devia ser ungido, havia nardo que poderia ser comprado nos bazares de Jerusalém com facilidade. Por que você, Maria, teve de buscar esse bálsamo líquido do Oriente, esse óleo destilado de milhares de rosas, das quais são necessários muitos jardins para produzir apenas uma gota? Por que precisa comprar o "...preciosíssimo perfume de nardo puro..." (Mc 14:3) e gastar tanto dinheiro em algo que durará apenas meia hora e que depois o vento levará embora, e seu perfume desvanecerá? Sim, mas a glória do serviço a Cristo é servi-lo com o melhor dos melhores!

---

[54] Conforme Marcos 12:42-44.

Ele merece, se nós o servimos com sermões, que preguemos os melhores discursos que a mente possa elaborar ou a boca pronunciar. Ou, se o servimos ensinando em sala de aula, Ele merece que o façamos na forma mais terna e alimentemos Suas ovelhas com o melhor pasto. Se o servimos com a caneta, que não escrevamos uma linha que precise ser apagada. Se o servimos com dinheiro, que doemos com liberalidade do melhor que possuímos, e bastante. Devemos cuidar para que, em tudo o que fizermos, não sirvamos a Cristo com as ovelhas mais magras do rebanho ou com aquelas que estão feridas, mutiladas ou que foram despedaçadas por feras, mas que Ele receba a gordura de nossas ofertas[55]. Não deveríamos nos contentar, caso sejamos ricos, em lhe oferecer as cascas do queijo e o final das velas de nosso campo, como os que não armazenamos pela própria vergonha que isso representaria. Doações comuns têm pouca beleza em si — aquelas notas extraídas das pessoas pela importunação — aquele guinéu[56] que goteja fora do bolso pelo costume visto ser uma quantia respeitável. Não há nada que satisfaça o amor nas escassas oblações oferecidas como um imposto indesejado, que até um avarento dificilmente conseguiria reter. Mas que maravilha oferecer ao Senhor Jesus liberalmente, com riqueza daquilo que Ele nos confiou, quer seja ouro ou inteligência, tempo ou palavras, quer seja a moeda cunhada que temos na bolsa ou a coragem vívida de um coração que ama, ou o labor de uma mão zelosa! Que ofertemos ao Amado o melhor que

---

[55] Referência a levítico 22:18-22.
[56] Antiga moeda de ouro britânica.

possuímos, e Ele o chamará de belo. O presente de Maria era todo para Ele, todo por amor e realizado com alto custo, e, portanto, era belo.

4. A seguir, lembrem-se de que parte da beleza da ação de Maria está em que foi realizada com preparação prévia.

João nos diz aquilo que, de outra forma, não saberíamos: "Deixai-a; para o dia da minha sepultura guardou isto" (Jo 12:7 ARC). "Guardou isto". Não foi como se, vendo Jesus ali à ceia e sendo tomada de um súbito pensamento, ela corresse para seu depósito, pegasse um pequeno vaso de nardo puro e o quebrasse em um ato de afeição impensada, o que, em momentos de autocontrole, poderia levá-la ao arrependimento. Longe disso: ela agora consumava sua ideia que fora ponderada por semanas e meses. Já presenciamos irmãos e irmãs empolgados dizendo, fazendo e doando com grandeza, sob certo estímulo e impulso, algo que jamais pensariam em fazer quando entraram na assembleia. Não os culpo; em vez disso elogio-os por obedecerem a impulsos graciosos. Mas esse não é o melhor modo de realizar um serviço ao nosso eternamente bendito Mestre. As emoções intensas raramente doam de forma tão aceitável quanto o hábito. Maria não realizou uma ação impensada sob uma força tempestuosa de um zelo incomum. Não, ela o guardara. Havia guardado esse unguento seleto de propósito até que aparecesse um momento adequado para usá-lo de modo mais apropriado. O que creio é que, quando ela se assentou aos pés de Jesus, aprendeu muito mais do que qualquer discípulo aprendera a partir de Seus sermões públicos. Ela o ouvira dizer que o Filho do homem seria entregue aos escribas e fariseus, que cuspiriam nele e dele zombariam; que Ele seria levado à morte e, no terceiro dia, ressuscitaria. E ela creu nisso. Ela refletiu muito sobre isso, analisou o assunto e extraiu mais de seu significado do que qualquer outro dos apóstolos o fizera. Disse a si mesma: "Ele morrerá como um sacrifício nas mãos de homens perversos, e eu, portanto, render-lhe-ei honra especial". Eu não me surpreenderia se ela começasse a ler o Antigo Testamento sob esta ótica: "Este é Aquele que Deus enviou, sobre quem Ele lançou a iniquidade de todos nós, e Jesus será entregue ao julgamento, Ele carregará o pecado do homem". Depois pensou em seu interior: "Se for assim mesmo, prepararei o nardo puro a fim de ungi-lo para Seu sepultamento". Talvez ela pretendesse isso mesmo, pois foi assim que o próprio Senhor interpretou a ação de Maria. De algum modo, ela pensou: "Lamento por meu Senhor! Se Ele morrer, precisará ser embalsamado, e estarei pronta para ajudar em Seu sepultamento". Por isso ela guardara o nardo para tal momento.

"Para o dia da minha sepultura guardou isto" (Jo 12:7 ARC). Irmãos, há uma grande beleza em uma ação que é resultado de um longo período de consideração em amor e cuidado. Não é bom postergar uma boa obra que deve ser feita de uma vez. Mas, se uma obra tiver de ser adiada, é bom poder fazê-la de uma vez, preparando-se de antemão para ela. Quando uma pessoa pensa: "Ainda não é o tempo, mas eu estarei preparado quando o tempo chegar", isso mostra que o seu coração está ocupado com um amor de caráter muito cativante. Cantamos:

*O que poderei fazer
Para ao meu Salvador louvar?*[57]

E seria bom que essa pergunta estivesse sempre em nossa mente. Que cada pessoa resolva em seu coração: não oferecerei ao meu Senhor o fruto precipitado de um impulso, ou algo que não me custe nada, mas considerarei o que posso fazer por Ele. Do que haverá necessidade? Em qual direção posso honrá-lo onde Ele não tenha honra? Eu ponderarei sobre isso, meditando e considerando, e depois porei em ação. Essa última parte, o pregador repetiria com ênfase, pois, ó meus irmãos, é costume de muitos de nós ter uma grande ideia e depois, ao ruminá-la, deixamos que ela evapore sem deixar sequer uma gota de resultado prático sobrando! Essa santa mulher não era meramente uma planejadora e alguém que traça propósito; era uma praticante de santas obras. Ela podia guardar seu vaso de alabastro por tanto tempo quanto fosse prudente, mas não chegou à tentadora conclusão de guardá-lo para sempre. Maria permitiu que seu coração pesasse o propósito e, quanto mais ela o fazia, mais resolvida ficou em realizá-lo — em realizá-lo quando o tempo chegasse. Assim que creu que era chegada a hora, não o adiou por um instante sequer. Estava tão pronta quanto fora previdente. A Páscoa se aproximava, seria em seis dias[58], assim ela trouxe o que havia mantido em reserva. São benditas as pontualidades do serviço resultante de um esforço esmerado para honrar o Senhor da melhor forma possível.

---

[57] Tradução livre de versos do hino *The Plenteousness of His Grace*, de Charles Wesley (1707–88).
[58] Conforme João 12:1.

Há algo de belo em ver, como temos visto, uma mulher pobre economizando seus poucos bocados e reservando-os por anos até que consiga realizar um propósito secreto pelo qual Jesus será glorificado. É impressionante ver, como vocês e eu já vimos, uma mulher de riqueza moderada rejeitando todos os confortos da vida para que pudesse economizar o suficiente a fim de que houvesse um orfanato onde as crianças seriam cuidadas. Como ela mesma disse, não por causa das crianças, mas por amor a Cristo, para que Ele seja glorificado. O Orfanato Stockwell é um vaso de alabastro que uma mulher devota apresentou a seu Senhor. A memória acerca dela é bendita. Seu perfume é reconhecido em todos os cantos da Terra neste momento, para a glória do Senhor a quem ela amava. Tal ação solícita é o que Jesus chamaria de belo. Que nós abundemos em tais belezas. Que um homem possa dizer: "Haverá uma crise em que eu terei de me destacar em prol de Deus e Sua verdade, e isso representará uma séria perda para mim", e então ponderar acerca disso, até o ponto de ficar ansioso pela ocasião, é algo belo. Sentir com o Senhor Jesus: "Tenho, porém, um batismo com o qual hei de ser batizado; e quanto me angustio até que o mesmo se realize!" (Lc 12:50) é belo. Uma decisão corajosa, que exija sacrifício próprio em favor da verdade, é algo belo quando a sua ação é bem ponderada e realizada com entusiasmo. Deus nos permite misturar pensamento e impulso, razão e afeição, e assim servir-lhe tanto com o coração quanto com a mente!

5. Há um quinto ponto de beleza. Maria realizou sua grande obra sem proferir uma palavra sequer.

Queridas irmãs, perdoem-me por elogiar essa santa mulher por seu sábio e adequado silêncio durante todo o seu ato gracioso. Ela não comentou sobre ele de antemão, não disse uma palavra sequer enquanto realizava aquele feito e não falou nada depois. Marta também era uma trabalhadora, mas também falava bastante. Contudo, creio que tudo o que vocês encontrarão Maria dizendo é: "Senhor, se estiveras aqui, meu irmão não teria morrido" (Jo 11:32), portanto, ela era de tão poucas palavras que precisou pegar emprestadas essas de Marta. Esta falou muito mais do que isso, porém Maria se satisfazia em ser tão breve quanto possível. Ela era uma grande pensadora, uma grande discípula aos pés de Jesus e uma grande aprendiz, mas não uma pessoa muito falante. Quando o tempo chegou, ela foi uma grande realizadora, pois é muito interessante que, embora Marta tenha o reconhecimento pelo trabalho em nossa conversa comum, Maria, a pensante, fez mais do que Marta, a trabalhadora. "Ela praticou boa ação para comigo" (Mt 26:10), disse Cristo, algo que Ele jamais disse acerca de Marta, por melhor que ela fosse. Jesus fez uma censura de leve à irmã mais velha por estar ocupada com muito serviço. Todavia, a obra de Maria, Ele elogiou e decretou que fosse lembrada por tanto tempo quanto durar o mundo. Embora não tenha o título de trabalhadora no julgamento comum, ela é a rainha no reino das boas obras.

No entanto, relembro a vocês, ela não disse uma palavra. Há uma possibilidade de prejudicar o que você faz ao criar alvoroço antes de realizar o que diz, de modo que, quando o ratinho nascer, as pessoas ficarão surpresas de que uma criatura tão minúscula seja o único fruto do terrível estremecer da montanha. Além disso, há uma possibilidade de se falar tanto depois do que realizamos que arruinaria toda a ação. Parece que precisamos fazer o mundo inteiro saber sobre nós, ao passo que a alegria e o júbilo de tudo isso é não nos deixar sermos vistos, mas permitir que o unguento escorra sobre o Mestre até que Ele esteja ungido com o perfume, e nós nos recolhamos à nossa insignificância natural. Atos silenciosos de amor têm vozes melodiosas aos ouvidos de Jesus. Não toquem trombetas diante de si mesmos, senão Jesus ouvirá o alarde e se retirará.

Se todos nós pudéssemos *fazer* mais e *falar* menos, seria uma bênção para nós mesmos, no mínimo, e talvez aos outros. Que nos esforcemos em nosso serviço ao Senhor para sermos cada vez mais recônditos. Na mesma medida em que o orgulhoso deseja conquistar o olhar dos homens, que nos esforcemos para o evitar.

Alguém diz: "Eu gostaria de saber como realizar um trabalho santo". Vá e o faça, e não consulte os homens. "Eu fiz meu trabalho, e agora gostaria de ouvir o que você pensa a respeito disso". Vocês deveriam se erguer acima da inútil dependência da opinião alheia; o que lhes importa o que seu companheiro de serviço pensa? Para seu próprio Mestre, vocês se levantam ou caem. Se tiverem realizado algo de bom, façam-no novamente. Vocês conhecem a história do homem que veio cavalgando em direção ao comandante e disse: "Senhor, tomamos uma arma do inimigo". "Vá e pegue outra", disse o oficial indiferente. Esse é o melhor conselho que posso dar a um amigo que se exalta com seu próprio sucesso. Ainda há tanto a ser alcançado que não temos tempo para considerar o que já foi feito. Se realizamos um serviço santo, que o façamos uma segunda vez, e uma terceira, e continuemos a fazê-lo, sempre orando para que o Senhor aceite nosso serviço perseverante. De qualquer maneira, que nossa vida consagrada seja apenas para o olhar de nosso Senhor, um "manancial recluso, fonte selada" (Ct 4:12). Qualquer coisa semelhante ao soar de uma trombeta diante de nós é detestável ao humilde Senhor. A discrição tem um encanto para Jesus, e, quanto mais cuidadosamente a preservarmos, melhor.

6. A seguir, há esta sexta beleza na ação de Maria: ela a realizou em referência à morte do Senhor.

Os discípulos se encolhiam ao pensar nesse assunto angustiante. Pedro disse: "...isso de modo algum te acontecerá" (Mt 16:22). Maria, porém, tendo o coração de seu Mestre bem próximo ao dela mesma, e tendo compaixão dele em Seu empreendimento glorioso, em vez de se retrair do pensamento daquela morte, realizou sua obra em ligação a ela. Não tenho certeza de até que ponto ela estava consciente disso, mas isto é fato: a unção tinha referência ao sepultamento do Senhor. Parece-me que as melhores e mais ternas tarefas que os cristãos fazem por seu Senhor Jesus são aquelas que são tocadas com a marca do sangue, que carregam o selo da cruz. A melhor pregação é "pregamos a Cristo crucificado" (1Co 1:23). A melhor vida é "estou crucificado com Cristo" (Gl 2:19). O melhor homem é um homem crucificado! O melhor estilo é o crucificado — que nos lancemos a ele! Quanto mais vivermos contemplando os gemidos inexprimíveis de nosso

Senhor e entendendo como Ele afastou completamente o nosso pecado, mais santidade produziremos. Quanto mais permanecermos onde os clamores do calvário possam ser ouvidos — onde podemos avistar o Céu, a Terra e o inferno, todos movidos por Sua maravilhosa paixão —, mais nobre nossa vida se tornará. Nada instila mais vida no homem do que o Salvador morrendo. Aproximem-se de Cristo e levem a lembrança dele consigo diariamente e realizarão obras majestosas. Que estejamos unidos a nosso Senhor crucificado em Seu único grande objetivo; que vivamos e morramos com Ele, e assim cada ação de nossa vida será muito bela.

7. A sétima beleza, a meu ver, vocês podem pensar que é algo um tanto exagerado, mas não posso deixar de mencionar, pois toca o meu coração. Creio que Maria tinha, nessa unção do Salvador, um pequeno vislumbre da Sua ressurreição dos mortos, *e de Sua existência após isso.*

Por isso lhes pergunto: por que as nações embalsamam seus mortos? Por que não os consomem no fogo? Algo misterioso faz o cristão comum se encolher diante do pensamento da cremação. Esse pode ser um gosto adquirido: a natureza simplória não corteja a fornalha ou anseia pelas chamas; preferimos repousar sob as colinas com nossos pais. Muitas nações na antiguidade, especialmente os egípcios e orientais, cuidavam com afinco de embalsamar com perfumes preciosos os corpos daqueles que partiam e os colocavam dormindo em pedras preciosas e linho. Por quê? Porque as trevas brilhavam sobre sua mente trazendo algum pensamento sobre o pós-morte. Permanecia com a humanidade, muito após a queda, uma centelha da crença indefinida na imortalidade. Essa verdade era tão universalmente recebida que o Antigo Testamento a considera como certa. A existência de Deus e a imortalidade da alma estão no alicerce do ensinamento do Antigo Testamento. A vida após a morte do corpo era aceita também em uma forma mais ou menos clara. A imortalidade não foi trazida à luz, mas lá estava ela, e aqueles que rejeitavam essa doutrina voltavam a trevas mais densas do que aquelas em que os pagãos habitavam. Por que o rei egípcio embalsamava o seu pai e o deitava em especiarias aromáticas, senão porque pensava que, de um modo ou outro, havia outra vida e ele, portanto, cuidaria do corpo? Eles não desperdiçariam linho, pedras preciosas e especiarias se achassem que o corpo era mera podridão para ser consumido para sempre pelos vermes. Maria tinha pensamentos mais profundos e claros do que esses, uma vez que esperava que algo aconteceria com aquele corpo bendito depois de Cristo morrer. Portanto, ela devia ungi-lo e trazer as mais preciosas especiarias que pudesse obter para Seu sepultamento. De alguma forma, que nosso serviço ao Senhor Jesus seja o serviço de um Cristo ressurreto. Não venham aqui adorar alguém que morreu anos atrás, um herói do passado, mas venham adorar Jesus, que vive eternamente.

Ele vive, nosso grande Redentor vive.[59]

---

[59] Tradução livre de um dos versos do hino *He lives, the great Redeemer lives*, de Anne Steele (1717–78).

Certamente Ele virá em pessoa para recompensar Seus santos e, antes que venha, Ele está vendo o que vocês estão fazendo. "Vivemos", disse alguém, "sob o olhar do grande Capataz"[60]. Não me importo com esse título. Eu não tenho um capataz. Serve muito mais de impulso à minha vida saber que vivo sob o olhar daquele que, mesmo eu não tendo visto, amo, porque Ele me amou primeiro e se entregou por mim. Se isso não os anima, o que mais o fará? Se não os encoraja à incansável diligência em serviço sagrado, o que poderá encorajar? Nosso Senhor Jesus Cristo vive. Que encontremos alguma maneira de ungir Sua amada e reverenciada cabeça, algum modo de coroar Aquele que usou a coroa de espinhos por amor a nós. Nossa parte é saber que Ele vive e que nós vivemos nele. Nele, empregaríamos toda a força de nosso ser, considerando alegria gastá-la, e gastá-la por amor a Ele.

Não os incitarei, caros amigos cristãos, a fazer qualquer coisa por Cristo, pois temo prejudicar a liberalidade do amor de sua vida. Não quero pleitear com vocês para que entrem mais plenamente em Seu serviço, visto que o trabalho de homens sob pressão não é tão premiado quanto o daqueles felizes voluntários. Sim, como eu os amo, gostaria que vocês amassem seu Senhor mais e mais. É tão doce pertencer a Cristo que, quanto mais plenamente pudermos pertencer a Ele, mais livres seremos. Gosto de quando Paulo se autodenomina *doulos* de Cristo, o escravo de Jesus. Ele diz em exultação: "...ninguém me moleste; porque eu trago no corpo as marcas de Jesus" (Gl 6:17), como se gloriasse em

---

[60] Tradução livre de um dos versos do *Soneto VII*, de John Milton (1608–74).

pensar de si próprio como um escravo marcado do Senhor. Paulo fora espancado e açoitado e detinha em suas costas as marcas de seus açoites, portanto estava acostumado a falar de si próprio, enquanto se alegrava o tempo todo: "Estas são as marcas de meu Mestre. Fui marcado com Seu nome". Ó que doce serviço é esse que, se for escravidão, seria alegria! Eu não permitiria que sequer um cabelo de minha cabeça não pertencesse a meu Senhor, se pudesse evitar isso, tampouco que uma gota do meu sangue sequer não corresse por Ele, no que dependesse de mim. Minha liberdade — e o digo por todos vocês — minha liberdade, se eu pudesse escolher, seria a liberdade de jamais pecar novamente. Liberdade para cumprir as ordens de Cristo, e somente elas. De bom grado, eu perderia meu livre-arbítrio para cumprir a Sua doce vontade e o reencontraria, como nunca antes, em ter me rendido completamente ao Seu comando.

Portanto, eu não me intrometerei na santidade do amor de seu coração para lhes sugerir o que podem fazer por Jesus. Da mesma forma que o melhor suco é extraído do cacho menos pressionado, o melhor serviço será o mais espontâneo. Não me permitam empurrá-los, ou puxá-los ou arrastá-los, mas estejam anelantes por conta própria. Digam ao Senhor pessoalmente: "Leva-me após ti, apressemo-nos…" (Ct 1:4). Vocês não têm uma razão particular pela qual devem amar seu Senhor mais do qualquer outro de Seus redimidos? Repito: não vou espreitar em seus segredos sagrados, mas os deixarei para comungar com seu próprio coração e com seu Senhor. Que apenas o amemos tanto a ponto de que, quando o olharmos, Ele nos dirá: "Arrebataste-me o coração, minha irmã, noiva minha; arrebataste-me o coração com um só dos teus olhares, com uma só pérola do teu colar" (Ct 4:9). Então saberemos o que fazer por nosso Amado e, o que é melhor ainda, nós o faremos sem precisar de mais exortações.

Paro por aqui. Que o Espírito Santo abençoe esta palavra!

Quanto a vocês que não amam o Senhor Jesus, que Deus lhes tenha misericórdia! Não pronunciarei sobre vocês uma maldição, mas tremo para que ela não lhes sobrevenha. Fico profundamente triste por vocês. Ademais, fico profundamente contrariado por causa de Cristo: que Ele seja privado de seu amor e serviço. O que Ele fez para que vocês façam pouco dele? Ó olhos cegos, que não conseguem contemplar a beleza do Senhor, e ouvidos surdos, que não podem ouvir Sua maviosa voz! Que Deus seja misericordioso com vocês e os ajude a crer no Salvador. Então vocês o amarão pela salvação que Ele traz! Não surpreende que os salvos amem seu Senhor. O que espanta é que eles não o amem dez mil vezes mais. Que o Senhor seja com vocês, em nome de Cristo! Amém.

7

A MULHER ARREPENDIDA: UMA GRACIOSA ABSOLVIÇÃO [61]

Mas Jesus disse à mulher: A tua fé te salvou; vai-te em paz. —Lucas 7:50

A principal parte de meu assunto será esta graciosa absolvição: "...vai-te em paz". Para aquela mulher que acabara de ter sido tão abençoada, a palavra "vai" soou soturna, visto que ela teria, de bom grado, permanecido com seu Senhor perdoador. Contudo as palavras "em paz" transformaram o absinto em mel — haveria paz para ela que, por tanto tempo, fora assombrada e atormentada por seus pecados. Levantando-se dos pés que lavara com lágrimas, ela se retirou para continuar em seus passos futuros como deveriam ser os de uma mulher que crê e é, portanto, salva.

---

[61] Sermão nº 2183. Destinado a ser lido no domingo, 11 de janeiro de 1891. Ministrado no *Metropolitan Tabernacle*, Newington.

Gostamos de ter um lema para começar o ano, e para algumas almas é útil escolher um bordão com o qual iniciar um novo rumo na vida. Galgamos a colina do empreendimento ou desafiamos a onda da provação com uma palavra inspiradora em nossos lábios. Para certos jovens esse mote chega na alvorada da vida, irrigado pelo orvalho do Céu, e essa afirmação trazida em seu amanhecer permanece com eles. Os ecos dessa palavra que evoca vida os acompanharam muito depois de terem sido proferidas; entre cenários insólitos, ela lhes chegou como uma voz vinda do invisível. Foi-lhes sussurrada dentro do véu de seu leito de morte e lhes cochichou consolação em meio às arrebatadoras ondas do Jordão. A primeira palavra de júbilo e paz dita por Jesus, e com a qual eles iniciaram sua vida nova, veio-lhes repetidamente à medida em que se desvaneciam em direção à terra invisível. Assim deram início a seu serviço ao Redentor e assim Ele declarou que a obra deles estava consumada. Possivelmente essa nota de amor será as suas boas-vindas aos portões do Céu.

Nosso Senhor, no exemplo diante de nós, afastou uma penitente da gélida atmosfera da argumentação de justiça própria, poupando-a assim de uma controvérsia para a qual ela não estava preparada. Porém vejo mais do que isso nessa bendição. Parece-me que, ao notar que essa pobre pecadora estava tão repleta de amor por Ele a ponto de lavar Seus pés com lágrimas e enxugá-los com os cabelos de sua cabeça, nosso Mestre divino explicou ao fariseu, por meio de uma parábola, a razão para a grandeza do amor dela, e disse à mulher: "Vai-te em paz". Com isso, desejava que essa palavra não apenas a alegrasse para o necessário propósito daquele momento, mas que fosse com ela e a acompanhasse pelo restante de sua vida, até que, quando ela se aproximasse do vale de trevas, ela não temesse o mal, pois ainda ouviria aquela doce voz lhe dizendo: "Vai-te em paz". Que maravilhosa música a se ouvir! Como ainda é maravilhosa hoje!

Agora, peço a Deus que a palavra que falarei desta vez possa ser honrada pelo Senhor a fim de servir a esse propósito sagrado para alguns presentes aqui. Que ela seja uma palavra de vida para alguns de vocês! Que ela seja para outros de nós, que conhecemos o Salvador há tempo, um renovo para nosso descanso, e que recebamos tal gole de paz vinda de Jesus de modo que jamais tenhamos sede novamente! Os lábios de nosso divino Salvador são uma fonte de deleite, cada palavra é um cálice repleto de doçura. Ao sorvê-lo, prosseguiremos nosso caminho até o fim de nossa jornada, da maneira como acabamos de cantar:

> *Tranquiliza-me se na saúde houver fraqueza,*
> *Tranquiliza-me em meus tempos de dor;*
> *Tranquiliza-me seja na pobreza ou riqueza,*
> *Se perco ou ganho, tranquiliza-me, Senhor;*
>
> *Aquieta-me, meu Deus, e mantém-me calmo,*
> *Em Teu peito, onde tenho repouso de paz;*
> *Aquieta-me com santos hinos e salmos,*
> *E descanso ao meu espírito traz.*[62]

Ó, que a sua vida possa ser como um mar de vidro! Que o círculo sagrado de nossa comunhão esteja dentro dos limites

---

[62] Tradução livre de estrofes do hino *Keep me calm*, de Horatius Bonar (1808–89).

áureos da paz de Deus! Tu que nos ordenaste vir a ti e descansar, agora ordena-nos ir em paz.

Na minha abordagem, falarei um pouco sobre a *amável garantia*, que se constituía na razão pela qual a mulher foi em paz: "A tua fé te salvou", ou se, como está no versículo 48: "Perdoados são os teus pecados". Com a força da certeza de que ela estava salva, a mulher poderia ir seguramente em paz. Após termos falado um pouco sobre esse assunto, consideraremos o *estimado preceito*: o Salvador a direcionou, no momento de provação, a ir em paz. Houve uma certeza para o consolo dela e um preceito para guiá-la.

1. Inicialmente, então, reflitamos sobre a amável garantia.

O fundamento pelo qual a mulher penitente podia ir em paz era que ela fora salva. O Salvador lhe assegurou: "A tua fé te salvou".

Ela não foi salva de maneira diferente da que nós somos salvos, mas igualmente recebeu a salvação, comum a todos, por uma fé preciosa. A fé em Cristo foi o seu caminho para a salvação. O mesmo caminho existe para nós. No entanto, ela teve algo que alguns de vocês, sem dúvida, gostariam muito de obter: *a afirmação de que fora salva vinda dos lábios do próprio Senhor*. Penso ouvir alguns dizerem: "Eu iria em paz, tenho certeza, se o Senhor Jesus aparecesse para mim e dissesse, falando com Seus próprios lábios: 'a tua fé te salvou'". É natural que vocês pensem assim. Deve ter sido arrebatador receber uma bendição dessas da boca de nosso Rei, nosso Salvador. Mesmo assim, caros amigos, não devemos firmar nossa confiança em uma mera circunstância, pois será apenas mera circunstância Cristo aparecer diante de vocês em corpo físico dizendo "a tua fé te salvou", ou se Ele o disser por meio do infalível registro de Sua Palavra. Não faz muita diferença quanto a minha fé no que meu pai me diz, se eu encontrar esse homem venerável em meu jardim pela manhã e lá ouvir a sua voz, ou se eu receber uma carta pelo correio com sua caligrafia me dizendo no papel o que me diria se tivéssemos nos encontrado face a face. Não exijo que ele sempre suba a ladeira em direção à minha casa para me dizer tudo o que tem a falar. Eu me acharia um tolo se o fizesse. Se eu dissesse: "Meu amado pai, você me assegurou de seu amor por carta, mas, de algum modo, não posso acreditar nisso a menos que você venha, olhe-me nos olhos, pegue minha mão e me assegure de sua afeição". Ele, com certeza, me diria: "Meu filho amado, o que o aflige? Você deve estar fora de si. Eu jamais havia percebido que você é tão infantil. Minha carta de próprio punho sempre foi suficiente. É difícil de acreditar que você realmente quis dizer que não pode me dar crédito, a menos que eu me manifeste fisicamente diante de seus olhos e que, com seus ouvidos, ouça-me falar".

Aquilo que eu não faria a meu pai terreno, certamente não faria a meu Pai celestial. Estou plenamente satisfeito em crer no que Ele me escreve. E, se estiver escrito em Seu Livro, para mim é tão verdadeiro e assegurado quando se Ele realmente descesse do Céu e falasse comigo, ou tivesse me aparecido em visões da noite. Isso não é um raciocínio do senso comum? Vocês não concordam imediatamente comigo?

"Bem", dizem vocês, "vamos com você até aí, caro senhor. Mas Ele falou essa palavra pessoalmente para ela. Não teríamos qualquer outra dúvida e iríamos em paz se Ele tivesse dado essa garantia para nós. Entenda que não é meramente o fato de o próprio Jesus ter dito: 'a tua fé te tornou íntegra', mas Ele olhou naquela direção, voltou-se para a mulher e ela sabia que Jesus se referia a ela. Não havia confusão quanto a quem tal garantia era direcionada. Havia outras pessoas na sala, mas Ele não o disse a Simão, tampouco a Pedro; não o falou a Tiago ou João. Ela sabia, pelo olhar que Jesus lhe lançou, que era para ela que se dirigia, e apenas a ela, uma vez que essa mulher era a única pessoa a ir e, consequentemente, a ir em paz. Nosso Senhor colocou no singular e afirmou: 'a tua fé te salvou'. Eu gostaria que Ele fizesse o mesmo comigo".

Sim, mas eu acho que isso também é um tanto irracional, não é? Porque, se meu pai (para continuar com a minha ilustração) fosse falar comigo, com meus irmãos e com minhas irmãs e dissesse: "Amados filhos, tenho pensamentos de amor em relação a vocês, e fiz uma reserva para as suas necessidades", não creio que eu deveria em algum momento lhe responder: "Pai, você sabe que eu não acreditei em você ou tive qualquer prazer no que você disse porque você falou com os outros além de mim? Não achei que sua afirmação de amor poderia ser verdadeira, pois você incluiu meus irmãos e irmãs. Você não usou o singular, ao contrário, usou o plural. Falou a todos os meus irmãos e irmãs, bem como a mim. Assim sendo, senti que não poderia obter nenhum consolo das suas ternas garantias". Eu seria o tipo mais irracional de jovem se falasse dessa forma, e meu pai começaria a pensar que seu filho se qualificava para um asilo de lunáticos. Se ele não o atribuísse à indelicadeza de coração, com certeza o imputaria à imbecilidade de cabeça. Ora, sem dúvida alguma, se meu pai diz a cada um de seus filhos o mesmo que diz a mim, suas palavras são mais provavelmente verdadeiras, em vez de menos dignas de confiança. Portanto, obtenho consolo de Suas promessas de amor colocadas no plural em vez de no singular. Com certeza, não deveria ser menos fácil crer que Deus trataria com graça comigo na companhia de milhares de outros do que crer que Ele buscaria um plano isolado comigo como único objeto de Seu amor. Não é assim mesmo?

"Ah, sim", diz alguém, "mas você não chegou lá ainda. Desejo saber que eu sou um dos que está incluído no plural e que realmente sou um daqueles a quem Jesus se refere em Sua Palavra". Meu amigo ansioso, você já deve saber disso e deve sabê-lo com certeza. Está escrito: "quem crê em mim tem a vida eterna" (Jo 6:47). Jamais precisa ser uma questão de se você crê ou não nele. Se você confia nele, esse é o ponto essencial do assunto. Você pode prontamente verificar se realmente confia ou não nele. Caso confie, você pertence a Ele, e cada promessa da aliança dele foi feita a sua pessoa. Você tem fé e, quando o Senhor o coloca como uma afirmação geral, essa fé salva — a afirmação é aplicável a todo o mundo, em cada lugar, e todo o tempo, até que a era presente tenha fim e os homens passem ao estado fixo de retribuição, onde nem o evangelho da fé é pregado. "A tua fé te salvou". Se você tem alguma fé, se crê que Jesus é o Cristo, você é nascido de Deus. Se você pode dizer ao Senhor Jesus:

Em ti está toda minha confiança
E meu amparo vem de ti,[63]

---

[63] Tradução livre de versos do hino *Jesus, lover of my soul,* de Charles Wesley (1707–88).

isso é fé, e Jesus testifica: "a tua fé te salvou". Ora, pelo fato de a Testemunha infalível ter dito isso de todos os que têm fé, creio que vocês não devem duvidar disso. É verdade que vocês não ouvem a voz de Jesus pelo fato de Ele o dizer por meio da Palavra escrita em vez de por meio da palavra proferida, porém isso não afeta a sua fé. Cremos em um homem verdadeiro, quer Ele escreva ou fale. De fato, se houvesse alguma escolha, preferiríamos que Ele o tivesse deliberadamente colocado no papel, pois o papel permanece quando o som da voz já se foi. É mais benéfico que leiamos repetidamente a declaração de nosso Senhor e a coloquemos em todos os tipos de formatos, e assim possamos testemunhar o quanto ela permanece cada vez mais fiel e verdadeira. É uma garantia maior encontrar tal afirmação no Livro do que se o Salvador o encontrasse nesta noite e lhe dissesse: "Perdoados são os teus pecados [...]. A tua fé te salvou..." (Lc 7:48,50). O que é registrado supera a voz.

"Não, não o vejo assim", diz você. Bem, Pedro estava com Cristo no monte da Transfiguração e nada abalaria a convicção dele de que estivera ali em meio à glória celestial, ainda assim, por tudo isso, Pedro fala acerca da Palavra inspirada: "Temos, assim, tanto mais confirmada a palavra profética..." (1Pe 1:19). Ele sentia que até mesmo a memória daquela visão, a qual ele certamente contemplara, não lhe trazia tanta segurança quanto a confirmada Palavra de Deus. Vocês precisam sentir do mesmo modo. Se eu tivesse consciência nesta noite de que, em algum momento da minha vida, eu vira o Senhor e que Ele falara comigo, o local onde isso ocorreu seria extremamente querido e sagrado para meu espírito. Todavia, tenho certeza de que, quando minha depressão aumentar, quando as sombras se apressarem contra a minha alma como acontece às vezes, eu sem dúvida direi a mim mesmo: "Você nunca viu algo desse tipo. Foi uma ilusão, uma invenção da imaginação, um delírio e nada mais". Contudo, amados, quando venho a este Livro e vejo diante de mim suas linhas sagradas, sei que não estou delirando. Lá, afirma-se: "Deus amou ao mundo de tal maneira que deu o seu Filho unigênito, para que todo o que nele crê não pereça, mas tenha a vida eterna" (Jo 3:16). Estou tão certo disso, e tenho certeza de que eu creio, portanto, de que sou salvo. Gosto de colocar meu dedo sobre a passagem e dizer: "Senhor, sei que não podes mentir. Nunca questionei acerca disso estar registrado em Teu Livro. Por mais que outras dúvidas tenham me afligido, essa nunca me importunou. Falaste de modo tão íntimo à minha alma que tenho certeza de que este é Teu Livro, da mesma forma que não duvido da minha existência. Assim sendo, fizeste mais em favor da remoção de minhas dúvidas e para a segurança da salvação eterna da minha alma ao colocares Tua promessa em Teu livro do que terias feito se aparecesses a mim pessoalmente e falasses com Tua própria voz".

Ó meu ouvinte, a Palavra escrita é mais garantida! Se você crê, você está salvo, tão certo como está vivo. Se crê, o céu e a Terra passarão, mas a Palavra do Senhor permanecerá para você. "…quem crê [em Jesus] tem a vida eterna…" (Jo 3:36), e tem a vida eterna como uma posse presente. Nosso Senhor colocou desta forma: "Quem crer e for batizado será salvo…" (Mc 16:16). "Se, com a tua boca, confessares Jesus como Senhor e, em teu coração, creres […] serás salvo" (Rm 10:9). Não há dúvidas ou questionamentos nessas palavras de promessa. A salvação é colocada como algo presente e como algo que subsiste, porém, em cada caso, como algo garantido. E por que deveríamos nos preocupar e nos desgastar acerca desse assunto? Com certeza, isso é assim; ó, que obtenhamos consolo desse fato. Devemos jogar esse Livro fora se começarmos a falar em "níveis de inspiração" e todo esse lixo imundo, ou sermos compelidos, pela lógica, a termos certeza de nossa esperança e a nos regozijar nela. Garanto-lhe, meu caro ouvinte, que, por tanto tempo quanto você se firmar na convicção de que essa é uma palavra de testemunho segura, você saberá que é salvo! Se esse Livro for verdadeiro, cada crente em Jesus está tão seguro quanto o próprio Jesus. Dizer: "Eu creio, mas temo não estar salvo" é dizer, apenas fazendo rodeios, que você não crê de modo algum. Pois, se você crê, então acredita que Deus fala a verdade, e esse é o testemunho de que "Deus nos deu a vida eterna; e esta vida está no seu Filho" (1Jo 5:11). Esse é o testemunho do grande Pai e o testemunho do Espírito eterno, e nós não devemos ousar duvidar dele. Você pode duvidar de qualquer coisa em que creia ou não, mas, pelo fato de você ter colocado sua confiança no Senhor Jesus verdadeira e sinceramente, então, como o efeito vem após a causa, é certo que a causa da fé será seguida por seu efeito garantido: a salvação. "A tua fé te salvou; vai-te em paz" (Lc 7:50).

Não se preocupe mais: vá em paz. Encerre os questionamentos, termine com os debates; vá em paz. Vá cumprir seus deveres, uma vez que a obra da salvação está realizada. Você é uma alma salva, vá e se regozije nessa salvação consumada e não faça mais perguntas. "Por que clamas a mim?", disse Deus a Moisés, "dize aos filhos de Israel que marchem" (Êx 14:15). Assim sendo, você questiona e ainda duvida? Vá em frente e desfrute do que Deus preparou para você e, visto que é salvo e justificado em Cristo, passe a buscar a santificação e todas as demais bênçãos da aliança da graça que estão diante de você em Cristo Jesus, nosso Senhor. A promessa é garantida; tenha certeza disso e, em perfeito repouso de alma, alegre-se com o bem que Deus prover a você.

Penso que assim eu lhes apresentei, tão claramente quando possível, essa deleitosa garantia que é firmada na ordem: "...vai-te em paz".

2. *Por segundo, ouviremos* o estimado preceito.

Nosso Senhor, com sábia ternura, despediu o estimado objeto de Seu amor perdoador e lhe disse: "...vai-te em paz". Que o Espírito Santo abençoe essa palavra para nós! Esse preceito se divide em duas partes. A primeira é "vai-te", e a segunda é "vai-te em paz".

Há o "vai-te". Agora, nesse "vai-te", há duas coisas: o ir *de* e o ir *para*. *De onde ela deveria ir?* Primeiro, ela deveria ir *da presença daqueles tagarelas*. Simão e os fariseus estavam tão cheios de objeções quanto um enxame de abelhas é repleto de ferrões. Eles diziam no coração deles e uns aos outros: "Quem é este que até perdoa pecados?" (Lc 7:49). Ousaram até mesmo questionar o caráter do Perfeito e insinuaram uma suspeita de Sua pureza já que Ele permitira que tal mulher se aproximasse tanto dele e que ela lhe lavasse os pés com lágrimas. Portanto, o Salvador diz a ela "vai". Aquele não era um lugar feliz para se permanecer um amor como o de uma criança. A alma da mulher estaria como entre leões. Jesus parecia dizer: "Não fique aqui para ser atormentada por esses sofistas. A sua fé a salvou, vá. Você ganhou uma grande bênção, vá para casa com ela. Deixe que essas pessoas discutam umas com as outras, você possui um prêmio valioso, leve-o para longe do alcance desses piratas".

Muitas vezes creio que o filho de Deus descobriria que é grande sabedoria, sempre que ele estiver na companhia de quem ataca seu Senhor ou acusa sua fé, voltar aos seus assuntos e deixar que os escarnecedores fiquem com seu escárnio entre eles. Alguns de nós pensam ser nosso triste dever ler certos livros contrários à verdade, que foram impressos ultimamente, que devemos ser capazes de lhes responder; todavia, essa é uma tarefa perigosa. Que o Senhor tenha misericórdia de nós quando descemos a esse esgoto, pois o processo não é saudável!

"Ah", diz alguém, "mas temos de provar todas as coisas!". Sim, e provaremos. Mas, caso alguém colocasse um bocado de carne sobre sua mesa e ela estivesse com um odor forte, eu cortaria uma lasca e, se, ao colocá-la na boca, descobrisse que ela estava em estado de putrefação, não acharia necessário comer toda a porção para testar o seu sabor. Algumas pessoas parecem achar que devem ler todo um livro ruim e ouvir um mau pregador muitas vezes antes de terem certeza da qualidade deles. Ora, vocês podem julgar muitos ensinamentos em apenas cinco minutos! Digam a si mesmos: "Não, senhor, não, não, não! Essa carne é boa para os cães. Que eles a recebam, pois não é boa para mim e não pretendo me envenenar com ela". O Salvador não disse à mulher: "Pare agora e ouça o que Simão tem a dizer. Prezada boa senhora, você lavou meus pés com lágrimas e aqui está um homem altamente inteligente, um fariseu, que tem uma preleção muito erudita a lhe entregar. Dê-lhe ouvidos atentos. Você tem de provar todas as coisas, portanto, pare e ouça-o. Aqui estão mais cavalheiros que se opõem ao meu perdão de seus pecados, e as objeções deles são extraídas de profundas veias de pensamento. Ouça-os, e então eu vou tratar dos questionamentos deles e tenha paz: não pare até que não aguente mais. Você tem seu consolo e alegria, recuse-se a ser privada deles". Se você estivesse em uma sala, e visse certa quantidade de cavalheiros de caráter suspeito, e tivesse que vigiar por si mesmo, você não acharia necessário parar e ver se eles conseguiriam desarmar sua vigilância pessoal, mas diria a si próprio: "Não, estou melhor longe dessas companhias". Estamos mais seguros quando afastados do círculo daqueles cujo grande objetivo é nos privar de nossa fé. "A sua fé a salvou. Vá para casa. Deixe a presença deles. Vá em paz".

Além de se afastar daqueles homens, creio que Jesus quis dizer: *"Afaste-se da publicidade na qual você entrou involuntariamente"*. Se nosso Salvador fosse como algumas pessoas excelentes dos dias atuais, Ele diria: "Fique diante de todos esses homens e conte a sua experiência. Vou pedir-lhe que compareça em meia dúzia de reuniões nesta semana e você deve falar em cada uma delas". Essa era uma mulher esplêndida, não era? Ela lavou os pés do Salvador com lágrimas e os enxugou com os cabelos de sua cabeça. Ela então exibiria seus olhos e seus cabelos e lhes contaria a graciosa história. Quem poderia saber quantos, provavelmente vários, se impressionariam por tal narrativa? O Salvador disse à mulher — toda animada, pois ela era toda entusiasmo além de grata: "A tua fé te salvou; vai-te em paz". Como se dissesse: "Há certos membros do sexo feminino a quem você pode falar. Você encontrará pobres mulheres decaídas a quem pode, discretamente, contar acerca de minha graça perdoadora. Contudo, o seu caso é daqueles em que a beleza de seu caráter repousará na discrição de sua vida futura. 'A tua fé te salvou.' Isso lhe é suficiente. Você veio ao palco da ação por meio de seu esplêndido ato de amor; mas não adquira o hábito de ganhar publicidade. Não deseje se exibir em uma atitude ousada e heroica, mas vá em paz". Ele quase parece afirmar: "Retorne à sua família. Assuma seu lugar com o restante de suas irmãs. Adorne minha doutrina por sua pureza futura e permita que todos vejam a transformação que foi efetivada em você. Talvez a sua própria fraqueza, que a tornou no que era como uma pecadora, pode colocá-la em perigo até mesmo como uma santa. Assim sendo, não peço que você se demore aqui. Junte-se a meus discípulos e siga-me publicamente pelas ruas, mas a sua fé a salvou, vá em paz".

Penso que o Mestre nos ensinou muita sabedoria aqui, que alguns de vocês que são líderes na Igreja do Senhor fariam bem em copiar. Sim, acho que vou um pouco além e direi que *penso que o Salvador, naquele lugar e naquela hora, a despediu do elevado ministério que ela exercera uma vez em sua vida*. Ela lavou os pés do Senhor com lágrimas e os enxugou com os cabelos de sua cabeça. Esse foi um ato de amor que aumentara em fervor. Foi uma ação da qual se falará como memorial a ela em toda parte. Podemos muito bem imitar a penitência dessa mulher e sua coragem heroica, bem como seu amor por Cristo. No entanto, ao mesmo tempo, não podemos sempre realizar ações heroicas; a vida é feita principalmente de obras corriqueiras. Não seria possível estar sempre lavando os pés de Jesus com lágrimas, ou desfazendo tranças para usar o cabelo como toalha. A dificuldade com algumas pessoas é que elas estão sempre querendo praticar o sublime. Infelizmente elas falham em apenas um passo e se tornam ridículas. Sempre se esforçam por efeitos e, ao ouvir daquilo que foi feito certa vez por uma pessoa seleta, elas sentem que devem copiá-la e continuar fazendo aquilo para sempre.

Ó minha irmã, chegará o tempo quando você terá de falar com Cristo, e falar abertamente diante de muitas pessoas, mas amanhã seria melhor que fosse para casa, cuidasse de seus filhos e fizesse seu lar feliz para seu marido. Você glorificará a Cristo ao remendar as meias dos pequeninos tanto quanto por lavar os pés do Senhor com lágrimas. Você comete um grande erro se não tiver a devoção que a conduz para a vida doméstica — que a ajudará a transformar a costumeira lida da vida em um serviço divino.

Queremos homens que possam servir a Deus com um machado e uma plaina, ou atrás de um balcão, ou ao usar uma caneta. Esses são os homens que desejamos, porém há muitos que anseiam por saltar rapidamente para um lugar de destaque e realizar uma obra surpreendente. Após tê-la efetuado uma vez, eles ficam irrequietos pelo resto da vida e não parece que se contentariam em simplesmente guardar os Dez Mandamentos ou em andar nos passos de Jesus. Eu gostaria que esses que precisam brilhar e resplandecer ouvissem o Senhor Jesus lhes dizer: "vão em paz". Refiro-me a qualquer um de vocês que realmente se distinguiu em determinada ocasião e que merece muito louvor de seus amigos cristãos. Temo que vocês anelem por formas incomuns e até indesejáveis de serviço e se tornem inúteis no curso normal da vida. Não sejam corrompidos pela vida por lhes ter sido permitido fazer uma obra atípica, mas ouçam o Mestre dizer:

"A sua fé os salvou; vão em paz. Sirvam-me nas ocupações diárias e tragam glória ao meu nome em casa. Abandonem o esforço exibicionista e vão para as mais gentis pressões do dever familiar".

Vocês creem que Jesus quis até dizer que ela agora deveria se afastar *daquela comunhão singular com Ele que ela desfrutara*? A mulher estivera muito perto dele, mas talvez ela nunca mais tenha estado tão próxima dele novamente. Em espírito ela devia estar, mas certamente não fisicamente. Acontece que aqueles que assumem uma vida contemplativa — e não há vida mais elevada do que essa — estão aptos a pensar que devem esquecer a vida prática. Contudo, não deve ser assim. Devemos cumprir aquilo que o Mestre nos ordena fazer, tanto quanto nos assentar aos Seus pés.

Sinto-me tentado a contar uma história que a maioria de vocês deve conhecer acerca de um servo de Deus que, em sua cela, pensou ter visto o Senhor Jesus e, sob essa persuasão, ele adorou com deleite arrebatador. Então, o sino do portão do convento tocou, e era a vez dele de ficar à porta e entregar o pão aos famintos. Houve uma pequena batalha em sua mente quanto ao que deveria fazer: demorar-se com o seu Senhor ou ir distribuir o pão aos pobres mendicantes. Por fim, sentiu que deveria cumprir seu dever mesmo isso lhe custando sua grande alegria espiritual. Ele foi, entregou o pão e, quando voltou, para sua grande surpresa, a visão continuava lá. Uma voz, então, lhe disse: "Se você tivesse ficado, eu teria partido. Todavia, como você foi, eu, portanto, fiquei para comungar com você". O caminho do dever deve ser seguido, e nenhuma alegria espiritual pode nos escusar disso. Jamais ofereça a Deus uma tarefa manchada com o sangue de outro. Equilibre suas obrigações e não permita que alguém os obrigue a mais uma. "A tua fé te salvou; vai-te em paz". Não pense que você precisa estar o dia inteiro com a sua Bíblia, ou a noite toda em oração. Há um tempo para cada coisa. Permita que o serviço sagrado tenha seu lugar; que sua vida seja um belo mosaico de cores vívidas, tudo arranjado de acordo com o padrão divino, a fim de formar um caráter perfeito. "A sua fé o salvou. Vá em paz e cumpra o próximo dever, e o próximo, sem fadiga".

E isso me leva a falar para *onde ela deveria ir*. Parece-me que o Salvador disse: "Agora, vá para casa. Você era uma mulher decaída, sua casa é o seu lugar. Vá para casa, para sua mãe e pai, ou outros parentes. Busque um lar, seja uma pessoa doméstica. *Compareça em seu próprio trabalho*. Seja onde for o seu lugar, vá para lá. Abandonar as tarefas diárias foi uma fonte de tentação; volte ao caminho da utilidade e dos hábitos ordeiros, e isso será a sua segurança. Você será menos suscetível a se desviar se tiver um trabalho com que ocupar a mente, o coração e suas mãos".

Será que Ele não quis dizer: "*Agora vá para sua vida corriqueira de desafios*"? Você se acha uma pessoa muito peculiar — um tipo de santo que tem de flutuar no ar ou viver entre as rosas? Não suponha tal coisa. Ouvi que os chineses vendem calçados com os quais se pode andar nas nuvens. Creio que algumas pessoas devem ter comprado um par desses artigos admiráveis, pois a vida delas é despendida no mundo da lua, caminhando como em um sonho, sobre as altas pernas de pau da apaixonada imaginação. Não pense grandes coisas a seu próprio respeito. Você é somente um homem ou uma mulher comum. Cumpra os deveres que seus demais irmãos cristãos cumprem e não se ache uma pessoa superior. Aqueles que pensam de si mesmos como muito importantes não são importantes de modo algum. Pobre criatura! Não é a graça de Deus que altera sua mentalidade, é a sua tola pretensão que o faz.

Vá adiante para o seu novo serviço: "Vá em paz. Há algumas pessoas a quem você pode contar sobre o meu amor. Ó, como você o fará! Você que lavou os meus pés com suas lágrimas, vá e derrame essas lágrimas sobre os decaídos como você mesma. Vá e use esse olhar para que possa infundir o meu amor no coração deles enquanto lhes fala. Vá em paz por toda a sua vida, e faça por mim tudo o que eu puser em seu caminho para fazer". Penso que é isso que nosso Senhor quis dizer. Irmãos, não pensem em sentar-se aqui e desfrutar, mas saiam e glorifiquem o nome de seu Redentor. Vão!

Mas então aqui está o cerne da questão: Ele disse "vai-te em paz". Ó meus irmãos, eu desejo que todos nós que amamos o Senhor possamos ir, daqui para frente, todo o restante da jornada de nossa vida em paz. Que o amor perdoador nos coloque em paz com relação a todos os nossos pecados! Ó perdoado, você ama muito, pois foi muito perdoado. Que seus pensamentos todos fluam para o amor, e nenhum para o medo. Não se inquiete com o passado — o passado sombrio e desonroso. A mão que foi perfurada já o apagou por completo. O grande Senhor perdoou verdadeiramente todo o seu débito. Não permita que isso o perturbe mais. Vá em paz. Que descanso é ser liberto do fardo do pecado e saber com certeza, a partir do ensinamento da própria Palavra de Deus, que seus pecados são perdoados! Essa é a paz que excede todo o entendimento.

A seguir, nosso Senhor quis dizer *"vai-te em paz" em referência a toda crítica de todas essas pessoas que observam você.*

Não se preocupe com elas. Não se perturbe por causa delas. O que elas têm a ver com você? Ao servo é suficiente que o seu mestre o aceite. Ele não precisa se preocupar com o que os outros têm a dizer sobre o seu serviço. A sua fé o salvou. Esqueça-se de todas as coisas rudes que eles disseram e não perturbe o seu coração com os discursos cruéis que ainda proferem. Vá em paz e não fique assustado quanto às línguas que o censuram.

Depois, creio que Ele quis dizer: "*Vá em paz quanto ao que você fez*". Conheço o ânimo de uma palavra como essa. Já preguei o evangelho, lançando toda minha alma a essa tarefa. Depois que tudo terminou, senti a obrigação de me censurar por não ter feito melhor quanto ao estilo, ao espírito ou à duração, ou qualquer outra coisa. Ó, mas, se o Mestre o aceita, pode-se ir em paz com relação ao serviço! Essa mulher havia realizado algo extraordinário quando lavou os pés de Cristo com lágrimas e os enxugou com os cabelos de sua cabeça. E quando ela foi embora, deve ter dito a si mesma: "Surpreendo-me por ter sido tão ousada. Não me fiz notar de modo muito imodesto? Como pude fazer isso? Como devo ter parecido quando estava banhando os Seus pés? Especialmente sendo *eu*, como a pecadora que sou, a fazer isso ao bendito e santo! Receio que Ele deva ter se sentido envergonhado com minha rudeza!". Vocês já não fizeram, algumas vezes, algo intrépido para Cristo e depois se sentiram como ela? Você diz: "Fui uma ousada pretenciosa no fim de tudo, por ter me atrevido tanto". O bom jovem que acabou de pregar pela primeira vez diz: "Bem, venci isso desta vez, mas jamais tentarei novamente, visto que eu tenho certeza de que não sou adequado para tal obra santa". Assim, o Mestre diz a essa mulher: "Vá em paz. Eu aceitei você e seu amoroso serviço. Não se perturbe pelo que você fez. Foi tudo doce para mim, e tem o doce perfume de seu grande amor. Jamais lamente o que você fez, pois foi algo correto. A sua fé a salvou. Vá em paz". Desejo que nós tenhamos esse tipo de paz — paz quanto àquilo que fizemos para o Senhor, da mesma forma como temos paz quanto ao pecado perdoado e à crítica humana. "Vai-te em paz". Que tenhamos, daqui em diante, essa santa quietude! Somos tão propensos a sermos inquietos! Conheço alguns bons irmãos que incharam a veia da suspeita a respeito de si mesmos, e ela sangra vez ou outra, doendo-lhes sobremaneira e agitando outras pessoas. Conheço algumas irmãs que são muito boas, mas irracionalmente temerosas. Dizem que são "nervosas". Talvez esse seja o caso, e então não acrescentarei mais nada. Contudo, ah, quem dera pudéssemos tê-las curadas dessa enfermidade dos nervos! Eu desejaria que elas pudessem se acalmar! Admiro os membros da Sociedade de Amigos[64] por esta virtude mais do que por qualquer outra que eles possam exibir: parecem ser tão estáveis, autocontrolados e tranquilos. Talvez sejam um pouco lentos, mas também são muito seguros, firmes, inabaláveis e calmos. Alguns de nós estão apressados demais no afã de serem rápidos. Se fôssemos um pouco mais lentos, seríamos mais rápidos. Se deixássemos nossos afazeres mais com Deus, a nossa paz seria "...como um rio" (Is 66:12).

Sim, eu pediria a Deus, caros amigos, para que pudéssemos sentir, de agora em diante, uma alegria constante. Por que não? Nada deveria nos abalar, uma vez que sabemos que

---

[64] Também conhecidos como quakers ou quacres. Grupo cristão fundado no século 17, por George Fox.

todas as coisas cooperam juntamente para o bem. Se vivemos pela fé, nada pode nos perturbar, pois, entre aqui e o Céu, nos manteremos te acompanhando, ó Bendito! E se o caminho que tomares for acidentado, o fato de te termos conosco o aplainará para nós. Caminharemos em alegria com esta máxima como nossa música de marcha: "A tua fé te salvou; vai-te em paz".

Voltando para onde comecei, ouso dizer que a boa mulher achou que gostaria de ter uma palavra para o Senhor. Quando foi afirmado que Ele não poderia perdoar pecados, não teria ela gostado de poder dizer: "Mas Ele perdoou o meu pecado e transformou minha natureza. Como vocês ousam falar de tal modo?".

Contudo, o Salvador disse, "vá". Ela não foi chamada para contender. Graças a Deus cada filho dele não é chamado para lutar contra o adversário. Aqueles de nós que foram homens de guerra desde a mocidade não têm prazer na contenda. Gostaríamos de, como essa santa mulher, ser dispensados dessa guerra. Ela bem podia se alegrar em seu escape do santo alistamento. Desse modo, ela evitou muitas bofetadas e golpes e, como o seu Capitão a enviou para fora do campo, ela pôde ir para casa rapidamente.

Ela poderia perder a bendita disposição de mente na qual estava, e isso seria um sério ferimento para ela. A mulher estava docemente envolvida em amor, e seu Senhor desejava que ela permanecesse assim.

Ele parece dizer: "Você é preciosa demais para ser golpeada e ferida em batalha. Vá, vá em paz. Alma amada, você está tão repleta de amor por mim que não quero que se preocupe com lutar, contender ou entrar em controvérsias. Vá em paz". Ela não teria feito bem algum, ouso dizer, se tivesse se aventurado em um combate para o qual não estava capacitada. Se tivesse falado, ela diria algo que os cruéis fariseus tornariam em piada. Assim, o Senhor disse: "vai-te em paz". Por que a fraqueza dela daria a eles ocasião para um triunfo ímpio? Nem todos os corações fiéis são adequados para o combate. Além disso, ela tinha o Senhor como seu Advogado, e não havia necessidade de que ela falasse. Portanto, Ele disse: "Posso lidar com eles sem a sua presença. Vá em paz". Quando, crendo, deixamos uma dificuldade aos cuidados de nosso Senhor, é dever da fé ir para casa em tranquilidade. Sem dúvida, ao ir em paz, ela estaria prestando um serviço melhor do que faria se usasse sua língua contra esses ímpios. Uma vida calma e feliz é, frequentemente, o testemunho mais nobre que podemos sustentar por Cristo. Assim sendo, digo a todo o que ama o Senhor que haverá vezes em que Ele nos dirá: "Não entre em nenhum desses conflitos, tumultos e confusões. A sua fé o salvou. Vá em paz".

A última palavra que tenho a dizer é a seguinte: há muitas pobres almas que falam em vir a Cristo e que ainda não são salvas. Estão sempre ouvindo acerca da fé e refletem sobre isso, no entanto, jamais creem de verdade. Não ouçam ou debatam mais a respeito da fé, mas *creiam*. Confiem em Jesus Cristo e não pensem mais sobre sua própria confiança; quero dizer: vocês correm o risco de pensar acerca dela como algo concretizado, e não como algo a ser construído. Deus os ajude a crer em Jesus e assim atravessar a ponte da convicção em direção à áurea praia que é o próprio Jesus!

Bem, mas percebo que alguns dizem que creem; no entanto, o que têm não é fé porque, se o fosse, eles iriam em paz. Uma pessoa vem ao banco com um cheque. Coloca-o sobre o balcão e o caixa separa o dinheiro. Porém, vejam, o homem não o leva. Permanece parado e não faz nada a respeito. O caixa olha para ele e se pergunta o que ele está fazendo. Por fim, quando a pessoa já ficou lá por tempo suficiente para acabar com a paciência do bom homem, o caixa diz: "O senhor trouxe esse cheque para sacar o dinheiro?". "Sim, eu o entreguei". "Bem, então por que o senhor não pega o dinheiro e vai cuidar de sua vida?" Se ele for sensato, não se delongará mais. Na verdade, não teria se delongado por tanto tempo. Pegará o dinheiro e partirá em paz. Agora, amado, se você tem uma promessa de Deus — "Quem nele crê não é julgado" (Jo 3:18) ou "quem crê em mim tem a vida eterna" (Jo 6:47) — você crê? Então pegue essa bênção e vá cuidar de seus afazeres. Não continue dizendo: "Talvez seja isso mesmo!" ou "Talvez não seja bem isso". Você crê que Deus fala a verdade? Se sim, então apodere-se da bênção prometida e desfrute dela, uma vez que é um salvo. "Tenho frequentado um lugar de adoração por anos e creio, de certa forma, mas jamais ousei dizer que sou salvo". Assim sendo, você está fazendo o papel de um incrédulo.

Se você não sabe se é salvo, como ousa ir dormir à noite? Como um homem se atreveria a comer suas refeições e cuidar de suas tarefas e ainda dizer: "Não sei se sou salvo ou não"? Você pode e deve sabê-lo. Se crê, está salvo. Se duvida de tal fato, você é mais um incrédulo do que um crente. Pegue seu dinheiro e vá para casa. "Homem de pequena fé, por que duvidaste?" (Mt 14:31). Confie em Jesus! A sua fé o salvou. Vá em paz.

Que o Senhor o ajude a crer verdadeiramente, em nome de Jesus! Amém.

8

MARIA E MARTA: O MESTRE CHAMA [65]

———❧~❀~❧———

...chamou Maria, sua irmã, e lhe disse em particular: O Mestre chegou e te chama. —João 11:28

Suponho, pelo fato de Marta sussurrar as palavras "o Mestre" no ouvido de Maria, que essa era a forma comum como elas falavam de nosso Senhor uma à outra na ausência dele. Talvez esse fosse o Seu chamamento usual entre todos os discípulos visto que Jesus disse: "Vós me chamais o Mestre e o Senhor e dizeis bem; porque eu o sou" (Jo 13:13). Acontece frequentemente que temos títulos especiais pelos quais nos referimos à pessoas a quem amamos com familiaridade quando estamos no círculo daqueles que compartilham da mesma estima por eles. Em vez de sempre usar seus títulos oficiais ou seus próprios nomes, atribuímos a eles outro modo

---

[65] Sermão nº 1198, ministrado no *Metropolitan Tabernacle*, Newington.

de os chamar, ligado a felizes associações ou que nos relembram dos traços cativantes de seu caráter, sendo, portanto, muito doce a nossos lábios. Então, creio que a maioria dos discípulos chamava Jesus de "Mestre", e muitos associando-o à palavra Senhor.

Acredito que Maria era especialmente dada ao uso desse termo — era o nome que ela atribuía ao Senhor. Imagino que ela o chamasse de "*meu* Mestre". Naturalmente, Marta não poderia lhe dizer "seu Mestre chegou", pois isso lançaria suspeita sobre a lealdade da própria Marta a Jesus. Talvez ela não se sentisse na disposição mental para dizer "nosso Mestre" por lembrar-se de que Ele era Mestre de muitos outros além delas e, em parte, por desejar que Ele pudesse ser o Mestre sobre a morte. Por isso ela disse "*o* Mestre". Era um título enfático: "*O* Mestre chegou".

Muito notável é que a mente de almas semelhantes a Maria sempre amou esse título de "o Mestre", mais especificamente George Herbert, poeta místico, maravilhoso e amável. Ele era alguém que amava profundamente o Senhor. Assim, sempre que ouvia o nome de Jesus ser mencionado, dizia "meu Mestre". Ele nos deixou aquele poema pitoresco chamado "O aroma", que começa assim: "Como soa doce *meu Mestre*, meu Mestre"[66].

Deve haver algo extremamente precioso sobre esse título para que uma Maria e um Herbert estivessem tão cativados por ele acima de todos os demais. Jesus tem muitos nomes, todos plenos de musicalidade. Esse deve ser, de fato, especial para que seja o escolhido entre todos como o título que

---

[66] Tradução livre de um dos versos do poema *The Odour*, de George Herbert (1593–1633).

Seus amados preferem aplicar a Ele. Há muitos entre nós que estão acostumados a falar do Senhor como Mestre; e, embora haja muitos outros títulos como o Amado, o Bom Pastor, o Amigo, o Noivo, o Redentor e o Salvador, ainda assim nutrimos uma afeição muito especial por esse título, que nos traz "uma fragrância oriental" com a qual "perfumamos nossa mente todos os dias"[67].

Vocês estão cientes de que essa palavra também pode ser traduzida como "Professor", o Professor fidedigno, pois essa é a essência do significado. Alegro-me em pronunciar "Mestre", pois o uso e uma agradável associação abrilhantaram essa palavra, e ainda temos, entre nós, o costume de chamar o professor principal em uma escola de "mestre". Contudo, se a nossa versão trouxesse "O Professor chegou", ela estaria mais próxima do correto.

1. Falarei apenas poucas palavras, inicialmente, sobre a grande propriedade desse título aplicado ao Senhor.

Ele é, sem dúvida, o Mestre — o Professor. E se eu colocar os dois termos juntos e disser Mestre-Professor? Ele tem uma adequação especial para esse ofício. Para ser um mestre-professor, uma pessoa precisa ter *uma mente magistral*. Certamente todas as mentes não são colocadas no mesmo molde e não possuem o mesmo vigor, profundidade, força e rapidez de ação. A organização mental de alguns é principesca por sua própria formação. Embora possam estar entre os lavradores, há nelas o selo imperial. Essas mentes não podem

---
[67] Idem.

ser sufocadas pelas vestimentas de um camponês, nem reprimidas pela pobreza. As mentes magistrais são reconhecidas por uma superioridade inata e se sobressaem. Não tenho nada a dizer das qualidades morais de Napoleão, mas uma mente tão ampla como a dele não poderia ficar oculta para sempre entre as fileiras de soldados. Ele deveria se tornar um capitão e um vencedor. Da mesma forma, um Cromwell ou um Washington deveriam se levantar para serem mestres entre os homens visto que a estirpe da mente deles era magistral. Esses homens logo veem as coisas, apreendem-nas com compreensão abrangente e têm uma maneira de infundir fé nos outros sobre aquilo que, há muito tempo, os impulsiona à posição de mestres com o consentimento geral de todos os que os cercam. Não se pode ter como um mestre-professor um homem com alma pequena. Ele pode sugerir a si próprio à cadeira de professor, mas todos verão que ele estará deslocado e ninguém se alegrará em pensar nele como seu mestre. Há muitos pintores, porém poucos Rafael ou Michelangelo, poucos que encontrariam escolas para perpetuar seus nomes. Houve muitos cantores, mas poucos poetas fundaram escolas de pensamento melodioso onde se tornaram amados regentes de coral. Há muitos filósofos, mas um Sócrates ou um Aristóteles não são encontrados todos os dias, pois grandes professores precisam ter mentes brilhantes, e essas são raras entre os homens. O professor, dentre todos os professores, o mestre de todos os professores precisa ser detentor de um espírito grandioso e colossal que se destaque, em estatura, dos ombros para cima dos demais[68].

---

[68] Referência a 1 Samuel 9:2.

Foi uma alma assim que Maria viu em seu Senhor Jesus Cristo, e nós também a vemos, por isso ousamos chamar o nosso Senhor de Mestre. Lá temos a própria dignidade, com sua onisciência e infalibilidade e, ao mesmo tempo, uma humanidade completa e plena, harmoniosa em todas as suas qualidades, um equilíbrio perfeito de excelência, no qual não há excesso nem escassez. Encontra-se no Senhor uma mente perfeita, e essa mente é tão humana que é intensamente masculina, mas de sensibilidade feminina. Em Jesus havia toda a ternura e a empatia características de uma mulher unidas à força e à coragem de um homem. O amor dele era feminino, mas não efeminado; seu coração era masculino, mas não endurecido ou severo. Ele era o homem completo, a humanidade não caída em sua perfeição.

Nosso Senhor era um homem que impressionava todos os que se aproximavam dele, que ou o odiavam intensamente, ou o amavam fervorosamente. Onde quer que estivesse, Jesus era visto como um príncipe entre os homens. O diabo o reconheceu e o tentou mais que a todos os demais. Satanás viu em Jesus um inimigo digno de sua espada e, no deserto, travou seu duelo com Ele, esperando derrotar toda a raça humana ao vencer o manifesto Homem Supremo. Até mesmo os escribas e fariseus, que desprezavam todos que não alargassem as franjas de suas vestes como eles, não conseguiam desprezar esse homem. Eles podiam odiá-lo, mas esse ódio era a reverência inconsciente que o mal é forçado a render à bondade e à grandeza superlativas. Jesus não podia ser ignorado ou menosprezado. Ele era uma força em cada lugar, um poder onde quer que estivesse. Jesus é um mestre, sim, "o Mestre". Há uma grandiosidade na totalidade na natureza humana dele, de forma que Ele se sobressai acima de todos os demais homens, como um imponente pico alpino que se eleva sobre as montanhas menores e lança sua sombra por todos os vales.

No entanto, para ser um mestre-professor, um homem não deve ter apenas uma mente magistral, mas precisa ter *um conhecimento magistral* do que ele tem de ensinar; e é melhor que esse conhecimento seja adquirido por experiência do que por instrução. Tal era o caso de nosso Senhor Jesus. Ele veio para nos ensinar a ciência da vida, e nele havia vida. Jesus experimentou a vida em todas as suas fases e foi tentado em todas as coisas como nós, porém sem pecado. Os mais exaltados não lhes eram superiores, nem considerou os mais humilhados inferiores a Ele, mas condescendeu às suas enfermidades e tristezas. Não há tristes vales de melancolia por onde os pés do Senhor não tenham pisado, tampouco altos picos de alegria que Ele não tenha escalado. Tanto a alegria quanto a tristeza de nosso Senhor Jesus Cristo eram surpreendentes. Ele conduz o Seu povo em meio ao deserto e, como o Hobabe[69] de antigamente, ele sabe onde acampar no deserto e compreende todo o caminho a ser atravessado para alcançar a Terra Prometida. O Senhor foi aperfeiçoado pelas coisas que sofreu. Por isso, Ele não nos ensina verdade alguma como mera teoria, mas sim como uma vívida experiência em Sua própria pessoa. O remédio que nos oferece, Ele mesmo testou. Se houver amargor para nós, Ele sorveu vasilhas cheias dele, e, se houver doçura em Seu cálice, Ele nos concede de Sua alegria. Todas as coisas que se relacionam a esta vida e à piedade, toda a ciência da salvação partindo dos portões

---

[69] Conforme Números 10:29-31.

do inferno até o trono de Deus, Ele entende muito bem por conhecimento pessoal. Não há sequer um capítulo do livro de Apocalipse que Ele não compreenda, sequer uma página do livro da experiência que não entenda e, portanto, Ele é habilitado a ensinar por ter tanto uma mente magistral quanto um conhecimento magistral do que Ele veio inculcar.

Ademais, nosso grande Mestre, enquanto estava aqui na Terra, possuía *um modo de ensinar magistral*, e isso também é essencial, visto que não é todo homem que tem conhecimento vasto e uma mente inigualável que sabe ensinar os outros. É necessário aptidão para ensinar. Conhecemos algumas pessoas cujas afirmações não parecem se encontrar na boca de homens comuns. Se eles têm algo a dizer, falam em seu próprio jargão, que eles provavelmente entendem, bem como alguns poucos de seus discípulos, mas que é grego para a pessoa comum. Bendito é aquele professor que ensina o que ele mesmo entende de um modo que habilita outros a compreendê-lo. Gosto do estilo do velho Cobbett[70] quando ele disse: "Não falo somente de forma que os outros me entendam, mas de maneira que eles *não deixem de me entender*". E Cristo era um professor assim para Seus próprios discípulos. Quando eles se assentavam a Seus pés, Ele fazia a verdade ser tão clara quem quer que por ele caminhasse não erraria, "...nem mesmo o louco" (Is 35:8). Por meio de parábolas e expressões familiares que capturavam os ouvidos e conquistavam o coração, o Senhor trouxe verdades celestiais para a compreensão comum, caso o Espírito de Deus já houvesse

---

[70] William Cobbett (1763–1835), membro do parlamento inglês, jornalista e gramático, nascido na Inglaterra.

iluminado essa compreensão e a tivesse capacitado para receber a verdade. Além disso, Ele ensinava não apenas de modo simples, mas com amor. Revelou as coisas tão gentilmente a Seus discípulos que deve ter sido um prazer ser ignorante para que se fizesse necessário ser ensinado; e um prazer ainda maior por ainda ter de aprender — e aprender dessa forma. O modo como Ele ensinava era tão doce quanto a verdade que ensinava. Todos que vinham à escola de Cristo se sentiam à vontade, agradavam-se de seu Mestre e se sentiam confiantes de que, se tivessem que aprender em qualquer lugar, deveriam aprender aos Seus pés.

Em conexão com Seu ensino, o Mestre derramou certa medida do Espírito Santo — não a medida completa, pois essa estava reservada para quando Ele ascendesse ao Céu e o Espírito viesse e batizasse a Igreja. Todavia Jesus concedeu a cada um dos Seus uma medida do Espírito de Deus, pelos quais as verdades não eram ensinadas apenas aos ouvidos, como também ao coração deles. Ah, meus irmãos, não somos professores tais como Cristo, uma vez que, quando fazemos o nosso melhor, alcançamos somente os ouvidos. Não podemos conceder o Espírito Santo, mas o Senhor pode. E quando o Espírito vem de Cristo, nestes dias, e traz coisas dele para as revelar a nós, então vemos ainda mais o modo magistral de ensino de nosso Senhor e entendemos que Mestre Jesus é. Ele escreve Suas lições, não no quadro-negro, mas nas tábuas do nosso coração de carne. O Senhor nos concede livros, ou melhor, Ele mesmo é o Livro. Ele nos traz lições, sim, e Ele mesmo é a Lição. Cristo realiza diante de nós aquilo que deseja que façamos, a fim de que, quando o conhecermos, saibamos o que Ele tem a ensinar e, quando o imitarmos, estaremos seguindo os preceitos que Ele concede. A maneira de nosso Senhor incorporar a instrução dele em si mesmo é condizente com a realeza e não há quem possa rivalizá-lo. As crianças não aprendem muito mais pelo exemplo do que pelo preceito? E é assim que nosso Mestre nos ensina. "Jamais alguém falou como este homem" (Jo 7:46) é uma importante expressão cristã, mas ela poderia ser eclipsada por outra: "Jamais alguém *agiu* como este homem". As palavras e obras deste homem acompanham-se mutuamente, as obras incorporam e reforçam as palavras, dão-lhes vida e nos ajudam a compreendê-las. Ele é um profeta como Moisés, pois é poderoso em palavra e obras; sendo assim, Jesus é *o Mestre* dos profetas e professores. Aqui está uma mente magistral, uma experiência magistral e um modo magistral de ensinar: Ele é acertadamente chamado de Mestre.

Ademais, caros amigos, havia, muito além disso — se é que já não o incluí naquilo mencionado até aqui —, *uma influência magistral* que Jesus, como professor, tinha sobre aqueles que entravam em Seu alcance. Eles não apenas viam, mas sentiam; não apenas sabiam, mas amavam; não apenas apreciavam a lição, mas adoravam o Professor. Que mestre havia em Cristo cuja própria pessoa se tornou o poder pelo qual o pecado foi restringido e, finalmente, expulso, e cuja virtude foi implantada e a nova vida foi iniciada, nutrida e levada à perfeição! Ter alguém que lhe é muito querido para lhe ensinar a lição facilita o aprendizado. Nenhum filho aprende melhor do que de uma mãe qualificada para ensinar, que sabe como tornar a lição agradável ao cristalizá-la no açúcar de sua própria afeição. Assim, aprender é prazeroso como também é um dever.

Contudo, nenhuma mãe jamais conquistou o coração de um filho (e tem havido mães ternas e afetuosas também) tão plenamente quanto Jesus ganhou o coração de Maria, ou, devo dizer, como Ele ganhou o coração de vocês e o meu — isto é, se vocês puderem sentir do mesmo modo que meu coração se sente acerca do meu Senhor. Não precisamos de argumentações para que Cristo prove o que diz; Ele apenas é Ele mesmo em vez de arrazoamentos e argumentos. O amor dele é a lógica que comprova tudo para nós. Não debatemos com o Senhor; o que Ele fez por nós responde a cada pergunta que poderíamos levantar. Se Ele nos disser algo que não compreendemos, ainda assim cremos naquilo. Perguntamos se podemos entender e, se Ele nos disser que não, permanecemos onde estamos e cremos no mistério. Nós o amamos, de modo que ficaremos tão satisfeitos em *não* saber quanto *em* saber, se essa for à vontade dele. Cremos que o silêncio do Senhor é tão eloquente quanto o Seu discurso, e cremos que aquilo que Ele oculta é tão gentilmente planejado quanto aquilo que Ele revela. Porque nós o amamos, Ele exercita tal influência sobre nós que, imediatamente, valorizamos o Seu ensino e o recebemos. Quanto mais o conhecemos e quanto mais a Sua influência inexprimivelmente prazerosa domina a nossa natureza, mais completamente sujeitamos a nossa imaginação, pensamento, avaliação, tudo, a Ele.

Os homens podem nos chamar de tolos por causa disso, mas aprendemos aos pés de Jesus que a sabedoria do mundo não conheceu a Deus[71] e que, a menos que sejamos convertidos e nos tornemos como uma criancinha, de modo algum

---

[71] Conforme 1 Coríntios 1:21.

entraremos no reino dos Céus[72]. Portanto, não ficamos confundidos quando o mundo nos considera infantis e crédulos. O mundo está crescendo para se tornar mais adulto e mais tolo, e nós estamos crescendo para sermos mais como crianças e mais sábios. Reconhecemos que diminuir em nosso Senhor Jesus é o crescimento mais garantido e verdadeiro. E quando tivermos diminuído até o nada, e menos ainda, até que sejamos menos que nada, então cresceremos totalmente na escola de Jesus e conquistaremos um nível mais alto de aprendizado, conhecendo o amor de Cristo que transmite conhecimento.

Depois de ter provado que nosso amado Senhor tem, com justiça, direito a esse título, permitam-me acrescentar que Ele é, por ofício, o único Mestre da Igreja. Não há, na Igreja Cristã, autoridade para qualquer doutrina senão a Palavra de Cristo. O Livro inspirado que Ele deixou para nós, ordenando-nos a jamais desprezarmos uma letra ou acrescentarmos a ele uma sílaba, é nosso código imperial, nosso credo autorizado, nosso padrão de crença estabelecido. Ouço muitos falarem sobre "corpos de divindade", porém minha impressão pessoal é de que sempre houve apenas um Corpo divino e jamais haverá outro, e esse é Jesus Cristo em quem "...habita, corporalmente, toda a plenitude da Divindade" (Cl 2:9). Para a Igreja verdadeira, seu corpo de doutrinas é Cristo. Algumas igrejas se referem a outros padrões, mas não conhecemos qualquer padrão de teologia senão nosso Mestre. "E eu, quando for levantado da terra", diz Ele, "atrairei todos a mim mesmo" (Jo 12:32). Não nos sentimos atraídos a nenhum outro mestre. Jesus é o padrão — "a ele se congregarão os povos" (Gn 49:10 ARC).

---

[72] Conforme Mateus 18:3.

Não estamos entre aqueles que não irão tão longe quanto Martinho Lutero. Bendito seja Deus por Martinho Lutero! Que Deus nos livre de dizer uma palavra sequer em depreciação a ele. Mas fomos batizados em Martinho Lutero? Creio que não. Alguns nunca conseguem se mover um centímetro além de João Calvino, a quem eu reverencio antes de todos os homens mortais, porém João Calvino não é nosso mestre; ele não é senão um aluno avançado na escola de Cristo. Ele ensina e, desde que ensine como Cristo ensinou, tem autoridade. No entanto, naquilo que se afasta de Jesus, ele não merece ser seguido tanto quanto o próprio Voltaire. Pode haver irmãos cujo único referencial para tudo são as afirmações de João Wesley. "O que diria o senhor Wesley?" é uma questão de peso para eles. Consideramos pouco importante o que ele poderia dizer ou o que ele efetivamente falou para a orientação dos cristãos, agora tanto tempo depois de sua partida. Muito melhor é inquirir o que Jesus diz em Sua Palavra. Wesley foi um dos maiores homens que já viveu nesta Terra, mas ele não é mestre para nós. Não fomos batizados em nome de João Wesley, ou no de João Calvino, ou no de Martinho Lutero. "Um só é vosso Guia, o Cristo" (Mt 23:10). E agora o parlamento de nosso país está para estabelecer um juiz instruído para decidir o que está correto na chamada Igreja de Cristo, e ele deverá dizer: "Esta veste você pode usar, aquela, não. Até aqui pode ir o seu ritual, mas não além disso". Na pessoa desse juiz, a Câmara dos Comuns deve ser reconhecida como a criadora, dona e mestre da Igreja da Inglaterra, a quem ele dirá "faça isso", e ela fará, ou "contenha-se" e ela retrairá a sua mão. Ela deve se agachar, e se inclinar, e pegar seu alimento como qualquer cão pega da mão que o sustenta. Sua coleira, feita do bronze ou do couro que César ordenar, terá este lema: "daquele a quem vos ofereceis como servos para obediência, desse mesmo a quem obedeceis sois servos" (Rm 6:16). Ora, o pastor mais pobre na mais desprezada de nossas igrejas — cuja pobreza, acredita-se fazer dele um abjeto, e, no entanto, cuja pobreza é a sua glória, se ele a suporta por causa de Cristo — desdenharia ter qualquer ato espiritual de sua igreja submisso ao julgamento do Estado e preferiria morrer a que se lhe ditassem as questões de adoração divina. O que a Igreja tem a ver com o Estado? Nosso Mestre e Senhor fundou um reino que não possui outro Rei além dele mesmo. Não podemos nos dobrar, e não nos dobraremos, diante dos decretos do Parlamento, dos lordes e dos reis quanto às coisas espirituais. A Igreja de Cristo tem apenas um cabeça, que é Cristo, e as doutrinas que ela deve ensinar não podem ser testadas por um Tribunal dos Arcos[73], ou uma bancada de bispos, ou um sínodo de ministros, ou um presbitério ou uma conferência.

O Senhor Jesus Cristo nos ensinou muitas coisas; se o Seu ensinamento for contradito, a contradição é traição contra a Sua coroa. Embora toda a Igreja possa estar reunida, e aquela seja a verdadeira igreja, se ela contradisser os ensinos de Cristo, seus decretos não devem representar mais para um cristão do que o sibilo do vento sobre a vegetação da montanha, pois Cristo é o Mestre e ninguém mais além dele. Embora seja um apóstolo ou um anjo do Céu que pregue qualquer outra doutrina além daquela de nosso Senhor, que ele seja anátema[74]. Eu pediria a Deus que todo cristão se levantasse em favor disso. Então

---

[73] Tribunal eclesiástico da Igreja da Inglaterra (ou Anglicana) responsável pela região da Cantuária.

[74] Referência a Gálatas 1:8.

*Seitas, nome e partidos cairiam
E Jesus Cristo tudo em todos seria.*⁷⁵

Ele é o único Professor e o único Legislador. Uma igreja tem o direito de cumprir as leis de Cristo, mas não tem o direito de fazer leis. Os ministros de Cristo são ordenados a executar as regras de Cristo e, quando o fazem, aquilo que é ligado na Terra é ligado no Céu. Contudo, se eles têm agido sob quaisquer outras ordenanças além das registradas neste Livro, as leis deles são apenas dignas de desprezo. Sejam eles quem forem, não trazem em si um coração cristão. Será nossa glória sustentar o jugo que Cristo coloca sobre nós, mas será nossa glória pisarmos o jugo que os prelados nos forçam. "Se, pois, o Filho vos libertar, verdadeiramente sereis livres" (Jo 8:36). "Permanecei, pois, firmes e não vos submetais, de novo, a jugo de escravidão" (Gl 5:1).

"O Mestre". Essa é a designação que Cristo deveria receber por toda a Igreja, e Ele deveria ser considerado sempre, em todas as ocasiões e em referência a todos os assuntos espirituais, como a última corte de apelação cujas palavras inspiradas são

*O juiz que o conflito encerra
Quando a inteligência e a razão falham.*⁷⁶

Por isso esse título é tão apropriado.

---

⁷⁵ Tradução livre de versos do hino *Christ, from whom all blessings flow*, de Charles Wesley (1707–88).

⁷⁶ Tradução livre de versos do hino *Laden with guilt and full of fears*, de Isaac Watts (1674–1748).

2. Agora, em segundo, consideraremos o reconhecimento peculiar que Maria deu a Cristo como o Mestre.

Como ela conferiu tal reconhecimento? *Ela se tornou Sua aluna*: sentou-se reverentemente a Seus pés. Amados, se Cristo for nosso Mestre, que nós façamos o mesmo. Vamos tomar cada palavra de Jesus, pesá-la, lê-la, marcá-la, aprendê-la, alimentarmo-nos dela e digeri-la em nosso interior. Temo que não leiamos a nossa Bíblia como deveríamos, nem que atribuamos tanta importância quanto deveríamos a cada matiz das expressões que nosso Mestre usa. Eu gostaria de ver um quadro de Maria sentada aos pés de Jesus. Grandes artistas já pintaram a virgem Maria com tanta frequência que eles poderiam variar e esboçar esta Maria olhando para cima com um olhar profundo e fixo, absorvendo tudo o que é dito pelo Mestre e entesourando cada palavra dele. Às vezes surpresa por um novo pensamento e uma doutrina fresca e então aguardando curiosamente até que sua face irradie com alegria indizível à medida que uma nova luz flui para o seu coração. O seu discipulado atento provou o quão verdadeiramente Jesus era o Mestre dela.

Então, notem que Maria era discípula apenas de Cristo, *não era discípula de ninguém mais*. Não sei se Gamaliel estava em voga naquela época, mas ela não se assentou aos pés dele. Ouso dizer que havia um tal rabi Ben Simão, ou outros doutores famosos daquele período, porém Maria jamais passou uma hora com ele, pois cada momento que ela pudesse reservar era alegremente passado aos pés de um rabi muito mais benquisto. Pergunto-me se ela era um pouco surda, e por isso assentou-se perto do professor por receio de perder uma palavra! Talvez ela temesse ser lenta de coração e, desse modo, ela se aproximou tanto do pregador quanto aqueles que têm uma leve perda auditiva. De qualquer forma, o lugar preferido dela era aos pés do Senhor. Isso nos demonstra que, uma vez que sempre somos lentos para ouvir em nossa alma, é bom chegarmos bem próximo de Jesus quando o ouvimos e comungar com Ele enquanto escutamos. Maria não o trocou por qualquer outra pessoa só para variar. Não, o Mestre, o seu Mestre, seu único Mestre era o Nazareno, a quem os outros desprezavam, mas a quem ela chamava de Senhor.

Ela era *uma estudante intencional*: "Maria, pois, escolheu a boa parte" (Lc 10:42), disse Jesus. Ninguém lhe ordenou que se sentasse aos pés de Jesus. O Senhor a atraiu, e ela não pôde evitar aproximar-se porque amava estar ali. Era uma ouvinte deliberada e encantada. Nunca ficava mais feliz do que quando obtinha a sua escolha, e essa era sempre aprender dele. As crianças aprendem bem na escola se elas quiserem aprender. Se forem obrigadas a ir, aprenderão, porém menos, comparativamente. Entretanto, quando desejam ir e quando amam o professor, o aprendizado delas é rápido. E feliz é o professor que tem uma turma que o escolheu para lhes ensinar. Maria podia chamar Jesus de "o Mestre" porque rendia somente a Ele sua atenção, sua amorosa e alegre atenção. E, percebam que, ao escolher Cristo por Mestre, *ela manteve-se perseverantemente com Ele*. Sua escolha não lhe foi tirada, e Maria não abriu mão dela. Marta parecia muito zangada naquele dia. Como poderia supervisionar a carne assada e a cozida ao mesmo tempo? Como se podia esperar que preparasse a mesa e vigiasse o fogo na cozinha também? Por que Maria não vinha? E franziu o rosto, não tenho dúvida, mas não demonstrou isso. Maria ainda permanecia sentada aos pés do Mestre. Talvez ela nem tenha notado a expressão facial de Marta. Penso que não tenha percebido porque os santos não notam outros semblantes quando a beleza de Cristo é contemplada. Há algo nele que os arrebata. O Senhor os leva todos a si mesmo e os carrega em seguida, atraindo não apenas todos os homens, mas tudo dos homens a si mesmo quando os atrai. Assim, ela assentou-se quieta e ouviu. As crianças que se apegam a seus livros aprenderão; elas não estudam apenas de vez em quando, mas estão sempre aprendendo. Desse modo, Maria reconheceu a maestria do Senhor Jesus Cristo ao lhe oferecer aquela atenção perseverante que tal Mestre-Professor tem o direito de reivindicar.

Ela foi a Cristo humildemente, visto que, da mesma forma como assentou-se perto dele para ter proximidade, também se assentou enquanto estava no profundo da humilhação de espírito. Sentiu que sua maior honra era estar assentada no lugar mais baixo, pois sua mente era humilde. Aqueles que pensam menos acerca de si mesmos aprenderão mais de Cristo. Quando um lugar aos pés dele nos parecer bom demais, ou, de qualquer maneira, estivermos mais do que contentes com essa posição, o discurso dele destilará como a chuva e gotejará como o orvalho, e nós seremos como as tenras plantas que sorvem em doce refrigério, e a nossa alma crescerá.

Abençoada foi você, Maria! E abençoado é cada um de vocês se puder chamar Cristo de seu Mestre e dar provas disso como ela o fez. Usufruirão a boa parte que não poderá lhes ser tirada.

3. Agora chego ao meu terceiro ponto, que é este: a doçura especial desse nome para nós.

Até agora mostrei por que esse título foi reconhecido como especial por Maria e agora eu gostaria de demonstrar que ele tem uma doçura especial para nós também. "O Mestre" ou "meu Mestre" ou "meu Professor".

Amo essa designação em minha própria alma, pois *é como um professor* que *Jesus Cristo é meu Salvador*. A melhor ilustração que posso lhes dar é aquela acerca daqueles pobres menininhos nas ruas, travessos sem pai ou mãe, ou que possuem pais que são piores do que se não os tivessem. A pobre criança está coberta de imundície e trapos, é bem conhecida pelos policiais e já conheceu o interior de muitas celas. Contudo um professor de uma escola caindo aos pedaços apegou-se a esse menino e o instruiu, e o pequeno agora está limpo, vestido e feliz. Esse pobre não sabe a doçura de poder dizer "meu pai" ou "minha mãe", ele não reconhece absolutamente nada nesses títulos. Talvez ele nunca os tivesse conhecido ou conheceu apenas um lado deles que o enoja. Todavia, com que entusiasmo ele pronuncia: "Meu professor!". Essas criancinhas dizem "meu professor" com tanta afeição quanto as outras falam de suas mães. Onde houve uma grande mudança moral efetivada pela influência de um professor, o termo "professor" tem grande doçura em si. Agora, ouçam a parábola do menino esfarrapado e seu professor. Eu era esse menino em trapos. Para falar a verdade, eu não me via como um maltrapilho, visto que eu era tolo o suficiente para achar que meus trapos eram finas vestimentas e que minha imundície era minha beleza. Eu não sabia o que eu era. Meu Professor me viu, Ele sabia quão condenável e esfarrapado eu estava e me ensinou a me enxergar e a crer que Ele poderia me limpar e me deixar mais alvo que a neve. Sim, Ele foi além e me lavou de fato, até que eu estivesse purificado diante do Senhor. Meu Professor me mostrou mil coisas e realizou inumeráveis boas obras em mim. Devo minha salvação totalmente a meu Professor, meu Mestre, meu Senhor. Não podem vocês dizer o mesmo?

Sei que podem se são verdadeiramente discípulos de Jesus. "Meu Professor" significa para vocês "meu Salvador", pois Ele os salvou ao lhes ensinar a respeito da enfermidade que os consumia e sobre o remédio para ela, ensinando-lhes como estavam errados e corrigindo-os por meio de Seus ensinamentos. A palavra mestre ou professor tem um significado prazeroso para nós, uma vez que é pelo ensino do Salvador que somos salvos.

Permitam-me falar-lhes o quanto eu, como pregador, amo a declaração "meu Mestre". Gosto de sentir que o que eu disse àquelas pessoas no domingo não me pertencia. Preguei sobre meu Mestre e preguei aquilo que Ele me disse. Alguns acham falhas na doutrina, porém não me preocupo com isso porque ela não era minha, mas pertencia a meu Mestre. Se eu fosse um empregado e fosse à porta da frente com uma mensagem e o cavalheiro para quem eu a levei não gostasse do que ouviu, eu diria: "Não se irrite comigo, senhor. Eu lhe entreguei a mensagem do meu mestre com o melhor de minha habilidade e não sou responsável por ela. É palavra do meu mestre, não minha". Quando não há alma alguma convertida, o trabalho é melancólico e o coração pesa, porém, é doce ir ao seu Mestre e contar-lhe isso. Quando almas se convertem e seu coração se alegra, é feliz e saudável dar toda a glória a seu

Mestre. Deve ser estranho ser um embaixador da corte inglesa em alguma terra distante onde não existe telégrafo e onde ele tem de agir sob sua própria responsabilidade. Esse embaixador deve achar que esse é um fardo sério. Mas, bendito seja Deus, há comunicação por telégrafo entre cada pregador e seu Mestre; ele não precisa fazer nada de si mesmo. Pode imitar os discípulos de João, que, quando pegaram o corpo mutilado do Batista, foram contar a Jesus. Isso é o que deve ser feito. Há dificuldades em todas as igrejas, problemas em todas as famílias e preocupações em todas as empresas, porém é bom ter o Mestre a quem podemos ir como servo, sentindo: "Ele tem a responsabilidade por toda a questão, não eu. Somente devo fazer o que Ele me ordena". Se alguma vez ultrapassamos os mandamentos do Senhor, a responsabilidade é nossa, e nossos problemas têm início. No entanto, se seguirmos nosso Senhor, não poderemos nos perder.

E não é esse um nome doce para ser mencionado quando vocês estão perturbados, caros amigos? Talvez alguns de vocês estejam assim agora. Seus medos são removidos quando vocês descobrem que Aquele que lhes enviou a dificuldade é o Professor que lhes ensina por meio dela — o Mestre tem o direito de usar qualquer meio de ensino que lhe agrade. Em nossas escolas, muita coisa é aprendida pelo quadro-negro, e na escola de Cristo muito é aprendido com a aflição. Vocês já ouviram esta história várias vezes, mas vou me aventurar a repeti-la: um jardineiro havia preservado com grande cuidado uma rosa muito especial. Certa manhã, quando foi ao jardim, ela não estava lá. Ele repreendeu seus colegas de trabalho e se sentiu muito triste até que alguém disse: "Vi nosso mestre atravessando o jardim nesta manhã, e eu creio que foi ele quem levou a rosa". "Ó, então", disse o jardineiro, "se o mestre a levou, eu fico feliz". Você perdeu um filho, ou esposa, ou amigo amado? Foi o Senhor que recolheu a sua flor. Ela pertencia a Ele. Você desejaria manter aquilo que Jesus deseja? Algumas vezes nos pedem para orarmos pela vida das pessoas boas, e acho que devemos fazê-lo, entretanto nem sempre tenho exercido a fé porque parece-me que Cristo está puxando de um lado, e eu, de outro. Eu digo: "Pai, permita-lhes permanecer aqui", e Jesus diz: "Pai, desejo que eles estejam onde eu estou", e assim, ninguém poderia puxar com muita força. Apenas sinta que Cristo os está atraindo para o outro lado da eternidade, e você desistirá imediatamente. Você dirá: "Que meu Mestre o tenha. O servo não pode se opor ao Mestre". É o Senhor, que Ele faça o que lhe parecer melhor. Fiquei emudecido em silêncio. Não abri minha boca porque Tu o fizeste.

Nosso próprio Mestre aprendeu a lição que Ele nos ensina. É muito impressionante a expressão: "Graças te dou, ó Pai, Senhor do céu e da terra, porque ocultaste estas coisas aos sábios e instruídos e as revelaste aos pequeninos. Sim, ó Pai, porque assim foi do teu agrado" (Lc 10:21). Agradou a Deus passar direto pelos sábios e prudentes, e, portanto, agradou a Cristo que assim o fosse. É bom que tenhamos nosso coração como o daquele pobre pastor de ovelhas a quem o cavalheiro disse:

—Desejo-lhe um bom dia!

—Eu nunca tive um dia ruim! — respondeu o pastor.

—Como assim, meu amigo?

—Os dias são como Deus escolhe que sejam. Assim sendo, todos são bons.

—Bem, mas alguns dias lhe agradam mais do que outros? — indagou o cavalheiro.

—Não, o que agrada a Deus agrada a mim. — respondeu o pastor.

—Bem, mas você não tem uma escolha? — perguntou o cavalheiro.

—Sim, tenho escolha e é esta: escolho o que Deus escolher por mim.

—Mas você não tem a escolha de se vai viver ou morrer?

—Não, pois, se eu estiver aqui, Cristo estará comigo. E, se eu estiver no Céu, estarei com Ele.

—Mas suponhamos que você tivesse de escolher.

—Eu pediria que Deus escolhesse por mim.

Ó, como é doce a simplicidade que deixa tudo com Deus! Esse é o chamado do Mestre Jesus à perfeição:

Feliz com todas as provisões do Senhor,
Afastado de todo mundo ao redor.[77]

Mais uma vez, caros amigos, é doce chamarmos Jesus de Mestre porque, ao fazer isso, assumimos uma posição de fácil alcance e, mesmo assim, mais prazerosa. Chamá-lo de Noivo — que honra é ser um parente tão próximo ao Filho de Deus! "Amigo" é um título familiar e honroso; no entanto, chamá-lo de Mestre é, muitas vezes, mais fácil e igualmente doce, pois o Seu ofício, se não ocupamos um lugar elevado demais, é puro deleite para nós. Se nosso coração estiver reto,

---

[77] Tradução livre de versos do hino *Lord, if thou thy grace impart*, de Charles Wesley (1707–88).

cumprir as ordens do Senhor é tudo o que podemos pedir. Embora sejamos filhos e não escravos e, assim, nosso serviço é de um tipo diferente daquele que era anteriormente, ainda assim servir é um prazer. O que será o Céu senão um serviço perpétuo? Aqui labutamos para entrar no descanso. Lá, eles entrarão no descanso enquanto trabalham; o descanso celestial é a perfeita obediência de espíritos completamente santificados. Você não deseja isso? Sentir que você é um dos servos do Senhor não será uma de suas maiores alegrias no Céu? Os glorificados são chamados de Seus servos no Céu. "Os seus servos o servirão, contemplarão a sua face, e na sua fronte está o nome dele" (Ap 22:3-4). Livra-nos do pecado e agora mesmo estaremos no Céu; a Terra seria Céu para nós.

Prezados irmãos em Cristo, desejo que vocês vão para casa com esta doce palavra em seus lábios: "meu Mestre, meu Mestre". Jamais ouvirão música melhor do que esta: "meu Mestre, meu Mestre". Vão e vivam como os servos devem viver. Cuidem de fazer do Senhor verdadeiramente seu Mestre, pois Ele diz: "Se eu sou pai, onde está a minha honra?" (Ml 1:6). Falem bem dele, uma vez que servos devem falar bem de um bom mestre, e nenhum servo jamais teve um Mestre mais amável do que este.

Todavia, há alguns de vocês que não podem falar assim. Eu gostaria que pudessem. Jesus não é seu Mestre. Quem o é, então? Você tem um mestre por aí, visto que "a quem vos ofereceis como servos para obediência, desse mesmo a quem obedeceis sois servos" (Rm 6:16). Se você obedece à cobiça da carne, seu mestre é a carne, e o pagamento será a corrupção, porque é a isso que a carne levará — corrupção e nada melhor. Ou o seu mestre é o diabo, e o pagamento será a morte. Fuja de tal mestre. Na maioria das vezes quando um servo deixa o seu mestre, ele tem o dever de anunciá-lo previamente, mas aqui está um caso no qual não se deve dar aviso prévio. Quando o filho pródigo fugiu de alimentar os porcos, ele jamais parou para avisar que estaria abandonando os suínos, mas começou a correr imediatamente. Recomendo que cada pecador fuja, pela graça de Deus, de seus pecados. Parar para anunciar isso é a ruína de muitos. Eles desejam ficar sóbrios, mas precisam tratar sua boa resolução com mais um ou dois copos. Pretendem pensar sobre as coisas sagradas, porém precisam ir ao teatro uma vez mais. De boa vontade servirão a Cristo, mas não hoje, amanhã. Se eu tivesse um mestre como o seu — de vocês que vivem em pecado —, eu me levantaria e partiria na mesma hora, pela graça de Deus, e diria: "Quero Cristo para meu Senhor". Olhem para seu mestre sombrio. Vejam seus olhos ardilosos! Não conseguem perceber que ele é um lisonjeador? Ele deseja arruiná-los. Destrui-los-á do mesmo modo que já destruiu a miríades. Esse olhar malicioso de pecado, essa face pintada, pondere sobre eles e abomine-os. Não sirvam a um mestre que, embora lhe ofereça belas promessas, trabalha para sua destruição! Levantem-se e vão embora, vocês escravos do pecado! Espírito Eterno, vem e quebra-lhes as cadeias! Doce estrela da liberdade, guia-os para o país da dos livres e permite-lhes encontrar em Jesus Cristo a sua libertação! Meu Mestre se alegra em receber fugitivos. Sua porta está aberta aos andarilhos e errantes, para a escória da Terra e para a escumalha de todas as coisas, para homens insatisfeitos consigo mesmos e a miseráveis sem alegria em sua vida, que estão prontos a deitar e morrer. "Este [Jesus] recebe pecadores..." (Lc 15:2). Ele é como Davi, que foi para a caverna de Adulão e todos os endividados e descontentes vieram a ele, e Davi se tornou capitão sobre eles[78]. Do mesmo modo que Rômulo e Remo[79] reuniram a primeira população da nova Roma ao abrigar escravos e ladrões fugitivos, a quem treinaram para que se tornassem cidadãos e os transformaram em soldados corajosos, meu Mestre lançou o fundamento da Nova Jerusalém e busca por cidadãos — sim, os mais nobres deles — lá onde o pecado e Satanás os mantêm cativos. E Ele nos ordena soar a trombeta de prata e dizer aos escravos do pecado que, se eles correrem para Jesus, Ele jamais os entregará a seu antigo mestre, mas os emancipará, fará deles cidadãos de Sua grande cidade, participantes de Seu galardão, compartes em Seus triunfos. Eles serão dele no dia em que Ele formar as Suas joias.

Recordo-me de pregar nessa linha certa vez, e um velho capitão do mar me disse, após o sermão, que servira sob a bandeira negra por 50 anos, que, pela graça de Deus, rasgaria aquele velho trapo e hastearia a cruz ensanguentada no mastro. Recomendei-lhe que não apenas trocasse sua bandeira, mas que cuidasse para que o navio fosse reparado. Contudo, ele sabiamente respondeu que reformá-lo seria inútil para um casco tão velho e encharcado e que seria melhor afundar o antigo navio e comprar um novo. Considero que esta é a melhor coisa a fazer: estar de fato morto para o pecado e feito vivo em Cristo Jesus, uma vez que, faça você o que quiser com a velha natureza náufraga, jamais a manterá boiando. O velho homem precisa ser crucificado com Cristo. Precisa estar

---

[78] Uma referência a 1 Samuel 22:1-2.

[79] Segunda a mitologia romana, eram irmãos gêmeos relacionados à fundação de Roma.

morto, sepultado e afundado a 50 mil braças de profundidade, para que nunca mais se ouça dele. No novo navio que Jesus inaugura no dia de nossa regeneração, com a bendita bandeira do sangue da expiação sobre nós, navegaremos para o Céu escoltados pela graça irresistível, dando a Deus a glória para sempre. Amém.

9

DUAS MARIAS: "EM FRENTE DA SEPULTURA" [80]

Achavam-se ali, sentadas em frente da sepultura, Maria Madalena e a outra Maria. —Mateus 27:61

Maria Madalena e a outra Maria foram as últimas a deixar a sepultura do Salvador. Elas haviam se unido a José e a Nicodemos na triste, mas amável, tarefa de colocar o corpo do Senhor no túmulo silencioso e, depois que os santos homens foram embora, as duas ainda ficaram perto do sepulcro. Sentadas talvez em algum banco no jardim ou em alguma rocha que se projetava, elas aguardavam em atitude de lamento. Haviam visto onde e como o corpo fora deixado e, assim, tinham feito o máximo que podiam, contudo, ainda estavam sentadas observando. O amor jamais pensa que

---

[80] Sermão nº 1404, ministrado no domingo de manhã, 24 de março de 1878, no *Metropolitan Tabernacle*, Newington.

fez o suficiente; ele é ávido por prestar serviço. Ambas dificilmente conseguiam desviar o olhar do local onde estava seu tesouro mais precioso, tampouco se afastar, a menos que fossem compelidas a fazê-lo, do seu Amado — a maior relíquia sagrada que tinham.

Maria, mãe de Jesus, fora levada pelo apóstolo João para a casa dele. Ela suportara um choque demasiadamente intenso para que conseguisse permanecer próxima ao túmulo, pois nela se cumpriram as palavras: "...uma espada traspassará a tua própria alma..." (Lc 2:35). Ela foi sábia em deixar para os outros aqueles sombrios ofícios que estavam muito além de suas forças. Semelhantemente, foi muito sábia, desde aquele momento até o fim de sua vida, em permanecer nas sombras, carregando com modéstia a honra que a tornou bendita entre as mulheres. A mãe dos filhos de Zebedeu, que também se demorara no túmulo, de igual forma fora para casa, uma vez que, como era a mãe de João, é muito provável que João morasse com ela e tivesse levado a mãe de Jesus para sua casa. Assim sendo, a mãe de João era necessária em casa para agir como uma anfitriã e ajudar o filho; desse modo, ela atenderia ao último desejo do moribundo Senhor quando Ele disse: "...Eis aí tua mãe..." (Jo 19:27), explicando o que queria dizer com um olhar. Tendo todos eles partido, as duas Marias foram as únicas vigias do sepulcro de Cristo enquanto o Sol se punha. Ainda lhes restava trabalho a fazer para Seu sepultamento, e foi isso que as chamou dali, porém ficaram tanto tempo quanto podiam — foram as últimas a partir e as primeiras a voltar.

Nesta manhã, vamos assumir a incomum posição de estar assentados "em frente da sepultura" com essas mulheres. Chamo-a de incomum, pois, do mesmo modo como ninguém mais permaneceu ali, exceto elas duas, poucos têm pregado sobre o sepultamento do nosso Redentor. Milhares de sermões já foram ministrados acerca de Sua morte e ressurreição, e muito me regozijo nisso, desejando apenas que houvesse mais milhares ainda. Contudo, o sepultamento do nosso Senhor merece consideração maior do que normalmente tem. Ele "...foi crucificado, morto e sepultado", diz o credo [apostólico] e, portanto, aqueles que escreveram essa síntese devem ter pensado que Seu sepultamento era uma verdade importante, e realmente é. Era a sequência natural e o selo de Sua morte, assim relacionava-se com o que aconteceu anteriormente; era a preparação adequada para a Sua ressurreição e, dessa forma, relacionava-se com aquilo que se seguiu. Venham, tomemos nosso assento com as santas mulheres "em frente da sepultura" e cantemos:

> Descansa, glorioso Filho de Deus; tudo está consumado
> E todos os Teus fardos suportados já foram;
> Atrás dessa pedra descansa até que traga o terceiro Sol
> A Tua eterna manhã.
> Em que paz nesta tumba repousas,
> Teu descanso, quão silencioso e profundo é!
> Sobre ti está firmado o amor do Pai.
> A Seu amado Ele o descanso dá.
> No travesseiro de Betel, Tua cabeça está,
> Na cela escavada na rocha onde estava José;
> Guardam bem o sono Teu,
> Teus vigias, os anjos de Javé.[81]

---

[81] Tradução livre do hino *Christ, my song*, de Horatius Bonar (1808–89).

1. Supondo que estejamos sentados no jardim com nosso olhar fixo sobre a grande pedra que cobria a entrada do sepulcro, antes de tudo, admiraremos que o Senhor tenha tido um túmulo.

Surpreendemo-nos em como a pedra poderia ocultar Aquele que é o esplendor da glória de Seu Pai, como a Vida de tudo poderia repousar entre os mortos, como Aquele que sustenta toda a criação em Sua poderosa mão direita poderia estar por uma hora sequer sepultado. Ao admirar essas coisas, calmamente refletiríamos, primeiramente, no testemunho de Sua tumba de que Ele estava realmente morto. Aquelas gentis mulheres não poderiam estar enganadas, os olhos delas eram muito sagazes para permitir que Ele fosse enterrado vivo, mesmo que alguém tivesse desejado que assim fosse. Temos muitas provas da morte verdadeira de nosso Senhor ligadas ao Seu sepultamento. Quando José de Arimateia foi a Pilatos e implorou que lhe entregassem o corpo do Senhor, o governador romano não o cederia até que tivesse se certificado de Sua morte. O centurião, um homem sob autoridade e que era meticuloso em tudo o que fazia, assegurou-se de que Jesus estava morto. O soldado que estava sob as ordens do centurião estabeleceu, por meio de um teste muito conclusivo, o fato de Sua morte estar acima de qualquer suspeita, uma vez que ele perfurou Seu lado com uma lança e dali jorrou sangue e água[82]. Pilatos, que não cederia o corpo de um condenado a menos que tivesse certeza de que a execução acontecera, confirmou a morte e ordenou que o corpo fosse entregue a

---

[82] Conforme João 19:34.

José. Tanto José de Arimateia quanto Nicodemos e todos os amigos que auxiliaram no sepultamento de Jesus estavam convencidos, sem qualquer dúvida, de que Ele estava morto. Manusearam a estrutura inanimada, envolveram-na em lençóis de linho e colocaram especiarias sobre todo o corpo sagrado que eles tanto amavam. Eles estavam certos de que seu Senhor, infelizmente, estava morto.

Até mesmo Seus inimigos estavam absolutamente convencidos de que o haviam matado. Jamais suspeitaram de que um fio de vida permanecera nele e que Ele poderia ser revivido, visto que seu rígido ódio não permitia que houvesse dúvida quanto a essa questão. Eles sabiam, para a satisfação de sua maldade desconfiada, que Jesus de Nazaré havia morrido. Até mesmo quando, em sua ansiedade, foram a Pilatos, não foi para que obtivessem provas mais cabais da morte, mas para prevenir que os discípulos roubassem o corpo do Senhor sem vida e propagassem que Ele ressuscitara dentre os mortos.

Sim, Jesus morreu, literal e verdadeiramente morreu, e Seu corpo, composto de carne e ossos, foi realmente colocado no túmulo de José. Não foi um espectro que foi crucificado, como alguns antigos hereges imaginavam. Não precisamos olhar para uma expiação espectral ou para um sacrifício visionário, embora alguns, em nosso próprio tempo, reduziriam a redenção a algo irreal e não substancial. Jesus era um homem real e verdadeiramente provou da aflição da morte. Assim sendo, o Senhor, de fato, jazia no sepulcro, tão imóvel quanto a rocha na qual este fora talhado, envolto em Seu lençol retorcido. Lembre-se, enquanto medita na morte de Jesus, de que virá o dia quando você e eu repousaremos entre os mortos como fez nosso Mestre, a menos que o segundo advento intervenha nisso. Em breve não haverá vida pulsante neste coração, nada a ser observado por estes olhos, nem voz nesta boca, tampouco a sensibilidade do som para estes ouvidos. Naturalmente começamos a partir disso, e é assim que deve ser. Seremos misturados ao pó sobre o qual pisamos e alimentaremos os vermes. Contudo, enquanto observamos o sepulcro de Jesus e nos asseguramos de que nosso grande Senhor e Mestre morreu, todos os pensamentos de temor se vão e não mais estremecemos: sentimos que podemos ir em segurança aonde Cristo já foi primeiro.

Assentados em frente da sepultura, após havermos ruminado sobre o surpreendente fato de que o Único que tem imortalidade foi contado entre os mortos, o próximo assunto que se sugere é *o testemunho do túmulo quanto à união de Jesus conosco*. Seu túmulo estava próximo à cidade, e não em algum solitário no cume de montanha onde os pés humanos não poderiam pisar. Seu sepulcro estava onde poderia ser visto; era um túmulo de família que, sem dúvida, José havia preparado para si mesmo e para seus familiares. Jesus foi colocado em um jazigo de família onde esperava-se que outro repousasse. Onde Moisés foi sepultado? "...ninguém sabe, até hoje, o lugar da sua sepultura" (Dt 34:6). Porém, o lugar onde Jesus foi enterrado era bem conhecido por Seus amigos. Ele não foi arrebatado em uma carruagem de fogo, nem se diz dele que Deus o tomou[83], mas foi colocado em uma tumba "como é de uso entre os judeus" (Jo 19:40). Cristo encontrou Seu sepulcro entre os homens a quem redimira.

---

[83] O autor refere-se aqui ao final da vida de Elias (2 Rs 2:11) e Enoque (Gn 5:24), arrebatados sem experimentar a morte.

Próximo ao local da crucificação, havia um jardim e ali eles o colocaram em um túmulo que fora feito para outros. Assim, a sepultura de nosso Senhor permanecia, como deveria ser, entre nossas casas e jardins e era um jazigo entre vários. Uma imagem se forma diante de mim. Vejo um cemitério, um local de repouso dos santos, onde cada um descansa em seu leito inferior. Eles não repousam sozinhos, mas como soldados dormindo ao redor do pavilhão de seu Capitão, onde Ele também passou a noite, embora Ele acordasse antes deles. A tumba de Jesus é o sepulcro central no terreno divino. Ela está vazia agora, porém Seus santos permanecem enterrados todos ao redor daquele túmulo na rocha, reunidos em fileiras ao redor do local do sepultamento de seu amado Redentor. Certamente é removido o antigo terror do sepulcro quando pensamos que Jesus dormiu em uma das câmaras do grande dormitório dos filhos dos homens.

Muito pode se dizer a respeito do túmulo no qual Jesus repousou. Era uma tumba nova onde jamais quaisquer restos mortais foram colocados anteriormente e assim, se Ele saísse dela, não haveria suspeita de que outro ressuscitara. Tampouco se poderia imaginar que Ele havia ressuscitado ao tocar os ossos de algum profeta antigo, como aconteceu com aquele que foi colocado no túmulo de Eliseu[84]. Do mesmo modo como Jesus nascera de uma mãe virgem, Ele foi sepultado em uma tumba virgem, onde nenhum homem fora colocado antes. Era um sepulcro encravado na rocha e, portanto, ninguém poderia cavá-lo durante a noite ou construir um túnel até ele no chão. Era um túmulo emprestado;

---

[84] Conforme 2 Reis 13:21.

Jesus era tão pobre que Seu jazigo se deveu à caridade. Porém aquele sepulcro foi oferecido espontaneamente por Jesus ser extremamente rico no amor do coração daqueles que Ele conquistara. Aquela sepultura foi devolvida a José, inexprimivelmente honrada por seu habitante temporário. Não sei se José a usou para qualquer um de sua família, mas não vejo razão por que ele não deveria fazê-lo. Certamente, nosso Senhor, quando empresta algo, sempre o devolve prontamente e ainda concede um bônus: Ele encheu o barco de Simão com peixes quando o usou como púlpito e santificou o túmulo rochoso onde foi alojado, deixando-o perfumado para o próximo que ali repousaria.

Exceto se alguma circunstância especial acontecer, nós também podemos esperar que o nosso corpo seja colocado num leito estreito abaixo da grama e descansará ali até a ressurreição. Tampouco temos que temer o túmulo, pois Jesus já esteve lá. Assentados em frente da sepultura do Senhor, sejamos corajosos e nos preparemos, como cavaleiros do santo sepulcro, para desafiar a morte. Por vezes, desejamos que a noite se revele para que possamos repousar com Deus na câmara onde "o Senhor concede o sono àqueles a quem ele ama" (Sl 127:2 nvi).

Agora vejam que o túmulo de nosso Senhor estava em um jardim, o que é tipicamente *o testemunho do Seu sepulcro quanto à esperança de coisas melhores*. Um pouco além dos muros do jardim se via uma colina de nome e caráter sombrio, o *Tyburn*[85] de Jerusalém, o Gólgota, o lugar da caveira, e lá estava a cruz. Aquele terreno elevado cedera lugar ao horror e

---

[85] Antigo local de execução de criminosos sentenciados à morte em Londres.

à aridez. Todavia, ao redor da tumba de nosso Salvador cresciam ervas, plantas e flores. Um jardim espiritual ainda floresce ao redor de Seu sepulcro; o deserto e os lugares solitários são alegres para Ele, e o ermo se alegra e desabrocha como a rosa. O Senhor fez outro paraíso para nós onde Ele mesmo é a sua mais bela flor. O primeiro Adão pecou em um jardim e prejudicou a nossa natureza. O segundo Adão repousou em um jardim e restaurou o que perdemos. O Salvador sepultado na Terra removeu a maldição do solo; dali por diante, bendito é o solo por causa dele. Jesus morreu por nós, para que, em nosso coração e nossa vida, possamos ser jardins frutíferos do nosso Senhor. Que a tumba dele e todos os fatos que a cercam tenham a devida influência sobre a mente dos homens, e essa pobre Terra deteriorada trará novamente o seu fruto: "Em lugar do espinheiro, crescerá o cipreste, e em lugar da sarça crescerá a murta; e será isto glória para o Senhor..." (Is 55:13).

Assentados em frente da sepultura de Jesus, o melhor de todos os pensamentos talvez seja o de que ela agora está vazia e *assim traz testemunho para a nossa ressurreição*. O túmulo deve ter feito as duas Marias chorarem quando, antes de saírem dali, viram-no contendo o tesouro tão amado, sem dúvida alguma, morto. Quando retornaram, devem ter se regozijado ao encontrá-lo vazio, porém ainda desconheciam a mensagem do anjo: "Ele não está aqui, mas ressuscitou..." (Lc 24:6). Nosso Cristo não está morto; Ele vive para sempre para interceder por nós. Não poderia ser detido pelo golpe da morte. Não havia sequer uma coisa corruptível nele, portanto, Seu corpo deixou a morada da decomposição para viver em novidade de vida. O túmulo foi vencido, o Vencedor foi elevado à glória, e "...levou cativo o cativeiro..." (Ef 4:8). À medida que vocês se assentam em frente ao sepulcro, que seu coração seja consolado em relação à morte cujo aguilhão foi para sempre removido. Haverá uma ressurreição. Tenham certeza disso, "porque, se os mortos não ressuscitam, também Cristo não ressuscitou" (1Co 15:16). Contudo, o Senhor na verdade ressuscitou, e Sua ressurreição requer que todos os que estão nele ressuscitem como Ele ressurgiu.

Um outro pensamento me ocorre: posso seguir a Cristo tão plenamente quanto essas duas mulheres? Quero dizer, continuaria eu apegado a Ele embora, para o sentido e para a razão, a Sua causa parecesse morta e colocada em um sepulcro rochoso? Posso, como José e Madalena, ser um discípulo do Cristo morto? Eu o seguiria até o ponto mais baixo? Eu gostaria de aplicar isso na prática. Alguns tempos vêm sobre a Igreja Cristã nos quais parece que a verdade está lançada ao chão nas ruas, e o reino de Cristo está em aparente perigo. Agora mesmo o Senhor Jesus está sendo traído por muitos de Seus ministros professos. Ele está sendo crucificado novamente nos perpétuos ataques do ceticismo contra o bendito evangelho, e pode ser que as coisas fiquem cada vez piores. Esta não é a primeira ocasião em que isso acontece, pois, por várias vezes na história da Igreja do Senhor, Seus inimigos exultaram e proclamaram que o evangelho anunciado por séculos ruiu, devendo ser reconhecido como morto e enterrado. Eu, de minha parte, desejo assentar-me diante do próprio sepulcro da verdade. Sou discípulo da antiga doutrina tanto quando ela está coberta de descrédito e censura como quando ela exibir seu poder novamente, como por certo ela exibirá. Os céticos podem parecer que tomam a verdade, amarram-na, açoitam-na, crucificam-na e dizem que ela está morta, e podem se esforçar para sepultá-la em vergonha. Porém, o Senhor tem Seus José e Nicodemos que se assegurarão de que haja honra até ao corpo da verdade e envolverão o desprezado credo em doces especiarias, escondendo a dita verdade em seu coração. Pode ser que eles temam que ela esteja parcialmente morta, como afirmam os sábios, mesmo assim ela é preciosa à sua alma, e eles se apresentarão de bom grado para apoiar a sua causa, confessando que são seus discípulos. Assentar-nos-emos em pesar, mas não em desespero, e vigiaremos até que a pedra seja rolada, e Cristo e Sua verdade vivam outra vez, sendo abertamente triunfantes. Veremos a interposição divina e cessaremos de temer, ao passo que aqueles que se armaram para impedir a ressurreição da grandiosa antiga doutrina tremerão e se tornarão como mortos visto que o evangelho da vida eterna foi vindicado e eles serão levados a retroceder diante do fulgor de sua glória.

Esta foi então a nossa primeira reflexão: admiramos que Jesus tenha tido um túmulo e sentamo-nos em assombro diante dele.

2. *Agora, em segundo, assentados ali,* alegramo-nos nas honras de Seu sepultamento.

O sepultamento de Cristo foi, sob alguns aspectos, o degrau mais baixo de Sua humilhação: Ele devia não meramente morrer por um momento, mas ser enterrado, por um pouco de tempo, no coração da terra. Por outro lado, sob outros aspectos, o sepultamento de nosso Senhor foi o primeiro degrau para a Sua glória: foi um ponto de virada em Sua grande carreira, como esperamos demonstrar-lhes. O corpo de nosso Senhor foi cedido por Pilatos a José, e este foi com autoridade para o receber dos responsáveis por descê-lo da cruz. Ontem tive um vislumbre de uma obra de arte de um de nossos vizinhos em Lambeth, exibido pelo Sr. Doulton. É um belo trabalho em terracota representando a retirada de Cristo da cruz. Eu gostaria de tê-lo estudado mais detidamente, porém um mero vislumbre já me encantou. O artista representou um soldado romano no alto da cruz retirando o pergaminho sobre o qual a acusação fora escrita; ele enrolava-o para o lançar fora para sempre. Pensei sobre aquela remoção do manuscrito que era contra Ele, mesmo que Ele tivesse afastado aquilo que pesava contra nós. O soldado romano, por sua autoridade, é assim representado como removendo a acusação que estivera pregada acima da bendita cabeça; não há acusação contra Ele: Cristo morreu e a Lei foi cumprida, ela não pode mais incriminar o homem que suportou a sua penalidade. Ela não poderia mais acusar o homem que suportara a sua penalidade. Outro soldado é representado com um par de tenazes retirando um dos grandes pregos de Suas mãos. O corpo sagrado estava agora livre, a Lei não possuía mais reivindicações sobre ele e removia seus cravos. Um discípulo, não um soldado, subia uma escada do outro lado e, como um par de tesouras, cortava a coroa de espinhos. Creio que o artista fez bem em o representar fazendo aquilo, pois, dali por diante, é nosso prazer remover toda a vergonha do nome de Jesus e coroá-lo de outra forma. O pintor, então, representou alguns de Seus discípulos segurando gentilmente Seu corpo à medida que era liberado pelos soldados, enquanto José de Arimateia estava lá com seu grande lençol de linho para o receber. Jarros de mirra e especiarias preciosas estavam mais ao lado, e as mulheres prontas para abrir suas tampas e colocá-las sobre o corpo santo. Cada parte da obra é significativa e instrutiva, e o artista merece elogios por isto: ela trouxe à minha mente a retirada da cruz com maior vivacidade do que qualquer outra pintura que eu tenha visto. Os pregos foram todos extraídos, Ele não mais estava preso à cruz, o corpo foi baixado, não mais para ser cuspido, desprezado e rejeitado, mas para ser carinhosamente tratado por Seus amigos, uma vez que tudo o que se relacionava à ignomínia, ao sofrimento e ao pagamento da penalidade estava terminado para sempre.

O que foi feito da cruz de madeira? Você não encontra mais menção a ela nas Escrituras. As lendas relacionadas ao assunto são todas falsas. A cruz sumiu para sempre. Sua armação, seus pregos e a coroa de espinhos não podem ser encontrados. Não há mais utilidade neles. Jesus, nosso Senhor, foi para a Sua glória, visto que, por Seu sacrifício, de uma vez por todas, Ele assegurou a salvação dos Seus.

Agora, com relação ao sepultamento do Senhor. Amado, houve muitas circunstâncias honráveis acerca dele. Seu primeiro efeito foi *o desenvolvimento das mentes tímidas*. José de Arimateia ocupava uma alta posição como um conselheiro honrado, mas ele era um discípulo secreto. Semelhantemente, Nicodemos era um líder dos judeus e, embora tivesse trocado algumas palavras com o Mestre aqui e ali, como provavelmente o fizera José (pois nos é dito que ele não concordara no desígnio e na ação dos demais membros do Sinédrio)[86], ainda assim ele não assumira ser discípulo até esse momento. Outrora, Nicodemos viera a Jesus numa noite, mas agora

---

[86] Conforme Lucas 23:51.

vinha de dia. No pior estado da causa do Salvador, poderíamos pensar que esses dois homens permaneceriam recônditos, porém eles não o fizeram. Agora que o caso parecia desesperador, eles demonstravam sua fé em Jesus e reuniram coragem para honrar a seu Senhor. Cordeiros se tornam leões quando o Cordeiro é morto. José se dirigiu ousadamente até Pilatos e implorou pelo corpo de Jesus. Arriscou sua posição e até sua vida por um Cristo morto, visto que pedia pelo corpo de alguém reputado como traidor. Ele poderia ser condenado à morte por Pilatos; ou talvez, os membros do Sinédrio poderiam se enfurecer contra ele e fazer um juramento de que o matariam por prestar honrarias ao Nazareno, a quem eles chamavam de "enganador". José poderia arriscar tudo por Jesus, mesmo que soubesse que Ele estava morto.

Igualmente corajoso é Nicodemos, uma vez que ele estava ao pé da cruz publicamente com seus muitos quilos de especiarias, sem se importar com quem pudesse reportar essa obra. Espero com alegria, queridos irmãos, que um dos resultados dos ferozes ataques feitos contra o evangelho neste tempo seja que um grande número de espíritos, naturalmente silenciosos e reservados, sejam despertos para agir com vigor e coragem. Tais obras do mal podem levar até as próprias pedras a clamarem, ao passo que alguns, que falaram bem em dias passados e normalmente têm batalhado, podem ficar abatidos e quietos. Aqueles que se mantiveram na retaguarda e seguiam a Jesus apenas em secreto serão trazidos para a vanguarda, e veremos homens com posses e posição confessando o seu Senhor. José e Nicodemos ilustram a terrível verdade de que é difícil possuir riquezas e entrar no reino de Deus, mas também nos mostram que, quando eles entram, frequentemente se sobressaem. Se chegaram por último, permanecerão até o último minuto. Se foram covardes quando os outros foram heroicos, eles também podem ser heróis até mesmo quando os apóstolos se acovardam. Cada pessoa tem a sua vez, e, assim, enquanto os apóstolos pescadores estão se escondendo, os irmãos ricos e evasivos vêm para frente. Embora tenham crescido em meio ao luxo, suportam o impacto da tempestade e confessam a causa cujo líder jaz morto. Intrépido é o coração que se levanta por Jesus em Seu sepultamento. Assentados "em frente da sepultura", extraímos consolo à vista de amigos que honraram o Senhor em Sua morte.

Gosto de lembrar que o enterro do Senhor *exibiu a união de corações que amam*. A tumba se tornou o local de reunião de antigos e novos discípulos, daqueles que há muito acompanhavam o Mestre e daqueles que recentemente o haviam confessado. Maria Madalena e a outra Maria estiveram com o Senhor por anos e cuidaram dele com suas posses. Contudo, José de Arimateia, tanto quanto diz respeito à sua confissão pública, era, bem como Nicodemos, um novo discípulo. Seguidores antigos e recentes unidos em ações de amor e colocaram seu Mestre no túmulo. Um pesar e um amor comum nos unem maravilhosamente. Quando a causa de nosso grande Mestre está sob uma nuvem e Seu nome é blasfemado, é aprazível ver jovens batalhando contra o inimigo e cooperando com seus pais na acirrada luta. Maria Madalena, com seu amor penitente, e Maria, com seu profundo apego ao seu Senhor, se uniram a um rabino e um conselheiro, que agora começavam a provar que amavam intensamente o Homem de Nazaré. Aquele pequeno grupo, aquela pequena equipe de trabalho que se reuniu em torno do corpo do Mestre era um tipo de toda a Igreja Cristã. Quando despertos, os que creem se esquecem de todas as diferenças e níveis da condição espiritual, e cada um deles fica ansioso por cumprir a sua parte para honrar seu Senhor.

Notem também que a morte do Salvador *gerou abundante liberalidade*. Os 45 quilos de especiarias e o linho fino foram fornecidos pelos homens. Depois, as santas mulheres prepararam as especiarias líquidas com as quais fariam o que chamavam de Seu grande funeral, quando envolveriam, de modo mais completo, o corpo em especiarias aromáticas, como era costume dos judeus ao sepultar alguém. Havia muita honra intencional por tudo o que eles trouxeram. Um escritor muito contemplativo observa que os panos nos quais nosso Senhor foi envolvido não são chamados de mortalhas, mas "tecido de linho", e que a ênfase parece ser colocada sobre ser de linho. Ele nos lembra que, quando lemos acerca das vestes dos sacerdotes no Livro da Lei, descobrimos que cada peça deveria ser de linho. Portanto, o sacerdócio de nosso Senhor é sugerido pelo uso exclusivo do linho em Suas vestes mortuárias. O Apóstolo e o Sumo Sacerdote de nossa fé repousava em puro linho branco em Seu túmulo, do mesmo modo como, ainda hoje, Ele se apresenta para Seus servos, com uma vestimenta que vai até Seus pés[87]. Mesmo após a morte, Jesus agiu como um sacerdote e derramou uma libação de sangue e água. Assim, seria adequado que em Seu sepulcro Ele continuasse a vestir as roupas sacerdotais.

"Designaram-lhe a sepultura com os perversos" — ali estava Sua ignomínia, "mas com o rico esteve na sua morte"

---

[87] Conforme Apocalipse 1:13.

(Is 53:9) — e aqui a Sua honra. Cristo foi morto por rudes soldados, porém, colocado em Seu túmulo por mulheres compassivas. Pessoas de categoria honrável ajudaram a gentilmente receber e reverentemente colocar em sua posição o amado e sagrado corpo do Senhor. E, então, como se fosse para honrá-lo, embora não fosse essa a intenção, o Seu sepulcro não pôde ser deixado sem sentinelas, e César emprestou seus guardas para vigiar o leito do Príncipe da paz. Ele cochila como um rei, até que, como o Rei dos reis, Ele se levante ao alvorecer.

É muito agradável à minha mente ver toda essa honra vindo ao nosso Senhor quando Ele estava em Sua pior condição — morto e sepultado. Nós não honraremos o nosso Senhor quando outros o desprezam? Não nos apegaremos a Ele, venha o que vier? Se toda a Igreja do Senhor fosse extirpada, se todas as vozes fossem do inimigo, se uma grande pedra de raciocínio filosofal fosse rolada como uma porta à verdade e não fosse mais possível que algum argumento a removesse, ainda assim aguardaríamos até que o evangelho se levantasse novamente para confundir seus adversários. Não temeremos, pelo contrário, manteremos nossa posição. Ficaremos de pé e veremos a salvação vinda de Deus. Ou, assentados "em frente da sepultura", vigiaremos pela volta do Senhor. Que venha o pior, preferimos servir a Cristo enquanto Ele é dado como morto do que a todos os filósofos que já viveram nessa Terra quando estavam em seu auge. Até mesmo se os tolos dançarem sobre o túmulo do cristianismo, restará, pelo menos, uns poucos que prantearão sobre ele e, e suas lágrimas de seus olhos, esperarão vê-lo reviver e exibir sua antiga força.

3. Vejamos o terceiro ponto. Enquanto estamos sentados em frente da sepultura, observamos que os inimigos de Jesus estão irrequietos.

Eles conseguiram o que queriam, mas não estavam contentes. Haviam apreendido o Salvador e, com mãos perversas, crucificaram Jesus, matando-o, porém não estavam satisfeitos. Eram as pessoas mais inquietas do mundo, embora houvessem conquistado seu objetivo. Era o *Shabat* deles, e era um dia importante, o *Shabat* dos *Shabat*, o *Shabat* de Páscoa. Fizeram os preparativos para esse dia e foram muito cautelosos em não entrar no lugar chamado pretório[88], para que não se contaminassem — que criaturas bondosas! E agora não haviam eles alcançado tudo o que desejavam? Haviam matado Jesus e o sepultado, não estavam felizes? Não, e, além disso, a humilhação deles havia começado e estavam condenados a ter de desmentir sua confissão preferida. Que confissão era essa? Vangloriavam-se de que sua rígida guarda do *Shabat* era o seu ponto principal e constantemente acusavam nosso bendito Salvador de o quebrar por curar os enfermos e ainda por Seus discípulos, quando em um *Shabat*, esmagaram algumas espigas de trigo entre as mãos porque tinham fome. Irmãos, observem esses homens e riam de sua hipocrisia. É o *Shabat*, e eles vêm a Pilatos para formar um conselho no *Shabat* com um pagão! Dizem que temem que o corpo de Jesus será roubado, e Pilatos responde: "...Aí tendes uma escolta; ide e guardai o sepulcro como bem vos parecer" (Mt 27:65). Eles partem e selam a pedra no *Shabat*. Ó vocês, fariseus hipócritas,

---

[88] Conforme João 18:28.

aqui está uma terrível quebra do *Shabat* por vocês mesmos! De acordo com a supersticiosa tradição deles, esfregar as espigas de trigo entre as mãos era um tipo de debulha e, portanto, um descumprimento da Lei. Seguindo o mesmo raciocínio, o ato de acender uma vela a fim de derreter a cera era comparável a acender uma fornalha, e derreter a vela seria semelhante ao trabalho de fundição, como o do ferreiro que derrama o metal dentro de um molde. Era dessa forma ridícula que seus rabinos interpretavam os menores atos. Contudo, tiveram de selar a pedra e quebrar suas próprias leis absurdas para satisfazer sua maldade irrequieta. Dá prazer ver os fariseus ou os saduceus levados a reverter suas próprias confissões e, assim, evidenciar sua hipocrisia. Os pensadores modernos serão forçados, em breve, à mesma humilhação.

A seguir, eles tiveram que retirar sua acusação contra nosso Senhor. Haviam incriminado Jesus por ter dito: "...Destruí este santuário, e em três dias o reconstruirei" (Jo 2:19), alegando que Ele se referia ao Templo em Sião. Agora, vêm a Pilatos dizendo: "...aquele embusteiro, enquanto vivia, disse: Depois de três dias ressuscitarei" (Mt 27:63). Ó biltres, essa é a sua nova versão, não é mesmo? Vocês levaram o homem à morte por uma alegação diferente! Agora compreendem o dito sombrio? Sim, seus embusteiros, vocês o entenderam da primeira vez, mas agora terão de retirar o que disseram e engolir suas próprias palavras. Verdadeiramente, o Senhor zomba dos escarnecedores e lança desprezo sobre Seus inimigos.

Agora vejam como esses assassinos de Cristo traem seus próprios medos. O Senhor está morto, contudo, eles o temem! Ele está sem vida, mas eles não conseguem se livrar do pavor de que Ele ainda os derrote. Estão cheios de agitação e apreensão.

E isso não é tudo: eles se tornaram testemunhas de Deus, assinando os certificados da morte e ressurreição de Seu Ungido. Para que não houvesse qualquer dúvida quanto à ressurreição, precisava haver um selo, e *eles* deveriam ir colocá-lo; precisaria haver uma guarda, e *eles* deveriam garantir que ela fosse reunida. Os discípulos não precisavam se preocupar em se certificar de que Jesus estivesse no túmulo, pois aqueles judeus o fariam e colocariam seu grande selo como evidência. Esses orgulhosos são enviados a fazer o trabalho de escravos na cozinha de Cristo, a esperar por um Cristo morto e a proteger o corpo que eles haviam matado. A mentira que contaram depois coroou sua vergonha: subornaram os soldados para afirmar que os discípulos haviam roubado o corpo do Senhor enquanto eles dormiam. Isso evidentemente foi falsidade, visto que, se os soldados estivessem dormindo, como saberiam o que aconteceu? Não podemos imaginar um exemplo em que os homens foram levados a se contradizer e a condenar mais completamente a si mesmos. O *Shabat* era um dia importante, mas não o foi para eles; tampouco a modificação do evangelho será de alguma forma descanso para seus oponentes. Se, em algum momento, virmos o evangelho encurralado, a bendita causa de Cristo aprisionada por pregos racionalistas e seu próprio coração perfurado pela lança dos críticos, anotem o que estou dizendo: até mesmo na mais sombria noite que possa testar a nossa fé, os adversários do evangelho estarão em alerta para que ele não se levante novamente.

A antiga verdade tem o maravilhoso hábito de saltar, mais forte do que nunca, de cada queda. Nos dias do

Dr. Doddridge[89], os homens quase haviam enterrado o evangelho. O socianismo[90] era ensinado em muitos púlpitos dos Dissidentes, e o mesmo ocorria com a Igreja Anglicana: os pensadores liberais sonhavam que haviam conquistado a vitória e extinguido o ensino do evangelho. Mas seu brado foi precipitado. Eles diziam: "Não mais ouviremos dessa miserável justificação pela fé e da regeneração pelo Espírito Santo". Enterraram o evangelho em um túmulo encravado na fria rocha do unitarianismo e colocaram o selo de sua instrução sobre a grande pedra da dúvida que trancava o evangelho. Lá ele deveria permanecer para sempre, mas Deus desejava o contrário. Havia um menino servindo mesas na pousada da família em Gloucester, chamado George Whitefield, e havia um jovem estudante que, mais tarde, foi para Oxford, chamado John Wesley. Esses dois passaram pelo túmulo do evangelho e tiveram uma visão estranha, que eles começaram a relatar. À medida que a propagavam, a relva da incredulidade e as pedras do criticismo erudito começaram a se mover. A verdade que estivera sepultada começou a se levantar com o poder pentecostal. Ah, vocês adversários, como vocês se enganaram! Dentro de alguns meses, por toda a Inglaterra, a obra do diabo e seus ministros foi despedaçada, como quando a torre é partida por um raio, ou as densas trevas dissipadas pelo Sol nascente. O peso da ignorância ou da incredulidade fugiu diante do resplandecente dia do evangelho, embora esse evangelho fosse,

---

[89] Philip Doddridge (1702–51), importante pastor, professor e hinólogo inglês não-conformista.
[90] Doutrina que negava a Trindade, especialmente a divindade de Jesus.

em sua maioria, proclamado por homens iletrados. "O que foi é o que há de ser..." (Ec 1:9).

A história se repete. Ó geração de pensadores modernos, vocês terão de engolir suas próprias palavras e desaprovar suas próprias asseverações. Terão de se refutar entre si, como os moabitas e os elamitas que se mataram uns aos outros. Pode ser que até mesmo as suas infidelidades se transformem em mal prático, do qual vocês serão as vítimas. Podem trazer de volta uma repetição da Revolução Francesa de 1789, com mais do que apenas seu derramamento de sangue, e quem vai se espantar? Vocês, que a si mesmos se chamam de ministros de Deus, com suas insinuações de dúvida, suas negações da punição futura, seus insultos ao evangelho, seus engenhosos discursos contra a Bíblia, estão abalando os próprios fundamentos da sociedade. Eu os acuso como os piores inimigos da humanidade. Com efeito, vocês declaram aos homens que eles podem pecar como quiserem, pois não há inferno, ou, se houver, ele é pequeno. Desse modo, proclamam o evangelho da licenciosidade e, um dia, poderão lamentar o resultado disso. Pode ser que vivam para ver um reino de terror criado por vocês mesmos, mas, se o fizerem, o evangelho de Jesus emergirá dentre toda a imundície que amontoaram sobre ele, pois o santo evangelho viverá enquanto Cristo viver, e seus inimigos jamais cessarão de temer. Seus duros discursos contra aqueles que pregam o evangelho, sua amargura e escárnios de desprezo, todos eles revelam que vocês sabem mais do que declaram e têm medo do próprio Cristo a quem mataram. Aqueles que se ativerem ao glorioso evangelho permanecerão em paz, venha o que vier, mas não vocês.

4. Nosso último pensamento é que, enquanto esses inimigos de Cristo estavam temerosos e tremendo, notamos que Seus seguidores descansavam.

Era o sétimo dia e, portanto, eles cessaram o trabalho. As Marias aguardavam, e José e Nicodemos se refrearam de visitar o túmulo. Obedientemente observaram o descanso sabático. Não tenho certeza se eles tinham fé suficiente para se sentir felizes, mas, evidentemente, esperavam algo e, ansiosamente, aguardaram o terceiro dia. Tinham suficiente consolo da esperança para que se aquietassem no sétimo dia.

Amados, assentados "em frente da sepultura" enquanto Cristo lá está, meu primeiro pensamento acerca disso é: *eu descansarei, porque Ele descansa*. Que maravilhosa quietude havia em nosso Senhor naquele túmulo rochoso! Diariamente Ele era pressionado por milhares de pessoas. Até mesmo quando comia, eles o interrompiam. Jesus raramente conseguia ter um tempo de calmaria em Sua vida. No entanto, quão silencioso está em Seu leito! Nem um som pode ser ouvido. A grande pedra impede todos os barulhos, e o corpo repousa em paz. Bem, se Ele descansa, eu também devo fazê-lo. Se, por um tempo, o Senhor parece suspender Seu vigor, os Seus servos podem suplicar-lhe, mas não se desesperar. Ele sabe melhor quando é hora de dormir e a hora de despertar.

Enquanto vejo Cristo repousando na sepultura, meu pensamento seguinte é: *Ele tem o poder de voltar novamente*. Alguns meses atrás, eu tentei mostrar-lhes que, quando os discípulos ficaram aflitos porque Jesus dormia, eles estavam errados, uma vez que o sono dele era a evidência da segurança deles. Quando vejo o capitão de um navio subindo e descendo o deck rapidamente, posso temer que haja suspeita de perigo. Porém, quando o capitão vai para sua cabine, posso então estar certo de que está tudo bem e de que não há motivo para que eu não vá para a minha também. Assim, se nosso bendito Senhor alguma vez decidir suportar que Sua causa seja abatida, e se Ele não fornecer maravilhosas manifestações de Sua força, não precisamos duvidar de Seu poder. Vamos guardar nosso *Shabat*, orar a Ele e trabalhar para Ele porque esses são os deveres do sagrado dia de descanso. Mas não nos desesperemos nem nos preocupemos, pois o Seu tempo de agir chegará.

O descanso dos cristãos está em crer em Cristo sob quaisquer circunstâncias. Prossiga nisso, amado. Creia nele na manjedoura, quando Sua causa é jovem e fraca. Creia nele nas ruas, quando o populacho o aplaude, pois Ele merece as mais efusivas aclamações. Creia nele quando o levam para borda do penhasco para o lançarem abaixo, Ele é tão digno quanto quando proclamam "Hosana!". Creia em Cristo quando Ele está em agonia e quando está na cruz. Se alguma vez lhe parecer que a Sua causa morrerá, ainda assim creia nele. O evangelho de Cristo merece, em qualquer circunstância, a sua total confiança. Esse evangelho salvou sua alma, esse evangelho que receberam, e que foi selado em seu coração pelo Espírito Santo, permanece firme, venha o que vier, e, por meio da fé, a paz e a quietude se impregnarão em sua alma.

Mais uma vez, será bom se pudermos obter a paz por manter a comunhão com nosso Senhor em Seu sepultamento. Morrer com Ele, e ser com Ele sepultados; não há nada como isso! Desejo para a minha alma, enquanto ela viver no Senhor, que, com relação ao mundo e toda a sua sabedoria, eu possa ser um homem morto. Quando acusado de não ter poder em meu pensamento e falta de originalidade no ensino, contento-me em suportar a acusação, pois minha alma deseja estar morta para tudo, exceto para aquilo que foi revelado e ensinado pelo Senhor Jesus. Eu repousaria no túmulo rochoso da verdade eterna, sem idealizar propósitos, mas me entregando aos desígnios de Deus. Todavia, irmãos, se, em algum momento, devemos nos deitar nessa tumba, precisaremos estar envolvidos no linho fino da santidade; essas são as mortalhas do homem que está morto para o pecado. Por todo o nosso ser, deve haver especiarias, mirra e aloés da graça preservadora, para que, estando mortos com Cristo, não vejamos corrupção, mas possamos mostrar que a morte é apenas outra forma da nova vida que recebemos nele. Quando o mundo passar, que ele saiba acerca do desejo e da ambição de nosso coração, que estamos todos sepultados com Cristo e que esteja escrito no memorial de nosso jazigo espiritual: "Aqui Ele repousa". E, em se tratando do pecado, dos prazeres e da autossatisfação deste mundo, que se leia: "Aqui ele jaz, sepultado com seu Mestre".

Vocês que não são convertidos, saibam que o caminho para a salvação é por meio do crer em Cristo ou confiar nele. E, se crerem, jamais serão confundidos, até o fim do mundo, uma vez que aquele que confia em Cristo e crê nele como uma criancinha entrará em Seu reino. Aquele que o seguir, mesmo que seja até a sepultura, estará com Ele em Sua glória e verá Seus triunfos eternamente. Amém.

10

MARIA MADALENA: UM LENÇO PARA OS QUE CHORAM [91]

Mulher, por que choras?
A quem procuras? —João 20:15

No jardim do Éden, logo após a Queda, a sentença de sofrimento, e sofrimento multiplicado, caiu sobre a mulher. No jardim onde Cristo fora sepultado, depois de Sua ressurreição, as boas-novas de consolo — consolo abundante e divino — veio a uma mulher por intermédio da Semente prometida da mulher, o Senhor Jesus Cristo. Se a sentença deveria cair pesadamente sobre a mulher, da mesma forma deveria o consolo vir com mais doçura sobre ela. Não afirmarei que a ressurreição reverteu a maldição da Queda, mas, até certo ponto, ela lhe retirou o aguilhão, suspendeu-a e a santificou. Havia

---

[91] Sermão nº 2956, ministrado na noite de domingo, 13 de junho de 1875, no *Metropolitan Tabernacle*, Newington. Publicado na quinta, 5 de outubro de 1905.

razão suficiente para que a mulher pranteasse após a sentença ter sido pronunciada sobre ela; todavia, não há razão para que ela chore agora que Jesus Cristo cumpriu a promessa que veio no encalço da desobediência humana, a saber, a Semente da mulher esmagaria a cabeça da serpente[92].

Observem o método sábio seguido pelo Consolador divino. A fim de consolar Maria Madalena, nosso Senhor lhe propôs uma pergunta. Normalmente perguntar por que as pessoas estão chorando é o modo mais sábio de aliviar a mente que está sobrecarregada pelo sofrimento, para que elas encontrem o fim natural de sua tristeza. "Por que estás abatida, ó minha alma? Por que te perturbas dentro de mim?" (Sl 43:5). A alma começa a questionar sobre o motivo de seu pesar e, muitas vezes, descobre que ele é insuficiente para justificar uma tristeza tão profunda. Talvez ainda perceba que a fonte de sua aflição foi mal compreendida e que, se tivesse sido entendida corretamente, teria, na realidade, sido uma fonte de alegria. Aquele que deseja ser sábio ao tratar com as filhas do sofrimento precisa deixá-las contar a sua própria história; e, quase sem você pronunciar uma frase sequer, a própria história delas será abençoada por Deus para lhes trazer alívio para seu pesar.

Ademais, é sempre prudente que, antes de tentarmos consolar alguém, conheçamos qual é a forma peculiar e o modo que a aflição se apresenta. O médico que, sem investigação, procedesse em aplicar um remédio a seu paciente, poderia estar ministrando o medicamento errado para a enfermidade. Ele precisa fazer o diagnóstico da doença, verificar de onde ela veio, quais são os seus sintomas e como ela age. Só depois

---
[92] Conforme Gênesis 3:15.

o médico adequaria seu remédio ao caso. Assente-se com sua tristeza, meu amigo, e permita-nos ouvir o que o aflige. O que o leva a chorar? O que faz sua alma padecer? Possivelmente, aqueles que sofrem lhes direcionarão, eles mesmos, ao remédio correto para seus males, e, assim, vocês serão capazes de falar uma palavra oportuna e "...a palavra, a seu tempo, quão boa é!" (Pv 15:23). No momento, você está como um homem tateando no escuro e será como alguém que joga "...vinagre sobre feridas" se ele entoar "canções junto ao coração aflito" (Pv 25:20). Assim, tornará ainda pior aquilo que esperava melhorar, a menos que descubra a causa das lágrimas de quem se lamenta.

Meu único objetivo, neste momento, é levar essa pergunta de nosso Senhor a Maria, aplicando-a a todos os que estão sofrendo aqui. E, embora eu vá me ater ao texto e repetir a questão: "Mulher, por que choras?", espero que outras tristezas, além daquelas das mulheres, encontrem consolo nas palavras que o Espírito Santo me ensinará a falar. Primeiramente perguntarei: *é uma tristeza natural?* E, em segundo, *é uma tristeza espiritual?*

1. Inicialmente perguntaremos acerca daquilo que é comum a todos nós, sem exceção: é uma tristeza natural?

Essa é uma tristeza que brota de nossa natureza humana e é comum a todos nascidos de mulher a quem o sofrimento vem como uma porção de nossa herança?

Bem, caro amigo, qual é a causa do seu pesar? O que o aflige? *É por causa do luto?* Perdeu alguém que lhe era muito querido? Então, sua tristeza não é incomum e seu choro não é imperdoável, pois Jesus chorou enquanto estava diante do túmulo de Seu amigo Lázaro. Porém, não permita que seu pranto vá além dos limites devidos. Até certo ponto, suas lágrimas são justas, mas podem se tornar em erros se você for adiante. Há choro de arrependimento ou de um espírito lacerado, para o qual Deus olha com piedade. Contudo, pode vir um pranto de rebeldia sobre o qual até mesmo seu Pai do Céu pode sentir que deve olhar com ira. "Por que choras?" Amado, você examinará seu coração e verificará se a causa de seu pesar é daquele tipo que se justifica totalmente, ou se já o levou longe demais? Você perdeu um filho — um filho amado; mas, minha irmã, você não perdeu seu filho na realidade. Você chama de perda aquilo que está guardado com Cristo? Chama de perdido aquele bebê que está entre os anjos? Se seu filho fosse levado para ser um príncipe em um palácio, você não diria que o perdeu. Tendo em vista que ele foi levado para estar com Jesus, não diga que ele está perdido. Você é a mãe de alguém que pode contemplar a face de Deus, e, assim, o Senhor lhe diz: "Reprime a tua voz de choro e as lágrimas de teus olhos; [...] pois os teus filhos voltarão da terra do inimigo" (Jr 31:16).

Perdeu o seu marido? Esse é um golpe duro, e você bem pode chorar. Porém, ainda assim, quem o tomou de você? Não foi Aquele que o emprestou a você? Bendiga o Senhor por vocês terem tido todos esses anos de conforto e alegria e repita com Jó: "...o Senhor o deu e o Senhor o tomou; bendito seja o nome do Senhor!" (Jó 1:21). A perda de seu marido abriu um grande vácuo em sua vida, contudo o Senhor o preencherá. Você o conhece? Então, Ele será um Marido para você e um Pai para seus filhos órfãos de pai. Ele disse: "Deixa os teus órfãos, e eu os guardarei em vida; e as tuas viúvas confiem em mim" (Jr 49:11). Você é viúva, então confie em Deus. Se for uma viúva sem fé em Deus, então, a sua tristeza é realmente grande. Entretanto, se a tristeza de uma viúva a conduzir a confiar em Cristo como seu Salvador, se ela conseguir erguer o olhar e, em seu profundo sofrimento, confiar-se ao grande Ajudador dos desamparados, ela descobrirá que sua perda foi ganho.

"Mulher, por que choras?" Independentemente de qual parente ou amigo tenha sido perdido, seu Deus será mais para você do que o seu amado jamais poderia ser. O Amado, o Senhor Jesus Cristo, é melhor para nós do que qualquer amigo terreno; e quando eles são levados de nós, Ele preenche mais do que o espaço que o outro ocupava, de modo que, se temos menos do amor humano, temos mais do divino e, assim, ganhamos ao invés de perder. Almejem pela ressurreição, e sejam consolados. Lembrem-se de que o verme não consumirá a beleza para sempre, tampouco o precioso templo do corpo foi cedido ao arbítrio eterno. Se eles dormiram em Cristo, tão certo como estão sepultados, ressuscitarão em beleza, à imagem do Senhor Jesus. Portanto, não nos entristeçamos como aqueles que não têm esperança. Enxuguem suas lágrimas, ou, se elas devem rolar, sorriam entre elas em doce resignação à vontade divina e se acalmem.

"Por que choras?" Há outra razão para a sua tristeza? *Você chora porque é muito pobre?* Há alguns, que não conhecem o sofrimento da pobreza, que talvez os culpem. Todavia eu sei que há alguns de vocês que têm a árdua tarefa de encontrar um sustento — uma tarefa da qual até um escravo se compadeceria. Nesta grande cidade, quantos labutam até se exaurirem quase a esqueletos e, ainda assim, dificilmente encontram comida suficiente para manter juntos o corpo e a alma! Há alguns dos mais especiais filhos e filhas do Senhor que parecem ser os mais inferiores na escala de posses deste mundo, e a porção deles, desde a manhã até a noite, é de labuta incessante. Se não fosse por esses doces *Shabats*, viver na Terra lhes seria uma escravidão completa. No entanto, não chore, minha pobre irmã; não chore, meu pobre irmão. Há Alguém que foi mais pobre do que vocês e Ele carregará seus fardos em seu lugar. Jesus Cristo era mais pobre do que a pobreza porque Ele, antes, era deveras excessivamente rico, e ninguém é mais pobre do que aqueles que desceram da riqueza para a pobreza. Vocês sabem que, embora Ele fosse rico, por amor a nós, tornou-se pobre, para que nós, por meio de Sua pobreza, possamos nos tornar ricos nele. Pobres lamuriosos, lembrem-se da promessa feita àquele que anda em justiça e fala o que é reto: "...o seu pão lhe será dado, as suas águas serão certas" (Is 33:16). Recordem-se também do que o Senhor Jesus disse a Seus discípulos: "...Considerai como crescem os lírios do campo: eles não trabalham, nem fiam. Eu, contudo, vos afirmo que nem Salomão, em toda a sua glória, se vestiu como qualquer deles. Ora, se Deus veste assim a erva do campo, que hoje existe e amanhã é lançada no forno, quanto mais a vós outros, homens de pequena fé?" (Mt 6:28-30). "Observai as aves do céu: não semeiam, não colhem, nem ajuntam em celeiros; contudo, vosso Pai celeste as sustenta" (v.26). Do mesmo modo, não os alimentará também Ele? Enxuguem suas lágrimas, inclinem suas costas ao fardo que o Senhor colocou sobre vocês e "...Contentai-vos com as coisas que tendes; porque ele tem dito: De maneira alguma te deixarei, nunca jamais te abandonarei" (Hb 13:5).

"Mulher, por que choras?". Suponhamos que nenhuma dessas causas seja responsável por seu sofrimento. *Você tem algum amado enfermo em casa?* Sim, e pode muito bem chorar se a doença for prolongada, se ela roubar a beleza da face e o brilho dos olhos e se custar inúmeras dores e angústias compreendidas apenas por aqueles que as sofrem e aqueles que vigiam, hora após hora, ao lado do sofredor. Posso entender seu pranto, mas, mesmo assim, amado, sua causa está nas mãos de Cristo, e você pode deixar seus queridos em segurança nas mãos dele. Ele jamais enviou uma provação a qualquer filho, a menos que tenha sido tão necessário que retê-la teria sido crueldade. Aceitem-na como uma prova do amor do Senhor. Além disso, lembrem-se de que Ele pode recuperar os seus amados se Ele julgar que seria sábio fazê-lo, ou pode sustê-los em sua enfermidade, caso veja que não é bom dar-lhes a recuperação. O Senhor pode conceder-lhes uma jubilosa partida deste mundo e uma copiosa entrada em Seu reino eterno. Assim sendo, não chorem demais, mas digam: "...É o Senhor; faça o que bem lhe aprouver" (1Sm 3:18).

No entanto, é possível que o pranto venha porque *nós temos a enfermidade em nosso próprio corpo*. Enquanto estamos assentados ou de pé aqui, alguns de nós pouco sabem o tanto de sofrimento que pode estar sendo sentido pela pessoa que está ao nosso lado. Muitas vezes me pergunto como alguns de meus amados ouvintes sequer conseguem vir até aqui. E, mesmo assim, aqui estão eles, embora cheios de dores. Eles encontram um doce esquecimento, pelo menos por pouco tempo, enquanto a Palavra está sendo pregada. Eles não conseguem se abster do prazer de se misturar ao povo de Deus, mesmo que isso lhes custe agudas agonias. Porém, insisto até mesmo com tais sofredores que enxuguem suas lágrimas. Pode ser que a temida enfermidade que os consome esteja, gradualmente, exaurindo a vida, mas, minha irmã, não é ruim desfalecer para ir ao Céu e, gentilmente, passar desta vida para outro dia mais fulgurante. Talvez você esteja sofrendo de alguma doença dolorosa que é conhecida como fatal. Bem, essa é outra forma de trazer o mensageiro do Rei para levá-lo rapidamente para casa. Se você não tiver Cristo, pode chorar com propriedade, caso tenha recebido sua ferida mortal, pois após a morte vem o juízo. Essa enfermidade é um mensageiro enviado para lhe ordenar que se prepare para se encontrar com seu Deus. Suponha que você seja abatido hoje mesmo, Deus lhe deu um alerta oportuno. Aceite-o, peço-lhe, e, em vez de chorar por sua enfermidade, que o Espírito Santo o capacite a chorar por seu pecado e a confiar em Cristo como seu Salvador. Assim, tudo estará bem. Se cremos em Jesus, não precisamos prantear, mesmo que o temível arqueiro possa ter alojado a flecha fatal bem próximo ao nosso coração. Por que motivo devemos chorar?

Quando um cristão recebe uma intimação de que ele em breve deve estar com seu Salvador na glória, podemos parabenizá-lo porque logo estará isento da luta e do pecado e usará a coroa da vitória e da glória eternamente. Então, não precisamos chorar por isso.

Quem sabe eu esteja me dirigindo a alguém que diz: "Minha tristeza não se relaciona com o luto, ou à doença pessoal, ou a de outros, tampouco com a pobreza. Às vezes acho que eu suportaria qualquer uma dessas provações ou todas elas. Mas fui vítima de um amigo traidor: *confiei e fui enganado*. Dei o melhor das afeições de meu coração e fui traído". Você também não está sozinho nessa provação, caro amigo. Houve Alguém, muito melhor do que você, cuja face recebeu um beijo cálido dos lábios do traidor, de modo que "Jesus, porém, lhe disse: Judas, com um beijo trais o Filho do Homem?" (Lc 22:48). Muitos já tiveram os chamados amigos que, na hora da provação, foram mais cruéis do que os inimigos declarados. São como o sagaz caçador que estende sua rede tão cautelosamente que pode pegar até pássaros pequenos. Bem, se seu caso é como o dos pássaros, voe em direção a Jesus, confie nele porque Ele jamais o enganará. Se Jesus preencher essa vaga em seu coração, esse terá sido um abençoado espaço vago. Um coração partido é melhor curado pelo toque da mão transpassada de Jesus. Afaste-se desse traidor, Ana, mulher atribulada de espírito[93], vá para o "...Homem de dores e que sabe o que é padecer..." (Is 53:3) e você encontrará bálsamo para o seu espírito.

Não posso ir adiante nessas tristezas naturais. Elas são muitas, e o rio do pesar é muito profundo e agitado. Contudo, seja qual for a sua dor, tenho um conselho a dar a todos que choram: encontrem o Consolador divino e, independentemente de qual seja o seu sofrimento, ele será aliviado.

2. *Agora chego à nossa principal pergunta:* é uma tristeza espiritual?

Se sim, é tristeza pelos outros ou por nós mesmos?

---

[93] Referência a 1 Samuel 1:15.

Começarei pela forma mais nobre. "Mulher, por que choras?". *Você chora por outros?* Há alguns que você ama e por quem tem frequentemente orado que permanecem no fel da amargura e nas cadeias da iniquidade? Esse é um objeto adequado para o pranto. Não chore por aqueles que se foram para estar "...para sempre com o Senhor" (1Ts 4:17), pois está tudo bem com eles. Porém, chore por aqueles que vivem em pecado — pelo jovem, em sua luxúria desenfreada, que tem desonrado o nome de seu pai; pela filha que, em sua obstinação, se desviou para os caminhos da transgressão. Pranteiem pelo coração que não se quebrantará, pelos olhos que não chorarão. Pranteiem pelos pecadores que não confessarão seus pecados, mas estão resolutamente procurando sua própria condenação. Ah, meus caros amigos, quando chorarem assim, estarão pranteando como seu Salvador quando chorou sobre Jerusalém, e Deus guardará suas lágrimas em um odre[94]. Sejam consolados, pois essas suas lágrimas serão predições do bem às almas por quem você tem compaixão. Tão certo quanto você geme, suspira e chora sobre esses amados, estará fazendo o que pode para lhes trazer a bênção, e eu acho que isso é um sinal de que a bênção de Deus está a caminho para eles. Vocês lembram de que, em certa ocasião, foi declarado que "...o poder do Senhor estava com ele [Jesus] para curar" (Lc 5:17). Por que tal poder estaria mais presente naquela época do que em qualquer outro tempo? Não é porque havia quatro homens abrindo o telhado para baixar um enfermo para a sala onde Cristo estava? Onde quer que haja uma verdadeira preocupação pelas almas, embora possa ser

---

[94] Referência a Salmo 56:8.

apenas quatro pessoas, há um poder nesse ministério que é de tipo incomum. Prossiga, então, e chore, mas não sem esperança, não com a amargura do desespero. O Senhor verá as suas lágrimas, ouvirá as suas orações e lhe concederá a sua petição, mesmo que você possa não viver para ver isso. Pode ser que, quando você estiver no Céu, seu filho, seu marido, sua irmã, por quem você chora, será levado a Cristo.

Entretanto, é possível que a tristeza por outros se relacione à igreja à qual esse pranteador está ligado. Frequentemente encontro com irmãos e irmãs vindo de cidades do interior que me dizem: "O que devemos fazer? O local de adoração onde frequentamos poderia bem ser demolido, uma vez que não há vida, energia e nenhum poder lá". Ó, é realmente um trabalho lamentável quando esse é o caso! Muitas cidadezinhas e vilarejos ficariam bem melhor se o local de reunião e a igreja da paróquia também fossem terminantemente descontinuados pois, então, eles perceberiam que não têm qualquer meio religioso e, talvez, seriam induzidos a procurá-los. Mas agora há um formalismo mortal em ambos os lugares. Não há nada pior do que a lentidão nos pastores e nos membros da igreja. De que vale uma igreja morta? Não serve para nada. O fato é que, quanto melhor a igreja, mais rapidamente ela se deteriora quando ela morre. O homem que é muito forte é o pior de ser mantido em casa uma vez que esteja morto; a igreja que parece estar mais guarnecida com a verdade divina é a mais detestável a todos quando a vida se vai dela. Bem, meus caros amigos, se vocês estão entristecidos quanto à baixa condição da igreja à qual pertencem e quanto ao estado da religião, em geral, na região em que vivem, eu não interromperia suas lágrimas, mas tentaria consolá-los e aconselhá-los a levar o caso a seu Senhor. Ele é o Cabeça da Igreja, então levem esse fardo para Ele. Não fiquem tentando encontrar falhas, não busquem semear dissenção e insatisfação, senão estarão fazendo o mal ao invés do bem. Porém, lancem a questão diante de seu Senhor e Mestre e não lhe deem descanso até que Ele, novamente, manifeste o Seu poder e ressuscite a Sua Igreja para a vida.

Agora eu preciso deixar esse ponto; mas penso que é grandioso entristecer-se e chorar por outros. Devemos fazer de regra para a nossa vida carregar o pesar de outras pessoas. Caso os pecadores não se arrependam, não podemos nos arrepender por eles; se eles não vierem a crer, não podemos crer por eles. A verdadeira religião nunca pode ser uma questão de fiança, mas há algo que podemos fazer pelos pecadores. Podemos dizer ao Senhor: "Ó Senhor, esses pecadores não sentirão por si próprios os seus pecados, mas nós sentimos, e isso nos aflige e fere até o fundo de nosso coração! Ó, Senhor, Tu não lhes darás o arrependimento? Não farás com que esses pecadores creiam em ti? Confessamos a iniquidade deles diante do Senhor, pois conhecemos a culpa do coração deles por te rejeitarem. Choramos e lamentamos por eles não te admirarem em Tua beleza e não sujeitarem o coração deles a ti. Contudo, amado Salvador, conquista o coração deles em resposta à nossa oração. Eles estão longe de ti por obras perversas que praticam. Traze-os para perto por Teu precioso sangue". É isso que quero dizer; e, se vocês puderem fazer isso, apropriando-se, por assim dizer, dos pecados e tristezas da humanidade para si próprios, vocês estarão demonstrando empatia com eles da melhor forma possível. Mulher, se é assim que você chora por outros, bendita é você entre as mulheres.

Mas, agora, "por que choras?". *É por você mesmo?* Essas tristezas espirituais são de sua responsabilidade? Você é um aflito filho de Deus? Reconhece-se como cristão e ainda assim pranteia? Então, qual é a causa do seu pesar? Sente falta da presença do Senhor? Se sim, não há razão suficiente para chorar, mas por que você chora? Ele está presente agora mesmo; você não o tem visto, mas Ele o vê e o observa neste exato momento. Caro pranteador, não diga: "Estou sem comunhão com Cristo e temo que não possa voltar, por meses, àquela bendita experiência". Ouça este texto: "Eis que estou à porta e bato; se alguém ouvir a minha voz e abrir a porta" — tão somente isso —, "entrarei em sua casa e cearei com ele, e ele, comigo" (Ap 3:20). Essas palavras foram escritas ao anjo da igreja de Laodiceia, os mornos membros de Laodiceia, e também são escritas para você, minha irmã, e para você, meu irmão, se você amornou. Deseje que Cristo venha a você e, antes que possa se dar conta, a sua alma fará você semelhante às carruagens de Aminadabe[95]. Não imaginem que a restauração à comunhão com Cristo precise ocupar um tempo maior do que a conversão, e a conversão costuma ser efetuada instantaneamente. Assim, você pode ser erguido das profundezas do desânimo até às alturas da comunhão sagrada com seu Senhor antes do encerramento deste culto. Tenha bom ânimo e permita que a sua alegria seja renovada agora mesmo.

No entanto, talvez você diga: "Eu choro porque entristeci meu Senhor". Essas são lágrimas abençoadoras, embora a ofensa que as causou seja pesarosa. Faríamos bem se nos

---

[95] Conforme Cântico dos Cânticos 6:12. A expressão que foi traduzida como "do meu nobre povo" em hebraico é "Ammi-nadib", que pode se referir a Aminadabe (Nm 2:3), ou a uma expressão que significava carros velozes.

entristecêssemos sempre que Cristo fosse entristecido por nós. Porém, alma lamentosa, embora Ele esteja triste com você de forma justa, lembre-se da graciosa declaração: "Não repreende perpetuamente, nem conserva para sempre a sua ira" (Sl 103:9) e desta promessa consoladora: "Por breve momento te deixei, mas com grandes misericórdias torno a acolher-te; num ímpeto de indignação, escondi de ti a minha face por um momento; mas com misericórdia eterna me compadeço de ti, diz o Senhor, o teu Redentor" (Is 54:7-8). Apenas confesse que você transgrediu contra o Senhor, o seu Redentor, e poderá voltar para Ele de uma vez. Veja: agora mesmo Ele vem para o encontrar e traz consigo a bacia e a toalha, para que possa lavar seus pés sujos, e você ficará todo limpo e andará com os pés limpos em renovada comunhão com seu Senhor.

Possivelmente, alguns de vocês dirão que sua tristeza é por não serem tão santos quanto gostariam. Ah! Essa é uma tristeza que eu compartilho com vocês, pois posso dizer como o apóstolo Paulo: "...ao querer fazer o bem, encontro a lei de que o mal reside em mim" (Rm 7:21). E, apesar de eu ouvir de alguns de vocês que não acham que haja mal em si, suspeito que a razão para isso é que eles não se conhecem como realmente são, ou por pensarem, pelo menos algumas vezes, que é assim com eles. Se pudesse, eu não teria um único pensamento, palavra, obra, imaginação ou desejo pecaminosos; e vocês desejariam o mesmo, e, porque não podem ser assim no presente, vocês choram. É bom que tais lágrimas caiam, mas não permitam que elas ofusquem sua visão de Cristo. Não permitam que esses anseios os impeçam de saber que são perfeitos e completos em Cristo Jesus. Não permitam que suas lutas os refreiem de crer que Cristo venceu o pecado por sua causa e que Ele ainda vencerá o pecado em você. Não permitam que nada tire de vocês a plena convicção de que o pecado será totalmente destruído em seu ser e que Cristo os levará à presença de Seu Pai "...sem mácula, nem ruga, nem coisa semelhante..." (Ef 5:27) "...para apresentar-vos perante ele santos, inculpáveis e irrepreensíveis" (Cl 1:22).

Talvez a sua tristeza seja por poder fazer tão pouco por Cristo. Ah, aqui também eu concordo com vocês. Mas não se aflijam por isso. Aqueles de nós que têm as maiores oportunidades são, com frequência, os que mais lamentam que possamos nos aproveitar tão pouco delas. Todavia, conheço algumas irmãs piedosas que estão confinadas à sua casa com o cuidado de uma família tão numerosa, ou pior ainda, estão confinadas à sua cama, em dor constante, e um de seus maiores pesares é por só poderem fazer pouco por Cristo. Porém, irmão, irmã, vocês conhecem a regra de Davi e do Senhor de Davi? Aqueles que guardam os pertences terão a mesma porção que aqueles que vão para a batalha[96]. Vocês são como os vigias que são mantidos na retaguarda para proteger as bagagens, mas, quando o Rei voltar com todas as tropas ativas que se envolveram na batalha, vocês compartilharão a vitória com eles. Vocês que estão em casa cuidando do acampamento preservam muitas coisas que poderiam ser esquecidas se todos estivéssemos em serviço ativo. Sintam-se consolados, portanto, se forem chamados para sofrer ou para estar em obscuridade, pois serão igualados ao homem ou mulher que são chamados para trabalhar mais proeminentemente. Façam o que puderem. Não conheço ninguém a quem o próprio

---

[96] Referência a 1 Samuel 30:22-24.

Cristo tenha elogiado mais do que aquela mulher de quem Ele disse: "Ela fez o que pôde..." (Mc 14:8). Ouso dizer que ela desejava fazer muito mais, mas fez o que podia; e se vocês fizeram o que podiam, está tudo bem.

"Ah!", diz outro, "Mas eu estou consciente de muitos pontos fracos. O que eu faço é muito malfeito. Até mesmo na oração, nem sempre prevaleço; minhas petições muitas vezes parecem voltar a mim sem resposta". Bem, caro amigo, não se lamente totalmente de sua fraqueza, pois houve alguém que disse que, quando ele era fraco, então estava forte[97]. Se você tem muitas enfermidades que o tornam fraco, há uma maneira de gloriar-se nelas porque o poder de Cristo está sobre você. Suponha que você não seja somente fraco, mas que seja a própria fraqueza — que não seja nada nem ninguém. Quando chegar a esse ponto, o motivo de seu pranto terá desaparecido, pois, quando chega ao fim de si mesmo, lá é onde Deus começa. E quando se cansa de si mesmo, então Cristo lhe será tudo e você levantará a sua voz em louvor Àquele que fez tão grandes coisas por você.

Muitas coisas estranhas acontecem a cristãos recém-convertidos entre o tempo de sua conversão e sua entrada no Céu. Sua programação de vida raramente é cumprida. O mapa que traçaram para a rota não está de acordo com a geografia do lugar. Eles avaliam que, assim que crerem em Jesus, entrarão em doce paz e descanso, o que é provavelmente correto; mas também supõem que essa paz e descanso sempre continuarão e deverão crescer, que eles irão para o Céu cantando por todo o caminho, por vias aprazíveis e caminhos de paz, e que a luz

---

[97] O apóstolo Paulo, conforme 2 Coríntios 12:10.

sobre seu caminho será cada vez mais brilhante até que se torne dia perfeito. Sentem-se tão felizes e cantam tão docemente que imaginam que com eles será sempre como foram os primeiros momentos de sua experiência cristã. São pessoas que, pela primeira vez em sua vida, chegaram à plena luz do dia depois de haver vivido em minas profundas ou enclausurados no sombrio calabouço. Se lhes perguntam que estação do ano é, dizem que é primavera e que as flores começaram a desabrochar, mas que ainda há mais por vir. Ouvem os pássaros cantando, porém lhes afirmavam que há dias ainda mais claros chegando, que outubro é um mês mais bonito do que setembro e que novembro é ainda mais esplendoroso. E que depois virão os tempos da colheita, quando a foice será lançada entre os grãos dourados.

Tudo isso é animador, então esse novato planeja sair amanhã pela relva verde ou nos jardins para admirar os brotos florescendo e recolher para si muitas encantadoras guirlandas de flores. Contudo, talvez, quando ele acordar pela manhã, os céus estarão escuros com nuvens e uma torrente de chuva esteja caindo. "Ó", diz ele, "eu nunca considerei isso". Então, talvez em novembro, venha um alarido no firmamento como ele jamais havia pensado, com chamas, fogo, intensos trovões vindos do céu e chuvas torrenciais misturadas com ruidosos granizos. "Ó!", diz ele, "Eu jamais havia calculado isso. Pensei que os meses ficariam cada dia mais claros e que, por fim, haveria uma ceifa dourada". Bem, digam-lhe que essas chuvas e tempestades todas conduzirão ao resultado que nós lhe prometemos, e que eles não são, de modo algum, contrários à nossa afirmação. Estávamos apenas lhe dando um breve esboço da história do ano e que essas coisas não são contrárias ao que esboçamos, e ele também não precisa temer porque o mês da colheita virá a seu tempo. É verdade, cristãos neófitos, que vocês terão luz sobre sua estrada e que ela aumentará mais e mais em fulgor até que seja dia perfeito[98]. É verdade que os caminhos da sabedoria "...são caminhos deliciosos, e todas as suas veredas, paz" (Pv 3:17). Sua elevada concepção da alegria a ser encontrada em Cristo não é exagerada. Por mais deleite que você possa prever — e você terá tudo isso e ainda mais, tanto quanto puder suportar —, virão tempos intermitentes, tempos estranhos para você, nos quais a sua alegria parecerá morta e a sua paz será excepcionalmente perturbada. Sua alma será "...arrojada com a tormenta e desconsolada..." (Is 54:11). Você se assentará tristemente trajando panos de saco e coberto de cinzas e não irá à mesa do banquete, mas à casa do luto. Lá será levado a beber a água das lágrimas e comerá seu pão salgado com pesar. Não se surpreenda, então, quando isso vier a acontecer, como se algo estranho tivesse lhe ocorrido. Lembre-se de que lhe falamos acerca disso. Nós, que já estamos mais adiante do que você na estrada para o Céu, lhe falamos que virão tempos de trevas e tempestades e o convidamos a se preparar para eles.

Agora devo voltar-me a outros em nossa congregação. "Mulher, por que choras?" Provavelmente você diga: "Ó senhor, não ouso me incluir entre os santos!". Bem, então você se colocará entre os pecadores? "Sim, sou um pecador", você responde, "embora eu pense — espero — não estar totalmente sem uma pequena fé, pelo menos, em Cristo.

---
[98] Conforme Provérbios 4:18.

Às vezes me sinto inclinado a amá-lo, mas, frequentemente, meu pensamento vai em sentido contrário a tudo o que é bom". Ah, caro amigo, eu o conheço, e já conheci muitos como você. Eu disse, certa vez, a alguém: "Você diz que não é cristã". "Não", ela disse, "temo que eu não seja". Perguntei-lhe: "Então por que vai à casa de Deus para o culto? Por que não fica em casa ou vai aonde estão os pecadores?". "Ó, não, senhor", ela replicou, "eu não poderia fazer isso. Quando ouço pessoas blasfemando o nome de Cristo, isso logo me atinge. Nunca estou mais satisfeita do que quando estou com o povo de Deus. Gosto dos hinos que cantamos e, quando estou com eles, meu coração se aquece de tal maneira que sinto que devo louvar ao Senhor. Acho que é grande misericórdia o fato de eu não poder deixar de bendizer e louvar a Deus". Então eu respondi: "Bem, então eu creio que você realmente tenha alguma fé em Cristo, caso contrário não sentiria o que sente ou agiria como age".

Lembro-me de ouvir acerca de um ministro que escreveu estas palavras: "Não creio no Senhor Jesus Cristo", e pediu a uma pessoa, que estava cheia de dúvida, que assinasse seu nome naquela declaração, mas ela não conseguiu assinar. Ela cria em Cristo, embora não acreditasse que cria. Certa vez, ofereci a uma pessoa que dizia não ter fé uma nota de £5[99] se ela desistisse de sua fé, mas ela disse que não aceitaria mil mundos por ela! Sra. Temerosa e Sr. Desânimo, Sr. Mente-Fraca e Sr. Claudicante[100] — há muitos dessa família ainda

---

[99] Cinco libras em 1875 equivaleriam atualmente ao poder de compra de mais de 600 libras.
[100] Personagens do livro *A Peregrina*, de John Bunyan (1628–88), Publicações Pão Diário, 2020.

vivendo aqui. E sei por que você chora, boa senhora, pois também pertence a esse grupo. Bem, se não pode vir a Cristo como um santo, venha a Ele como um pecador. Se cometeu um erro e nunca confiou em Cristo, faça-o agora. Se realmente não se arrependeu, não creu e não foi renovado em seu coração, lembre-se do que está escrito: "...o que vem a mim, de modo nenhum o lançarei fora" (Jo 6:37) e "...quem quiser receba de graça a água da vida" (Ap 22:17). Se os títulos de sua propriedade espiritual não são autênticos, mas falsificações, não discuta a questão com alguém que seja mais sábio do que você. Porém, venha direto para Jesus Cristo de mãos vazias, do modo como Ele ordena que todos os pecadores venham a Ele, e então, não terei de perguntar: "Por que choras?".

No entanto, essa pessoa que está chorando é um pecador que busca salvação? Cristo não somente disse a Maria Madalena "por que choras?", mas também: "A quem procuras?" (Jo 20:15), pois Jesus sabia que ela buscava por *Ele*. Eu entregaria tudo o que possuo se pudesse sempre pregar a pecadores que pranteiam à procura de Cristo. Às vezes penso que eu gostaria de sempre chorar por causa do pecado, se pudesse sempre ter certeza de que estava buscando Jesus. É possível que tenha vindo a este lugar alguém que esteja à procura de um Salvador. Ah, mulher que chora! Seu pranto é porque o pecado a sobrecarrega? O doce pecado se tornou amargo para você? Chora porque as coisas nas quais sua alma antigamente se deleitava se tornaram seu tormento e pesar? Então me regozijo com suas lágrimas, pois elas são preciosas à vista de Deus. São mais valiosas do que os diamantes mais raros do mundo. Abençoada é a alma que consegue se arrepender do pecado.

É possível que seu pranto seja de temor de ser rejeitado por Cristo. Afaste todo esse tipo de lágrima, uma vez que não há por que temer que um pecador, que venha a Cristo, seja rejeitado por Ele. Como acabei de relembrar-lhes, Ele disse: "...o que vem a mim, de modo nenhum o lançarei fora" (Jo 6:37). Venha, então, pecador sobrecarregado. Venha, alma oprimida, e confie-se a Jesus, e Ele não poderá rejeitá-lo — a menos que Ele mude completamente, e isso é impossível! Venha e confie nele agora mesmo e será salvo neste mesmo instante.

Talvez seu pranto seja por esta razão — você diz: "Infelizmente, eu já fui despertado antes, e achei que eu buscaria o Senhor, e nutri alguma esperança pensando que estava liberto do pecado. Mas retrocedi, e meu estado atual é pior do que o primeiro". Você chora com razão se esse for seu caso, e não posso impedi-lo de prantear. Contudo, meu caro amigo, se sua vinda anterior foi falsa, essa é apenas mais uma razão por que deveria vir em verdade agora. Se construiu na areia uma vez, e aquela casa se foi, esse é somente mais um argumento para que você construa sobre a rocha. Se estava animado e confundiu uma emoção temporária com a obra do Espírito de Deus, se colocou a presunção no lugar da fé, não o repita. Venha como está, repouse sua alma exausta no sacrifício expiatório de Cristo e encontrará paz, paz imediata e permanente.

Pode ser que você chore porque diz: "Se eu for a Cristo, receio que eu não permanecerei com Ele até o fim". Sei que você não o faria dependendo de si mesmo, mas também sei que Ele o manterá caso você venha e confie nele. Não é você que deve manter Cristo; é Cristo que tem de mantê-lo. Eu não me surpreenderia se seu fracasso anterior tenha acontecido por achar que tudo tivesse a ver com você. Logo, não se esforce tanto assim desta vez. Se estiver muito fraco, apoie-se mais plenamente em seu Amado. Aliás, se você é um nada, permita que Cristo seja ainda mais para você por causa de sua nulidade. Se está imundo, dê mais louvor ao sangue que pode torná-lo mais branco que a neve. Se perceber que está perdido e temeroso de ser encontrado entre os condenados, fuja com mais zelo para aquelas feridas sangrentas que concedem vida, não meramente a pecadores perecendo, mas a pecadores já mortos em "...seus delitos e pecados" (Ef 2:1).

"Ah!", diz alguém, "acho que você me convidou, mas sinto como se eu não pudesse ir, e choro por não poder me achegar visto que não entendo adequadamente essa questão". Então, enxugue suas lágrimas e ouça enquanto lhe conto a história novamente. E nós, que cremos em Jesus, oraremos para que o Espírito Santo o leve a compreender a verdade. O Pai, a quem você ofendeu, não lhe pede para fazer coisa alguma a fim de você agradá-lo. Ele não deseja que você contribua com boas obras ou sentimentos corretos para fazer expiação por seu pecado. Seu amado Filho, Jesus Cristo, realizou a única expiação pelo pecado que poderia ser feita. O que o Pai lhe ordena é que aceite aquilo que o Filho realizou e confie apenas nisso. Você não consegue fazer isso? Do que mais vocês precisam, duvidosos e entristecidos buscadores, senão confiar em Jesus Cristo, o Filho de Deus, que foi pregado na cruz do Calvário, mas que foi levantado dentre os mortos e voltou à Sua glória com o Pai? Às vezes cantamos em um de nossos hinos:

---

[101] Tradução livre de versos do hino *How firm a foundation, ye saints of the Lord*, atribuído a Robert Keene (c. 1787).

*Que mais Ele lhes dirá do que já antes falou
Sobre vocês, que em Jesus buscaram o refúgio?*[101]

E digo o mesmo a vocês que estão buscando a Cristo: "Que mais Ele lhes dirá?". Que tipo de promessa gostariam que Ele lhes fizesse? Será tal como esta: "...ainda que os vossos pecados sejam como a escarlata, eles se tornarão brancos como a neve..." (Is 1:18)? Vocês dizem que gostariam de uma promessa como essa; bem, ela está na Bíblia. Ou será que esta lhes serviria: "Deixe o perverso o seu caminho, o iníquo, os seus pensamentos; converta-se ao Senhor, que se compadecerá dele, e volte-se para o nosso Deus, porque é rico em perdoar" (Is 55:7)? Ou quem sabe esta satisfará o seu caso: "...o sangue de Jesus, seu Filho, nos purifica de todo pecado" (1Jo 1:7)? Certamente esta lhe servirá: "...Todo aquele que invocar o nome do Senhor será salvo" (Rm 10:13). Ou esta mensagem: "Se confessarmos os nossos pecados, ele é fiel e justo para nos perdoar os pecados e nos purificar de toda injustiça" (1Jo 1:9). Ou esta: "Buscai o SENHOR enquanto se pode achar, invocai-o enquanto está perto" (Is 55:6). Se nenhuma dessas promessas se adequar ao seu caso, não sei o que você deseja. Meu Senhor, por Seu bendito Espírito, parece ter colocado o evangelho em todos os tipos de holofotes para se ajustar a todos os tipos de olhos, e Ele nos diz, a nós Seus ministros, para que labutemos com o objetivo de fazer vocês olharem para Jesus Cristo. Tenho tentado fazer isso, e imploro que vocês não se contentem com seu pranto ou seus sentimentos ou suas pesquisas na Bíblia. Não se contentem nem com a oração. O caminho para a salvação é "...Crê no Senhor Jesus e serás salvo" (At 16:31). Assim, descansem nele porque isso é crer. Confiem nele, dependam dele, essas são outras formas de crer nele. E quando tiverem feito isso, serão salvos — salvos no momento em que crerem em Jesus. A grande obra da salvação começa em vocês, uma vez que a obra da salvação já está completa para vocês, e serão salvos de seus pecados, feitos novas criaturas, e feitos criaturas santas pelo poder do bendito Espírito que Jesus Cristo concede àqueles que nele creem.

Que Deus abençoe essas palavras que falei para o consolo de alguns! Creio que Ele as abençoará; espero que o faça, sei que fará. E Ele terá a glória. Amém.

11

MARIA, MÃE DE MARCOS: UMA REUNIÃO DE ORAÇÃO ESPECIAL[102]

Considerando ele a sua situação, resolveu ir à casa de Maria, mãe de João, cognominado Marcos, onde muitas pessoas estavam congregadas e oravam. —Atos 12:12

Era uma grande surpresa que a infante Igreja de Cristo não tivesse sido destruída. Na verdade, ela era como um cordeiro solitário entre lobos furiosos, sem ter sequer o poder terreno, ou o prestígio, ou patronagem para a proteger. Mas, como se possuísse uma vida mágica, ela escapou dos exércitos de seus cruéis inimigos. Se essa criança não fosse algo além das demais, ela teria sido executada como os inocentes de Belém. Contudo, sendo seu nascimento celestial, ela escapava da fúria do destruidor.[103]

---

[102] Sermão nº 1247, ministrado no domingo, 20 de julho de 1875, no *Metropolitan Tabernacle*, Newington.

[103] Referência a Mateus 2:16-18.

Vale a pena perguntar, no entanto, com que armas essa Igreja se protegia? Pois nós podemos muito sabiamente usar as mesmas armas. Ela foi preservada diante do maior risco de uma destruição esmagadora, e qual foi a sua defesa? Onde encontrou seu escudo e seu broquel? A resposta é: na oração — "muitas pessoas estavam congregadas e oravam". Qualquer que possa ser o perigo característico dos tempos, e cada era tem sua ameaça peculiar, podemos descansar em calma segurança de que nossa defesa vem de Deus e podemos nos beneficiar dessa defesa do mesmo modo que a Igreja Primitiva fazia, a saber, ao abundarmos em oração. Por mais venenosa que seja a víbora, a oração pode extrair-lhe as presas. Por mais feroz que seja o leão, a oração pode quebrar-lhe os dentes. Por pior que seja o fogo, a oração pode extinguir a violência das chamas.

Porém, isso não é tudo. A recém-nascida não apenas escapou, mas se multiplicou: deixou de ser como um grão de mostarda, visto que poderia se reunir toda ela em um cenáculo, e se tornou uma árvore frondosa. Veja, ela cobre as nações, e os pássaros, aos bandos, encontram abrigo em seus galhos[104]. De onde veio esse maravilhoso aumento? O que a levou a crescer? As circunstâncias exteriores eram desfavoráveis a seu progresso. De qual fonte de nutrição ela se alimentava? Que meios foram usados com esse tenro broto para que ele se desenvolvesse tão rapidamente? Quaisquer que tenham sido os meios que foram usados antigamente, podemos sabiamente usá-los atualmente para fortalecer aquelas coisas que permanecem, mas que estão a ponto de morrer[105], e para desenvolver aquilo

---

[104] Referência a Lucas 13:18-19.
[105] Referência a Apocalipse 3:2.

que traz esperança em nosso meio. A resposta é o fato de que em todas as ocasiões "muitas pessoas estavam congregadas e oravam". Enquanto oravam, o Espírito de Deus veio sobre eles; enquanto oravam, o Espírito muitas vezes separava certo homem para um determinado trabalho; enquanto oravam, o coração deles se aquecia com o fogo interior; enquanto oravam, sua língua se soltava e eles iam falar às pessoas; e, enquanto oravam, o Senhor lhes abria os tesouros de Sua graça. Eles eram protegidos pela oração, e por ela também cresciam, e, se nossas igrejas devem viver e crescer, elas precisam ser regadas com exatamente a mesma fonte. "Vamos orar", é uma das mais necessárias palavras de ordem que posso sugerir a homens e mulheres cristãos, pois, se tão somente orarmos, nossa súplica encherá os tanques do vale de Baca[106], sim, e abrirá para nós canais daquele rio de Deus que está pleno da água "...cujas correntes alegram a cidade de Deus..." (Sl 46:4).

Temos ouvido muitas conversas em certas seções da igreja sobre retornar aos tempos primitivos, e estão nos apresentando todos os tipos de invenções supersticiosas sob a capa dos costumes da igreja primeva. O apelo é habilmente escolhido, uma vez que as práticas primitivas possuem um grande peso para com os cristãos verdadeiros. No entanto, o ponto fraco desse argumento é que, infelizmente, o que eles chamam de Igreja Primitiva não é primitiva o suficiente. Se devemos ter tal igreja estabelecida como modelo, que tenhamos a mais primitiva de todas. Se devemos ter pais, que voltemos aos pais apostólicos. Se devemos ter um ritual, uma regra e

---

[106] Referência ao texto de Salmo 84:5-6 na versão bíblica ARC. *Baca* é uma palavra hebraica que significa "choro", "lágrima". Um lugar árido e inóspito.

um cerimonial seguindo padrões precedentes estritos, que retornemos ao precedente original registrado nas Sagradas Escrituras. Nós, que somos chamados de batistas, não temos a menor objeção de voltar em tudo aos hábitos e práticas apostólicos. Reverenciamos os verdadeiros métodos primitivos e desejamos seguir os costumes da verdadeira Igreja Primitiva e, se pudermos ver cada ordenança restaurada ao modo exato no qual era praticada pelos santos imediatamente após a ascensão de nosso Senhor, e durante os tempos apostólicos, bateríamos palmas com prazer. Essa é uma consumação a ser desejada com devoção. Ver a Igreja Primitiva viva novamente nos causaria satisfação sincera. Nós a imitaríamos especialmente neste ponto: diríamos a nosso próprio respeito que "muitas pessoas estavam congregadas e oravam" (At 12:12). Que tenhamos muita oração, muita oração nos lares, muita oração de fé, muita oração prevalente e, então, obteremos grandes bênçãos do Senhor.

1. *Nesta manhã meu maior desejo é despertar a Igreja de Jesus Cristo a crescer em oração, e escolhi Atos 12:12 porque o texto me provê um ou dois pontos de grande interesse e está pleno de sugestões práticas. A primeira delas é esta:* que notemos a importância que a Igreja Primitiva atribuía à oração e às reuniões de oração.

Que isso seja uma *lição* para nós. Tão logo começamos a ler o livro de Atos, e avançamos na leitura desse registro, notamos que as reuniões de oração haviam se tornado uma *instituição permanente na Igreja*. Não lemos de multidões, mas lemos muito sobre reuniões de oração. Não lemos sobre festas na igreja, mas frequentemente vemos registrado que se reuniam para orar. Diz-se que Pedro refletiu sobre a situação. Eu creio que ele ponderou tudo ao redor e pensou: "Para onde devo ir?", e lembrou-se de que havia uma reunião de oração na casa da mãe de João Marcos, e para lá se dirigiu visto que sentia que encontraria com irmãos verdadeiros.

Naqueles dias, eles faziam as coisas planejada e ordeiramente, de acordo com este texto: "Tudo, porém, seja feito com decência e ordem" (1Co 14:40). Não duvido de que tivesse sido devidamente planejado que a reunião deveria ser na casa da mãe de João Marcos naquela noite, e, portanto, Pedro foi para lá e descobriu, como provavelmente esperava, que havia uma reunião de oração acontecendo. Não haviam se reunido para ouvir um sermão. É muito adequado que nos congreguemos com muita frequência para esse propósito, mas essa era uma reunião muito distinta onde "muitas pessoas estavam congregadas e oravam". O intuito ali era orar. Não sei se eles sequer tinham um discurso, muito embora alguns virão à reunião de oração se o pastor estiver presente para falar. Mas, vejam, Tiago, que geralmente é considerado como tendo sido o pastor da igreja em Jerusalém, não estava lá, pois Pedro disse: "...Anunciai isto a Tiago..."; provavelmente nenhum dos apóstolos estava presente porque Pedro acrescentou: "...e aos irmãos..." (At 12.17). Assim, suponho que com isso ele queria dizer os irmãos do colegiado apostólico. Ao que parece, todos os eminentes irmãos discursadores estavam longe e, talvez, ninguém expunha as Escrituras ou exortava naquela noite, nem havia qualquer necessidade de que assim fosse, já que todos estavam muito absortos na intercessão comum. A reunião foi convocada para que orassem e isso, digo eu, era uma instituição regular da igreja cristã e deve ser sempre preservada.

Deveria haver encontros totalmente dedicados à oração e há uma falha na programação de uma igreja quando tais reuniões são omitidas ou colocadas em segundo plano. Essas reuniões de oração deveriam ser mantidas em seu objetivo e seu grande foco deveria ser a própria oração. Um sermão, se quiserem; umas poucas palavras inflamadas para incitar a orar, se preferirem; mas, se não puderem ter tais coisas, não vejam o discurso como algo totalmente necessário. Que ela seja uma ordenança permanente na Igreja para que, em determinados momentos e ocasiões, muito se reúnam para orar, e que a súplica seja seu único objetivo. O cristão deve, individualmente, ler, ouvir e meditar, mas nenhum desses pode ser um substituto para a oração. A mesma verdade permanece válida em escala maior. A igreja deveria ouvir seus mestres e receber a edificação das ordenanças do evangelho, mas ela também precisa suplicar. Nada pode compensar a devoção negligenciada.

No entanto, parece que, ao mesmo tempo que as assembleias de oração eram uma prática habitual, a oração era, algumas vezes, feita de modo especial, pois lemos que a igreja fazia súplica incessantemente a Deus a favor dele, isso é, a favor de Pedro[107]. Quando há um grande motivo de intercessão, há um acréscimo de interesse e não pouco fervor à oração. Os irmãos teriam orado se Pedro estivesse fora da prisão, mas, sabendo que ele estava encarcerado e que provavelmente seria condenado à morte, foi anunciado que a

---

[107] Conforme Atos 12:5.

reunião de intercessão seria especificamente para suplicar por Pedro, a fim de que o Senhor libertasse o Seu servo ou lhe desse graça para morrer triunfantemente. E essa questão em especial trouxe entusiasmo à assembleia. Sim, eles oravam intensamente, pois assim encontrei em uma observação acerca do versículo: "Oração instantânea e fervorosa foi feita por parte da igreja por ele". Eles valorizavam aquele homem, porque viam as maravilhas que Deus havia realizado por meio de seu ministério e não podiam permitir que morresse se a oração pudesse salvá-lo. Quando pensavam em Pedro e como sua cabeça ensanguentada seria exibida ao populacho pela manhã, intercederam de coração e alma. Cada um deles que orava acrescentava cada vez mais fervor à sua súplica. O clamor uníssono deles subiu ao Céu: "Senhor, poupa a Pedro". Penso ouvir os soluços e o pranto deles agora mesmo. Que Deus permita que nossas igrejas tornem suas habituais reuniões de oração em reuniões com um propósito em especial, então, elas se tornarão mais verdadeiras. Por que não orar por certo missionário ou algum distrito específico, ou por uma classe de pessoas, ou disposição de organizações? Faríamos bem em voltar a grande artilharia da súplica contra algum ponto em especial das muralhas do inimigo.

Fica claro que esses amigos acreditavam completamente que havia um poder na oração, pois, uma vez que Pedro estava preso, eles não haviam se reunido para elaborar um plano para o libertar. Algum irmão mais astuto poderia ter sugerido subornar os guardas, e outro, algo diferente, mas eles abandonaram as ideias e se puseram a interceder. Não acredito que eles se congregaram para fazer uma petição a Herodes. Não ajudaria em nada pedir àquele monstro que se compadecesse;

seria como pedir a um lobo que libertasse um cordeiro que ele havia capturado. Não, as petições foram para o Senhor e Mestre de Herodes, o grande Deus invisível. Parecia que eles não podiam fazer nada mais, porém sentiam que podiam fazer tudo por meio da oração. Pouco se importaram que houvesse 16 soldados encarregados de Pedro. O que são 16 guardas? Se houvesse 16 mil soldados, esses homens e mulheres de fé ainda teriam orado para que Pedro fosse solto. Eles criam em Deus, que Ele faria maravilhas; criam na intercessão, que ela persuadiria o Senhor e que Ele ouviria às petições de Seus servos. Eles se congregaram sem disposição dúbia. Sabiam o que estavam fazendo e não tinham dúvida sobre o poder que há na súplica. Ó, que jamais seja insinuado na Igreja de Cristo que a oração é algo bom e um exercício útil para nós mesmos, mas que seria supersticioso esperar que ela afetasse a mente de Deus. Aqueles que dizem isso pensam, tolamente, em nos agradar ao nos permitir que a sua tolerância científica se misture às nossas devoções. No entanto, eles acham que somos idiotas, que podemos continuar pedindo pelo que sabemos que não deveremos receber? Que nos manteríamos orando se isso adiantasse tanto quanto tapar o sol com a peneira? Devem nos considerar desprovidos de razão caso imaginem que seríamos capazes de manter a oração como um exercício piedoso sem sequer concebermos que ela não pode ter qualquer resultado com Deus. Tão certo quanto qualquer lei da natureza pode ser corretamente provada, sabemos, quer por observação, quer por experiência, que Deus certamente ouve a oração. E, em vez de ela ser um ato duvidoso, continuamos orando visto que ela é a força mais potente e infalível debaixo do Céu. Diz o adágio popular: "O homem propõe, e Deus dispõe". Aqui está o poder da oração: ela não se demora com o proponente, mas vai rapidamente Àquele que dispõe e trata a causa pela raiz. A oração move o braço que move tudo o mais. Ó irmãos, que reunamos poder em oração ao exercer fé nela. Que não indaguemos: "O que a oração pode fazer?", mas: "O que ela não poderia fazer?", pois tudo é possível ao que crê. Não surpreende que as reuniões de oração esmoreçam se a fé na oração é fraca; e não é de admirar que as conversões e os reavivamentos sejam raros onde a intercessão é negligenciada.

A seguir, afirmamos que essa oração na Igreja Primitiva era *diligentemente contínua*. Assim que Herodes colocou Pedro na prisão, a Igreja começou a orar. Herodes foi cauteloso para que houvesse quantidade suficiente de guardas para manter uma boa vigilância sobre sua vítima, mas os santos de Deus também começaram a sua vigília. Do mesmo modo que, em tempos de guerra, quando dois exércitos estão próximos um do outro, ambos estabelecem sentinelas, neste caso Herodes tinha as suas sentinelas noturnas para ficarem de vigia e a Igreja também tinha os seus piquetes. A Igreja orava incessantemente. Tão logo uma pequena companhia era compelida a se separar para cumprir seus afazeres diurnos, era rendida por outra e, quando alguns eram forçados a dormir para descansar, outros estavam prontos a assumir o abençoado trabalho da súplica. Assim sendo, ambos os lados estavam alertas, e os guardas eram trocados dia a noite. Não era difícil prever qual lado receberia a vitória, uma vez que, verdadeiramente, "...se o SENHOR não guardar a cidade, em vão vigia a sentinela" (Sl 127:1). Quando, em vez de ajudar a guardar o castelo, Deus envia anjos para abrir portas e portões, então, podemos estar certos de que a sentinela acordará em vão ou então cairá em um sono profundo. Portanto, continuamente, o povo de Deus implorava diante do Seu trono de misericórdia, turnos de peticionários compareciam diante do Senhor. Algumas misericórdias não nos são concedidas exceto em resposta à oração importuna. Há bênçãos que, como frutos maduros, caem em suas mãos tão logo você toque nos galhos. Contudo, há outras que requerem que você chacoalhe a árvore repetidamente até que a faça balançar com a veemência de sua ação, aí então o fruto cairá. Meus irmãos, devemos cultivar a importunação em oração. Esteja o sol brilhando ou já posto no horizonte, a oração deveria ser preservada e alimentada com combustível renovado, de modo que ela arda com fervor e as chamas subam como um farol de fogo ardendo em direção ao Céu.

De bom grado, eu pararia aqui um minuto e imploraria a vocês, meus queridos irmãos, que atribuíssem tanta importância à oração quanto a Igreja Primitiva atribuía. Ela nunca será excessivamente valorizada. A oração da fé, ditada pelo Espírito e apresentada por meio de Jesus Cristo, é o poder atual da Igreja; não podemos sobreviver sem isso. Alguns olham para suas ações institucionais e as valorizam, mas supõem que a oração possa ser dispensada. Vocês já viram as máquinas de debulhar, percorrendo as estradas do interior, indo de fazenda em fazenda: na frente, há um motor preto enorme que trabalha ao longo da estrada e atrás vem a máquina que realmente faz a debulha. Um inexperiente pode dizer: "Contratarei a máquina de debulha, mas dispenso o motor. Ele é algo caro, que consome carvão e produz fumaça, não preciso disso. Ficarei com a máquina que realmente faz o trabalho, mas não quero o motor". Uma afirmação como essa seria absurda, uma vez que, qual seria a utilidade da máquina para você se sua força motriz estivesse faltando? A oração na Igreja é o motor a vapor que faz as rodas se moverem e é ele que faz realmente o trabalho. Assim sendo, você não pode ficar sem o motor.

Suponham que um mestre de obras fosse contratado por um grande construtor e enviado para gerenciar obras a distância. Ele tem de pagar semanalmente o salário dos trabalhadores e é muito diligente em fazê-lo. Não negligencia qualquer um de seus deveres quanto aos homens, mas se esquece de se comunicar com o escritório central. Não escreve para seu empregador, nem vai ao banco para sacar dinheiro a fim de continuar pagando os homens. Isso é sábio? Quando a próxima noite de pagamento chegar, temo que ele descobrirá que, por mais diligente que tenha sido com relação aos homens, estará em uma posição estranha, pois não terá prata ou ouro para distribuir visto que esqueceu de comunicar-se com a sede. Agora, irmãos, o ministro distribui, por assim dizer, as porções às pessoas, mas, se ele não solicitar a seu Mestre para obtê-las, não terá nada a distribuir. Jamais suprimam a conexão entre sua alma e Deus. Mantenham uma comunicação constante com o Céu, ou suas comunicações com a Terra serão de pouca utilidade. Cessar de orar é interromper a corrente vital da qual depende a sua energia. Vocês podem prosseguir pregando, ensinando e distribuindo folhetos, ou o que quiserem, mas nada poderá resultar disso se o poder do altíssimo Deus não estiver mais com vocês.

Assim, terminamos nosso primeiro ponto. Que o Espírito Santo o use para despertar as igrejas à intercessão unânime, intensa e importuna.

2. A seguir percebam o número de pessoas congregadas, *o que é uma repreensão a alguns presentes aqui.*

O texto afirma: "*muitas* pessoas estavam congregadas e oravam". Alguém disse, alguns dias atrás, acerca das reuniões de oração, que duas ou três mil pessoas não possuem mais poder em oração do que duas ou três. Creio que esse é um erro grave, de muitas formas. Mas claramente o é em referência a uns aos outros, visto que vocês já devem ter notado que, quando muitos se reúnem orando, o calor do interesse e o brilho do zelo são poderosamente ampliados. Talvez os dois ou três podem estar enfadados, porém entre um grande número pode haver um irmão de coração aquecido que inflame todos os demais. Vocês não observaram como as petições de um levará outro a pedir por coisas ainda maiores? Ou como um irmão cristão sugere a outro expandir sua petição e assim elas crescem pela união de coração com coração, e pela comunhão de espírito com espírito? Além disso, a fé é uma força cumulativa. "...Faça-se-vos conforme a vossa fé" (Mt 9:29) é verdadeiro para uma pessoa, duas, vinte ou vinte mil; e vinte mil vezes a força resultará de vinte mil vezes a fé. Tenham certeza de que, ao mesmo tempo que duas ou três pessoas têm o poder de Deus em sua medida, duas ou três mil terão ainda mais. Se devem vir grandes resultados, eles serão acompanhados pela oração de muitos. Não, os dias mais resplandecentes de todos jamais virão a menos que haja oração unânime de toda a Igreja, pois, tão logo Sião entrar em trabalho de parto, não apenas um ou dois em seu meio, mas toda a Igreja estará em trabalho de parto e trarão à luz seus filhos.

Portanto oro com afinco, irmãos, para que o número dos reunidos em oração seja tão grande quanto possível. Naturalmente, se nos congregarmos com indiferença, se cada coração estiver frio e morto, haverá proporcionalmente frieza e morte. Todavia, aceitando que cada um venha com espírito de oração, a reunião dos números é como acrescentar tição em cima de tição e como empilhar carvões incandescentes; e é provável que tenhamos um aquecimento como aquele dos carvões de zimbro, que possuem as chamas mais veementes.

Entretanto, essa *não é uma ocorrência muito comum*, e por que muitas reuniões de oração são tão tímidas? Conheço alguns lugares em Londres onde se fala de abrir mão das reuniões de oração, em que, em vez de dois cultos durante a semana, eles terão compaixão de seu pobre e extenuado pastor e desejarão que ele pregue apenas poucos minutos em um culto híbrido que seja em parte oração e outra parte sendo o sermão. Pobrezinhos, eles não conseguem sair para se reunir mais de uma vez na semana de tão ocupados que são! Isso não ocorre em igrejas pobres, mas em igrejas respeitáveis. Não se pode esperar que cavalheiros, não tendo chegado em casa da cidade e jantado até às 19h, saiam para uma reunião de oração; quem faria a barbaridade de sugerir isso? Trabalham tão arduamente o dia todo, muito mais do qualquer um dos demais trabalhadores, de modo que dizem: "Peço que me perdoem". As igrejas nos subúrbios, via de regra, têm tímidas reuniões de oração em vista das infelizes circunstâncias dos membros que parecem estar sobrecarregados com tantas riquezas que não podem se reunir para orar como fazem os pobres. Alguns de vocês têm suas residências luxuosas no campo e são muito cuidadosos com sua saúde para se aventurarem a sair no ar noturno para ir a reuniões de oração, embora, suspeito eu, que suas festas e seus saraus ainda sejam mantidos. Não digo isso referindo-me particularmente a ninguém, exceto se por acaso se referir a alguém, e, se for esse o caso, a referência é muito pertinente.

Afinal, caros amigos, essa é uma questão pessoal. Não serve de nada eu ficar aqui em cima ou sentado ali reclamando de que tão poucos venham à reunião de oração. Como ampliaremos a frequência? Eu lhes sugeriria uma forma de aumentá-la: venha você mesmo. Talvez vocês tenham ciência de que um mais um é igual a dois, e de que um a mais será igual a três. Assim, somando um a um, gradualmente chegaremos aos milhares. As maiores quantidades são compostas de unidades, de forma que, na prática, funciona assim: se bênçãos seletas devem ser recebidas pelos muitos que se reúnem para orar, o modo de aumentar a quantidade é indo eu mesmo até lá. E, se eu puder também convencer um amigo a ir comigo, melhor ainda.

Tenho uma opinião muito elevada da Igreja Primitiva, mas não tenho certeza de que tantos teriam se reunido naquela noite se não fosse por Pedro estar na prisão. Eles diziam uns aos outros: "Pedro está encarcerado e em risco de morte. Vamos à reunião de oração e clamar por ele". Vocês já ouviram de um pastor que foi afastado por enfermidade e sempre notava que o povo dele orava melhor enquanto ele estava doente? Nunca ficaram chocados de que uma razão para a aflição dele era o desejo de Deus de incitar o coração do povo daquela igreja a interceder por ele? As orações deles são melhores do que a pregação do ministro, e assim Deus lhe diz: "Posso fazê-lo sem você. Vou colocá-lo no leito de dor e levar o povo a orar". Tenho a opinião de que a melhor forma dessas pessoas realmente fazerem o bem a seu pastor é orando para que possam ser preservadas em condição justa, e assim, possam não necessitar da enfermidade dele como um estímulo à súplica. Se as igrejas se tornarem indolentes na oração, aqueles a quem elas mais valorizam serão afastados, ou talvez até tomados pela morte, e elas clamarão a Deus no pesar de sua alma. Não podemos nós fazer isso sem tais flagelos? Alguns cavalos querem ser lembrados, vez ou outra, com um pequeno toque do chicote. Se não forem açoitados, não compreenderão. Acontece do mesmo modo conosco: pode ser que necessitemos de provações na Igreja para nos manter em oração, e, se precisarmos delas, nós as teremos. Todavia, se estivermos vivos em oração fervorosa, pode ser que Pedro não precise ir para a prisão e, além disso, outras coisas difíceis não ocorrerão.

3. A terceira coisa em meu texto é **o local da assembleia. *Nesta manhã, isso ficará como uma* sugestão.**

"Casa de Maria, mãe de João, cognominado Marcos". Essa era uma reunião de oração que acontecia em uma residência particular, e eu gostaria de insistir com meus irmãos aqui a consagrar seus lares pelo uso frequente deles como locais de reuniões de oração. Esta seria uma vantagem quanto a isso: evitaria todo o atrativo da superstição. Ainda permanece entre as pessoas a noção de que os prédios podem ser consagrados e considerados santos. Bem, essa é uma ideia muito infantil da qual eu gostaria que a varonilidade desta geração, sem contar as outras coisas, abrisse mão. Como pode ser que, dentro de quatro paredes de tijolos, haja mais santidade do que fora delas, ou que a oração oferecida em algum assento em particular seria mais aceitável do que se oferecida em outro local. Vejam, nestes dias, Deus ouve a oração onde quer que haja um coração sincero.

> *Onde quer que o busquemos, Ele pode ser encontrado*
> *E todo lugar é solo sagrado.*[108]

Reuniões de oração acontecendo na casa da mãe de Marcos, na *sua* casa, na casa de seu irmão, em sua própria casa, farão muito em ser um protesto evidente contra a superstição que reverencia locais sagrados. Era propício que a reunião fosse nesse lar em particular, a casa da mãe de Marcos, pois essa família tinha um relacionamento muito precioso com Pedro. Vocês sabem quem era Marcos em relação a Pedro? Abram suas Bíblias em 1 Pedro 5 e lerão "...meu filho Marcos" (v.13). Ah, tenho certeza de que Marcos oraria por Pedro porque esse apóstolo era seu pai espiritual. Eu não me surpreenderia se Marcos e sua mãe tivessem se convertido no dia de Pentecoste, quando Pedro pregou aquele tremendo sermão. De qualquer maneira, Marcos se converteu por causa de Pedro, e assim tanto ele quanto sua mãe frequentemente convidavam Pedro à sua casa; e quando este estava preso, eles tiveram reuniões de oração especiais em seu lar, uma vez que o amavam muito. Certamente, há oração pelo pastor no lar onde ele tem sido uma bênção para a família. Ele não precisa temer, pois seus próprios filhos e filhas na fé com certeza orarão por ele.

---

[108] Tradução livre de versos do hino *Jesus, where'er thy people meet*, de William Cowper (1731–1800).

Essas reuniões tinham um bom efeito sobre a casa da senhora mãe de Marcos. Ela mesma, sem dúvida, tinha sua bênção, mas o filho dela, Marcos, obteve favor especial do Senhor. Naturalmente ele não era tudo que esperaríamos que fosse, visto que, embora seu tio Barnabé gostasse muito dele, Paulo, que era bom em discernir as pessoas, não conseguiu suportar a sua instabilidade. No entanto, ele obteve bênção tão grande do Senhor, que se tornou, de acordo com a tradição unânime da Igreja, o escritor do evangelho de Marcos. Ele poderia ter sido um cristão muito fraco e inútil se as reuniões de oração na casa de sua mãe não tivessem aquecido seu coração, e poderia jamais ter usado sua tinta e pena para o Senhor, caso a conversa das boas pessoas que vinham ao seu lar não o tivessem instruído quanto aos fatos que mais tarde ele registrou no precioso evangelho que leva o seu nome.

Aquele lar recebeu bênçãos, e o seu também receberá se ele for aberto, vez ou outra, para uma oração especial. Insisto com os seguidores de Jesus Cristo a usarem sua própria casa para propósitos sagrados com mais frequência do que o fazem agora. Como seriam ampliadas as Escolas Dominicais se todos os mais instruídos reunissem classes bíblicas em suas casas e lhes ensinassem durante o *Shabat*! E que multidão de orações ascenderiam ao Céu se os cristãos que têm cômodos adequados frequentemente chamassem seus irmãos e vizinhos para oferecerem súplicas. Muito tempo é desperdiçado em conversas inúteis, muitas noites esbanjadas em tolas diversões, degradantes a cristãos, quando o tempo poderia ser ocupado em exercícios calculados para trazer bênçãos sobre a família e sobre a Igreja.

Reuniões de oração em casas de família são muito úteis, pois amigos que temeriam orar diante de uma grande assembleia e outros que, se o fizessem, ficariam muito restritos em palavras, podem se sentir à vontade e relaxados em um grupo menor em uma residência particular. Semelhantemente, às vezes, o fator social é consagrado por Deus para promover um maior calor e fervor, de modo que a oração muitas vezes arderá em família quando, talvez, diminuiria na congregação pública. Eu nunca vi a pequena igreja que pastoreei antes de vir para cá em condição mais feliz do que quando os membros consideravam ter reuniões de oração em seus lares. Eu mesmo, por vezes, frequentei seis ou sete em uma noite, correndo de uma para a outra somente para supervisioná-las. Eu encontrava doze pessoas em uma cozinha, dez ou doze em uma sala de estar, duas ou três reunidas em um pequeno cômodo. Naquela época víamos uma grande obra da graça. Os maiores pecadores daquela paróquia caiam sob o poder do evangelho, santos antigos se animavam e começavam a crer na conversão dos jovens, e todos nós estávamos vivificados por meio da abundância de oração.

Irmãos, devemos ter semelhante abundância de oração. Orem para que a tenhamos. Temos nos distinguido como igreja por nossa perseverança na oração, e zelo, com zelo santo, para que não retrocedamos em grau algum, e com amor sugiro, com muita sinceridade de coração, que possamos expandir o número de lugares onde muitos se encontrarão para orar juntos. Não sei onde está a mãe de João Marcos nesta manhã, mas espero que ela principie uma reunião de oração em sua ampla sala. Ela tem condições de fazer isso, creio, porque seu irmão, Barnabé, possuía terras e as vendeu. Assim, suponho que ela também possuísse propriedades. Usaremos sua sala de pintura. Se um irmão mais pobre tiver uma sala menor e mais modesta, ficaremos felizes em utilizá-la, pois será mais adequada para pessoas de outras classes comparecerem. Talvez eles não gostariam de ir à sala de pintura da senhora mãe de Marcos, mas irão à sua cozinha. Todos terão oportunidade de orar quando todos os tipos de cômodos forem dedicados à oração.

4. *Tenho poucas palavras a dizer sobre* o horário dessa reunião de oração.

Ela aconteceu na calada da noite. Suponho que tivessem orado a noite toda. Eles podiam dizer: "Temos esperado, temos aguardado toda a noite". Depois da meia-noite, o anjo libertou Pedro. Ele foi à casa, e eles não tinham ido dormir, mas muitos estavam congregando em oração. Agora, com relação ao horário das reuniões de oração, permitam-me dizer isto: se ela ocorrer em uma hora inconveniente, devo presumir que a calada da noite fosse bem inconveniente, ainda assim vá. É melhor ter uma reunião de oração à meia-noite do que não a ter. É melhor que sejamos acusados, como os antigos cristãos, de realizar conventículos secretos sob as sombras da noite do que jamais nos congregarmos para orar.

Entretanto, aqui está mais uma lição. A calada da noite foi escolhida porque era o horário mais adequado, uma vez que eles não poderiam se encontrar em segurança durante o dia por causa dos judeus. É responsabilidade daqueles que marcam os horários das reuniões de oração selecionar a melhor hora possível, um horário calmo, de descanso e adequado aos hábitos das pessoas. Mesmo assim, lembremo-nos de que qualquer horário que for escolhido, se nos unirmos com coração fiel, será um horário aceitável. Melhor ainda, seria bom se pudesse haver reuniões de oração em todos os horários. Desse modo, qualquer hora seria uma hora aceitável e, se uma delas fosse inapropriada, outra seria conveniente, e todos os tipos de cristãos poderiam assim se encontrar em um momento ou outro para derramar seus corações em súplica a Deus. Ó irmãos, se o seu trabalho não lhe permitir se reunir no meio do dia, reúna-se no meio da noite. Se não puderem se congregar para orar nos horários normalmente marcados, então tenham reuniões em um horário conveniente a vocês. Mas que haja um consenso unânime, por toda a Igreja de Cristo, de que muita oração seja apresentada ao Altíssimo.

5. *Por último, percebam* o sucesso da reunião de oração como um encorajamento para nós.

Eles oraram e logo foram ouvidos. A resposta veio tão rapidamente que eles mesmos ficaram surpresos. Algumas vezes se diz que eles não esperavam que Pedro fosse libertado e que o espanto deles foi resultado da incredulidade. Talvez sim, mas eu duvido disso, pois vocês devem se lembrar de que a oração deles libertou Pedro e, portanto, ela não parece uma oração incrédula. Creio que a surpresa deles se devia a outro motivo. Penso que eles esperavam que Deus, de uma forma ou de outra, libertasse Pedro, mas não imaginavam que Ele o faria na calada da noite. Muito provavelmente eles haviam determinado em sua mente que algo aconteceria no dia seguinte, assim a surpresa aumentou, não pelo fato de Pedro estar livre, mas pelo fato de ele estar fora daquele calabouço naquele horário em particular e de um modo especial, pois não consigo conceber que uma oração sem fé teria prevalecido com o Deus do Céu.

Caros amigos, o Senhor Jesus espera para nos conceder grandes dádivas em resposta à oração. Ele pode nos enviar surpresas tão grandes quanto aquelas que deixaram pasmo tal grupo à meia-noite. Podemos orar por algum pecador e, enquanto ainda estamos suplicando, poderemos ouvi-lo clamar: "O que devo fazer para ser salvo?"[109]. Podemos oferecer petições em favor de uma igreja adormecida e, enquanto oramos, sermos atendidos. É verdade que a Igreja permanece dormente; ela foi açoitada nos lombos ultimamente, mas ainda não se cingiu e saiu do presídio de sua frieza e convencionalidade. Contudo, se perseverarmos em orar, poderemos ver, pasmos, que ela despertou do sono e saiu para a liberdade. Não podemos dizer quando isso acontecerá, a oração age de tantas formas, mas ela agirá e nós certamente teremos a nossa recompensa.

Eu selecionei esse tópico agora por uma razão específica. Os evangelistas americanos, que têm sido tão úteis nesta grande cidade, partiram, e as grandes assembleias que eles reuniam não existem mais. Deve ter havido muitos convertidos, não posso deixar de crer que muitos milhares aceitaram o Senhor Jesus Cristo, e não comungo, de modo algum, com a opinião daqueles que alardeiam que nossos irmãos não tocaram as classes mais baixas da sociedade. Creio que todas as classes foram tocadas por eles. A atividade deles claramente era pregar o evangelho a toda criatura, e pregaram com grande imparcialidade e empenho. Se os mais pobres não compareceram, não foi porque não eram bem-vindos. No entanto, eles foram, e sou testemunha ocular disso. Sei que muitos,

---

[109] Referência a Atos 16:30.

que jamais foram a qualquer lugar antes, compareceram aos salões de Bow e Camberwell. E o fato de que os congregados tinham aparência respeitável não significa, de modo algum, que eles não eram da classe trabalhadora, afinal, qual trabalhador entre nós não busca se vestir o mais elegantemente quanto possível quando vai a um local de adoração? Há muitos amigos aqui que trabalham arduamente por seu pão de cada dia, mas, ao olhar ao redor, eles todos parecem trajados como se estivessem bem de vida. Ninguém tem o direito de julgar que, porque um homem não vem adorar vestido em trapos, ele, portanto, não pode pertencer à porção mais baixa da classe operária, uma vez que não é hábito desses indivíduos de Londres ir a locais de adoração com suas roupas cotidianas ou aos trapos. Testemunhei com meus próprios olhos que as multidões reunidas ali eram do tipo que habitualmente não ouve o evangelho. Tenho certeza de que o bem foi feito e não me importo com os sofistas. O ponto prático é: O que precisa ser feito agora? Devemos continuar essa obra. E como? Não por aquelas grandes assembleias, mas por todas as igrejas ao redor sendo avivadas e a quantidade de pessoas indo aos locais de adoração se tornando mais numerosa e, ao mesmo tempo, tornando-se mais interessadas em orar.

Oremos *agora*. Queremos orar pelo treinamento dos convertidos, para que o povo de Deus que foi despertado permaneça assim e para que despertem ainda mais. Quantas maravilhas temos recebido neste tabernáculo em resposta à oração! Começamos esse trabalho com um pequeno punhado de cristãos. Lembro-me da primeira segunda-feira à noite depois de eu vir a Londres. Havia um pequeno público no culto, mas, graças a Deus, havia quase o mesmo número de pessoas na reunião de oração do que no domingo. E pensei: "Isso está ótimo! Essas pessoas podem orar". Eles oraram e, à medida que crescíamos em oração, crescíamos em número. Algumas vezes, nas reuniões de oração, meu coração estava quase a ponto de explodir de alegria por causa da poderosa súplica que era oferecida. Queríamos construir essa grande casa. Éramos bem pobres, mas intercedemos por isso, e a oração a construiu. A oração deu-nos tudo o que temos. As súplicas nos trazem todos os tipos de suprimento espiritual e temporal. Qualquer que seja a posição que eu ocupo na Igreja do Senhor neste dia, eu a devo, sob as bênçãos divinas, à oração de vocês. Enquanto ela me sustentar, eu não tombarei ou fracassarei. Contudo, se pararem de orar, meu poder terá ido embora, uma vez que o Espírito terá partido, e o que poderei fazer? Por toda a Igreja de Cristo, o verdadeiro progresso é proporcional à oração. Não me importo com o talento do pregador, fico feliz se ele o tiver. Não me importo com a riqueza da congregação, embora eu me alegre se tiverem posses. Mas me preocupo, acima de tudo, com a oração profunda, verdadeira e perseverante; com a elevação da alma dos cristãos a Deus e com o derramar das bênçãos de Deus sobre os homens. E, se esse fosse o último sermão que eu teria de pregar a esta congregação, eu lhes diria, amados irmãos, que abundem em oração, multipliquem as petições que oferecem e aumentem no fervor com o qual as apresentam a Deus.

Quando meu venerável antecessor, o Dr. Rippon, estava ficando idoso, algo que todos notaram a respeito dele foi que ele sempre orava com zelo por seus sucessores. Ele não sabia quem seriam eles, mas a sua oração era para que Deus abençoasse a igreja e seus sucessores nos anos vindouros, e já ouvi cristãos antigos dizendo que nossa prosperidade presente pode ser rastreada às súplicas do Dr. Rippon. Ó, vamos orar. Creio que temos experimentado um reavivamento muito em resposta à multidão de fervorosas orações que foram apresentadas aqui e em outros lugares. Agora Deus está começando a abençoar a Igreja em resposta à oração. Se ela se retrair, será como o antigo rei que teve as flechas e o arco colocados em suas mãos e atirou uma ou duas vezes. Se ele tivesse atirado muitas vezes, Deus destruiria a Síria diante dele e teria estabelecido o seu povo[110]. Peguem suas aljavas cheias de desejos e agarrem o poderoso arco da fé. Agora atirem repetidamente a flecha do livramento do Senhor, e Deus nos dará multidões de convertidos por toda Londres e por todo o mundo. "...provai-me nisto, diz o SENHOR dos Exércitos, se eu não vos abrir as janelas do céu e não derramar sobre vós bênção sem medida" (Ml 3:10). Deus os abençoe, em nome de Jesus.

---

[110] Conforme 2 Reis 13:14-19.

12

LÍDIA: A PRIMEIRA EUROPEIA CONVERTIDA [111]

―❦―

Certa mulher, chamada Lídia, da cidade de Tiatira, vendedora de púrpura, temente a Deus, nos escutava; o Senhor lhe abriu o coração para atender às coisas que Paulo dizia. —Atos 16:14

De modo louvável, podemos manifestar curiosidade acerca da primeira proclamação do evangelho em nosso canto do mundo. Alegramo-nos com o fato de que, com precisão, a história nos conta, por meio de Lucas, sobre quando o evangelho foi anunciado na Europa, por quem foi pregado e quem foi a primeira convertida trazida aos pés do Salvador devido a um fantástico sermão. Em parte, invejo Lídia por ela ter sido a líder do bando europeu, por outro lado, sinto-me

---

[111] Sermão nº 2222, ministrado no domingo, 20 de setembro de 1891, no *Metropolitan Tabernacle*, Newingon.

feliz por uma mulher ter tomado a vanguarda e que a família dela a tenha acompanhado logo em seguida.

Deus usou muito as mulheres e as honrou grandemente no reino de nosso Senhor e Salvador Jesus Cristo. Mulheres santas ministraram a nosso Senhor quando Ele estava na Terra e, desde aquele tempo, muito serviço sagrado tem sido realizado por pacientes mãos femininas. O homem e a mulher caíram em pecados juntos e juntos devem se levantar. Após a ressurreição, foi uma mulher a primeira comissionada de levar as alegres notícias a respeito do Cristo ressurreto. E, na Europa, onde, em dias futuros, a mulher seria liberta das malhas do Oriente, parece adequado que uma mulher fosse a primeira a crer. No entanto, Lídia não foi apenas um tipo de primeiro fruto para a Europa, mas ela provavelmente se tornou uma testemunha ocular em sua própria cidade, Tiatira, na Ásia. Não sabemos como o evangelho foi introduzido nessa cidade, mas somos informados da existência de uma igreja lá por intermédio da mensagem do Cristo ascendido, na instrumentalidade de Seu servo João, "ao anjo da igreja em Tiatira..." (Ap 2:18). Muito provavelmente, Lídia se tornou o arauto do evangelho em sua cidade natal. Que as mulheres que conhecem a verdade a proclamem, pois, por que seria desperdiçada a influência delas? "O Senhor deu a palavra, grande é a falange das mensageiras das boas-novas" (Sl 68:11). Uma mulher pode ser tão poderosa para o mal quanto para o bem. Vemos isso na própria igreja de Tiatira, onde uma mulher chamada Jezabel, que a si mesma se denominava profetisa, buscava seduzir muitos para afastá-los da verdade. Assim sendo, ao ver que o diabo emprega mulheres em seu serviço, que aquelas a quem Deus chamou por Sua graça sejam duplamente zelosas em buscar impedir ou desfazer a perversidade que outras do mesmo sexo estejam fazendo. Se não forem chamadas para o serviço público, todas têm a esfera de seu lar onde podem espalhar o aroma de uma vida e testemunho piedosos.

Se o evangelho não influenciar nossos lares, é pouco provável que ele encontre caminho entre a comunidade. Deus fez com que a piedade familiar seja, por assim dizer, um tipo de marca da religião na Europa, pois a primeira convertida traz consigo toda a sua família. Seus parentes creram e foram batizados junto com ela. Vocês perceberão que na Europa a verdadeira piedade sempre brota na mesma proporção em que a religião é observada em família; não que eu queira dizer que isso não ocorra em outros lugares. Um sino é pendurado no campanário e nos anuncia que é nosso dever ir, todas as manhãs e todas as noites, à casa do campanário a fim de nos unirmos em oração. Contudo, respondemos que a nossa própria casa é melhor por muitas razões. De modo algum criaremos a superstição de que devemos orar em lugares sagrados. Reúna seus filhos e ofereçam orações e súplicas a Deus em sua própria sala.

"Mas não há um sacerdote." Então deveria haver. Cada homem deveria ser um sacerdote em sua família e, na ausência de um pai piedoso, a mãe deveria liderar as devoções. Cada lar deveria ser a casa de Deus, e deveria haver uma igreja em cada casa. Quando assim o for, isso será a maior barreira contra o ofício sacerdotal e a idolatria de locais sagrados. A oração em família e o púlpito são os baluartes do Protestantismo. Confiem nisto: quando a piedade familiar decai, a vida devota se tornará muito pequena. Vendo que, na Europa, a vida cristã começou com uma família convertida, devemos buscar a conversão de todas as nossas famílias e manter dentro de nossos lares a boa e santa prática da adoração familiar.

Então, Lídia é a primeira europeia convertida e analisaremos a história dela tanto quanto a temos descrita nas Sagradas Escrituras. Quatro fatores cooperaram para a sua conversão, sobre as quais falaremos brevemente. Primeiro, *a obra da Providência*; segundo, *a obra de Lídia*; terceiro, *a obra de Paulo*; e quarto, *a obra do Espírito Santo*.

1. *Notem, primeiramente,* a obra da Providência.

Quando estive em Amsterdã, visitei a oficina de um lapidador de diamantes, onde vi muitas rodas enormes e poderosos maquinários em ação. Devo confessar que me pareceu muito estranho que todo aquele aparato devesse ser empregado para lidar com um minúsculo pedaço de cristal, que se parecia com um fragmento de vidro. Aquele diamante valia tanto para que toda uma fábrica atuasse para cortar suas facetas e fazê-lo reluzir? O lapidador de diamantes acreditava que sim. Dentro daquele pequeno espaço está uma gema sobre a qual todo aquele cuidado e trabalho é considerado digno. Aquele diamante deve, neste momento, estar cintilando no dedo ou na cabeça de algum membro da realeza! Agora, quando eu olho mais amplamente para a Providência, parece-me absurdo crer que reinos, dinastias e grandes eventos deveriam estar todos cooperando para o cumprimento do propósito divino na salvação do povo de Deus. Mas é assim que eles estão operando. Pode parecer ridículo, porém não era, já que essas grandes engrenagens deveriam estar todas em ação para o corte de um único diamante. Não é ilógico, por mais que pareça ser, dizer que todos os eventos da providência estão sendo ordenados por Deus a fim de efetuar a salvação de Seu povo, o aperfeiçoamento de joias preciosas que devem adornar a coroa de Cristo para sempre.

No caso que temos diante de nós, a ação da providência divina é vista, antes de tudo, ao trazer Paulo a Filipos. Lídia estava lá. Não sei por quanto tempo estivera ali, nem o que, exatamente a havia levado para lá, mas lá está ela, vendendo sua púrpura, seu tecido vermelho de alizarina. Paulo também deveria estar ali, mas ele não queria ir. Na verdade, não tinha qualquer desejo de ir a Filipos. Ainda havia nele um tipo de preconceito, de forma que, embora estivesse disposto a pregar aos gentios, dificilmente gostaria de sair da Ásia para o meio desses gentios, ou dos gentios da Europa. Desejava pregar o evangelho na Ásia. De modo muito singular, o Espírito o impediu, e parecia que Paulo tinha uma gélida mão colocada sobre si para o deter quando seu coração estava mais aquecido. Ele estava amordaçado, não conseguia falar. "Então, irei para Bitínia", ele diz. Todavia quando inicia sua jornada, é-lhe dito claramente que igualmente não há trabalho para ele lá. Paulo não deveria falar de seu Mestre naquela região, pelo menos não ainda. "...o Espírito de Jesus não o permitiu" (At 16:7). Ele se sente um homem silenciado. O que deveria fazer? Foi até Trôade, à beira-mar, e lá lhe veio uma visão de um homem macedônio, que lhe implorava: "...Passa à Macedônia e ajuda-nos" (v.9). Ele inferiu que deveria ir à Macedônia. Havia um navio em prontidão para ele, o caminho estava livre, havia uma passagem favorável e Paulo logo chegou a Filipos. Dessa maneira estranha e ímpar, Deus o levou para o local onde Lídia estava.

Entretanto, a obra da Providência estava semelhantemente manifesta em levar Lídia até lá, visto que ela não era originalmente de Filipos. Era uma vendedora de púrpura originária de Tiatira. Essa cidade era famosa por seus tintureiros. Eles faziam uma púrpura muito peculiar, que era muito valorizada pelos romanos. Parece que Lídia mantinha esse tipo de negócio. Talvez fosse uma viúva, ou não tivesse marido, embora possa ter reunido uma família de servos ao seu redor. Ela vem a Filipos, do outro lado do mar. Penso que posso vê-los trazendo grandes rolos de tecido vermelho montanha acima, para que ela pudesse vender em Filipos o tecido que ela fabricara e tingira em Tiatira. Por que ela foi até lá apenas naquela época? Por que exatamente quando Paulo está a caminho? Por que foi a Filipos? Por que não Neápolis? Ou por que não arriscar ir a Atenas? Por que não vender seu tecido em Corinto?

Qualquer que tenha sido o motivo de sua escolha, havia apenas uma causa, a qual ela ignorava, que foi o que moldou suas ações e a trouxe a Filipos naquele momento. Deus lhe reservara uma surpresa. Ela e Paulo deviam se encontrar. Não importava qual fosse a vontade deles, ela seria movida e entraria em ação por meio da providência de Deus, a fim de que eles cruzassem o caminho um do outro, e Paulo pregasse o evangelho a Lídia. Creio que não passou pelo coração de Lídia, quando ela partiu de Tiatira com seus fardos de púrpura, que ela encontraria Jesus Cristo em Filipos. Tampouco Paulo previu, quando teve a visão do homem da Macedônia, ouvindo-lhe dizer: "Passa à Macedônia e ajuda-nos", que a primeira pessoa que ele teria de ajudar não seria um homem macedônio, mas sim uma mulher de Tiatira, e que a congregação a quem pregaria seria apenas de umas poucas mulheres reunidas às margens do pequeno córrego que cortava Filipos. Nem Paulo, nem Lídia sabiam o que Deus estava para fazer, mas Deus sabia. Ele entende o fim desde o começo e cronometra os Seus atos de providência para satisfazer as nossas necessidades mais profundas do modo mais sábio.

Sublime é a Sua sabedoria,
Seu coração, pleno de bondade;
Deus nunca ao tempo se adiantaria,
E jamais atrasaria a Sua vontade.[112]

É curioso o fato de Lídia ser natural de Tiatira, na Ásia, sendo que Paulo não deveria pregar na Ásia. E, mesmo assim, quando ele chega à Macedônia, a primeira pessoa que o ouve é da Ásia! Ora, vocês e eu teríamos dito: "Se a mulher pertence a Tiatira, que ela fique em sua cidade, e que Paulo vá para lá; esse é o melhor atalho". Não seria assim; a mulher de Tiatira deveria ir a Filipos, e Paulo também deveria ir para lá. Esse é o plano de Deus; e se conhecêssemos todas as circunstâncias, como Deus as conhece, sem dúvida admiraríamos a sabedoria por trás disso. Pode ser que a peculiaridade das circunstâncias tenha feito Paulo ficar mais alerta para aproveitar a oportunidade em Filipos do que ele ficaria se tivesse ido a Tiatira. Talvez o isolamento em uma cidade estrangeira tenha deixado Lídia mais inclinada às coisas espirituais. Deus pode atingir uma dúzia de fins com apenas um ato.

Um de nossos evangelistas conta sobre um homem que se converteu em um pequeno vilarejo na Irlanda, e mais tarde

---

[112] Tradução livre de uma das estrofes do poema *Say not, my soul*, de J. J. Lynch (1816–88).

se descobriu que ele e o pregador que o levou a Cristo moravam a pouca distância um do outro em Londres. Eles jamais haviam se encontrado nesta grande cidade onde os vizinhos são estranhos uns aos outros. Tampouco seria provável que eles algum dia teriam contato um com o outro aqui, pois o homem, que era um vendedor viajante, era muito desatento para sequer frequentar um local de adoração em Londres. Contudo, para vender bens, ele foi para a Irlanda, aonde também foi o evangelista para pregar o evangelho. Estando, de algum modo, sem saber o que fazer com seu tempo, ele logo viu o nome de um pregador de Londres sendo anunciado, determinou-se a ir ao culto e lá encontrou Cristo. Podemos ver o quão natural foi isso no caso do qual conhecemos todos os detalhes, e foi, sem dúvida, igualmente bem orquestrado no caso de Lídia e de Paulo.

Eu não me surpreenderia, nesta noite, se houvesse muitas providências que cooperaram conjuntamente para trazer alguns de meus ouvintes a seus assentos neste momento. O que trouxe *você* a Londres, amigo? Não era sua intenção estar nesta cidade. Ao vir a Londres, o que o trouxe a esta parte dela? O que o levou a estar neste culto? E por que você não veio em um dos domingos em que o pregador estaria aqui, se pudesse, mas não pôde em razão de sua enfermidade? Porque pode ser que apenas vinda destes lábios a palavra chegará a você, e somente nesta noite; e, assim, você precisava vir a este lugar. Talvez haja alguém que pregue o evangelho muito melhor na cidade onde você vive, ou, quem sabe, já teve oportunidades de ouvir os mesmos pregadores perto de onde mora, e não tirou proveito da mensagem deles, e, mesmo assim, Deus o trouxe aqui. Eu gostaria que observássemos mais as providências. "Quem é sábio atente para essas coisas e considere as misericórdias do SENHOR" (Sl 107:43). Se Deus o encontrar e o converter, garanto-lhe que você se tornará um crente na Providência e dirá: "Sim, Deus orientou meus passos. Ele dirigiu meu caminho e me trouxe para o local onde Jesus me encontraria e abriria meu coração para que eu pudesse receber o evangelho de Sua graça". Tenham bom ânimo, ministros do evangelho! A Providência está sempre atuando com vocês enquanto estão trabalhando para Deus. Muitas vezes admiro a linguagem de Maomé. Quando estava na batalha de Uhud[113], ele disse a seus seguidores, apontando em direção aos seus inimigos: "Ataquem-nos! Posso ouvir as asas dos anjos enquanto eles se apressam em nosso auxílio!". Esse foi um devaneio da parte dele, pois ele e seus soldados foram terrivelmente derrotados, mas não é um devaneio no caso dos servos de Cristo. Nós *podemos* ouvir as asas dos anjos. Podemos ouvir o ranger das grandes engrenagens da Providência enquanto elas se movem em auxílio ao pregador do evangelho. Tudo está a nosso favor, quando estamos com Deus. Quem pode ser contra nós? As estrelas, em seu percurso, batalham pelos servos de Deus, e todas as coisas, grandes e pequenas, se dobrarão diante dos pés do Mestre que pisou sobre as ondas do mar da Galileia e que ainda é o Senhor de tudo e reina sobre todas as coisas para o cumprimento de Seus propósitos divinos.

Isso é suficiente sobre a obra da Providência.

---

[113] Batalha travada entre os exércitos coraixitas, de Meca, e os muçulmanos, liderados por Maomé, em 23 de março de 625 d.C.

2. *A próxima coisa é* a obra de Lídia.

A intenção de Deus era que Lídia fosse salva. No entanto, vocês sabem que nenhuma mulher jamais foi salva contra a sua vontade. Deus nos torna dispostos no dia de Seu poder, e esse é o meio de Sua graça não violar o livre-arbítrio, mas subjugá-lo com doçura. Jamais alguém será arrastado ao Céu pelas orelhas, tenham certeza disso. Iremos para lá de todo o nosso coração e nossos desejos. O que, então, Lídia estava fazendo?

Tendo sido inspirada pela graça divina, a primeira coisa que ela fez foi observar o *Shabat*. Ela era uma prosélita e guardava o sétimo dia. Estava distante de Tiatira, e ninguém saberia o que ela fizesse, ainda assim ela cuidadosamente observou o dia do Senhor. Estava em um país estrangeiro quando estava em Filipos, mas não havia deixado Deus de lado. Conheço alguns ingleses que, assim que chegam ao continente, ficam se agitando durante os domingos e os dias da semana, como se Deus não vivesse no continente, como se, quando estão em seu país, apenas observassem o *Shabat* por estarem na Inglaterra, o que é, provavelmente o caso de muitos. Quando estão distantes, dizem: "Quando está em Roma, você deve agir como os romanos", e se entregam aos seus prazeres no dia do Senhor. Não era assim com Lídia. Não havia venda de púrpura naquele dia, ela respeitava o *Shabat*. Ó, eu pediria a Deus que todos respeitassem o *Shabat*! Que Deus permita que isso jamais nos seja tirado! Há uma conspiração agora para fazer alguns de vocês trabalharem todos os sete dias da semana, e não receberão mais pagamento pelos sete dias do que receberiam por seis.

Levantem-se contra isso e preservem seu direito de descansar no dia do Senhor. A observância de um dia em sete como um dia de descanso ajuda, materialmente, na conversão dos homens visto que eles, então, ficam inclinados a refletir. Têm a oportunidade de ouvir e, se escolherem se beneficiar disso, há muita chance de que Deus abençoará o que eles ouvirem e eles serão salvos.

Agora notem que Lídia não apenas observou o *Shabat*, mas *foi a um lugar de adoração*. Não era um lugar muito agradável. Não suponho que houvesse um prédio ali. Podia ser um pequeno oratório temporário colocado às margens do rio. Porém, muito provavelmente, era somente ali, no banco do rio, que eles se reuniam. Não parece que havia qualquer homem, apenas mulheres. Realizavam apenas uma reunião de oração: "...nos pareceu haver um lugar de oração" (At 16:13). Contudo, Lídia não se afastou do local. Ela possivelmente teria se desculpado após sua longa viagem e pelo cansaço do trabalho de abrir um novo estabelecimento. Mas o coração dela estava na oração e, assim, não achou que fosse penoso se encontrar onde a oração era oferecida. Ela não disse: "Posso ler um sermão em casa", ou "Posso ler o Livro da Lei em um lugar fechado". Ela desejou estar onde estava o povo de Deus, mesmo que fossem poucos, ou sem importar quão pobres fossem. Ela não foi ao belíssimo templo pagão em Filipos, mas buscou os poucos fiéis que se reuniam para adorar ao Deus verdadeiro.

Caros amigos, façam o mesmo. Vocês que não são convertidos, continuem observando os meios da graça e não vão a um lugar simplesmente porque o prédio é elegante e porque há uma multidão lá, porém vão aonde verdadeiramente se adora a Deus, em espírito e em verdade. Se acontecer de serem poucos e muito pobres, ainda assim vão com eles, pois ao fazê-lo, estarão no caminho da bênção. Creio que vocês ainda terão de dizer: "Estando eu a caminho, Deus me encontrou". Ainda que seja o que alguns chamam de "apenas uma reunião de oração", farão bem em ir. Algumas das maiores bênçãos das quais os homens têm usufruído foram recebidas em reuniões de oração. Se desejamos encontrar Deus, que o busquemos diligentemente, "não deixemos de congregar-nos, como é costume de alguns" (Hb 10:25). Embora você não possa salvar a si mesmo ou abrir o próprio coração, pode, pelo menos, fazer o que Lídia fez: observar o *Shabat* e se reunir com o povo de Deus.

Estando Lídia com a assembleia, quando Paulo começou a falar, descobrimos que *ela atentava ao que estava sendo dito*, que é outra coisa que podemos fazer. É uma grande lástima quando pessoas vêm à Casa de Deus e não prestam atenção na mensagem. Desde o dia em que preguei aqui pela primeira vez, nunca tive de reclamar das pessoas nesta casa não estarem atentas. Contudo, já estive em lugares de adoração em que parecia haver qualquer coisa, exceto atenção. Como se pode esperar que haja alguma bênção quando os bancos se tornam lugares de cochilos ou quando a mente está lá na fazenda, ou na cozinha, ou na loja, esquecendo-se completamente do evangelho que está sendo pregado ao ouvido físico? Se você quiser uma bênção, preste atenção com toda a sua força à palavra que é pregada. No entanto, falaremos mais disso adiante.

Até aqui falamos da obra da Providência e da obra de Lídia.

3. Agora, a próxima é a obra de Paulo, *visto que ela também é necessária.*

Para que haja a conversão de pessoas, é necessário que aquele que intenta a conversão delas trabalhe como se tudo dependesse dele, embora saiba que não pode realizar tal obra. Devemos buscar alcançar almas com tanto empenho, prudência e zelo, como se tudo dependesse de nós, e, então devemos deixar tudo com Deus, sabendo que ninguém, senão o Senhor, pode salvar uma alma.

Percebam que Paulo, desejando convertidos, *é cauteloso na escolha do lugar* aonde iria para procurar por eles. Vai ao local onde deveria haver uma sinagoga. Pensa que, onde as pessoas desejassem orar, lá encontraria o tipo de gente que estaria pronta para ouvir a Palavra. Desse modo, selecionou as pessoas tementes, adoradores devotos ao único Deus, e foi ao lugar para falar-lhes a respeito de Cristo. Algumas vezes é nosso dever declarado anunciar a Palavra do telhado das casas às multidões desatentas. Entretanto, penso que, geralmente, haverá mais sucesso quando buscarmos e instruirmos àqueles em cujo coração o Espírito de Deus já começou a agir. Quando Cristo enviou Seus discípulos em sua primeira missão, Ele lhes disse que, quando entrassem em uma cidade, perguntassem "quem [nelas] é digno; e aí ficassem até que se retirassem" (Mt 10:11). Com isso, Ele demonstrava evidentemente que, mesmo entre aqueles que não conhecem a verdade, há alguns cujo coração está preparado para recebê-la, que são de espírito devotado e, neste sentido, dignos. Esses são os primeiros indivíduos a quem se deveria buscar. No mesmo sentido limitado, Cornélio, a quem Pedro foi enviado, era digno de ouvir as boas-novas de grande alegria. Seu espírito reverente era agradável a Deus, pois lemos: "...a tua oração foi ouvida, e as tuas esmolas, lembradas na presença de Deus" (At 10:31). Naturalmente não devemos pensar que essas coisas têm alguma reivindicação na salvação, mas elas evidenciam os corações que estão preparados para receber a mensagem da salvação, ao buscar o Senhor "...se, porventura, tateando, o [puderem] achar..." (At 17:27).

Uma de nossas maiores dificuldades nestes dias é que muitos perderam toda a reverência por qualquer autoridade, até mesmo a de Deus. Depois de se levantar contra o despotismo humano, eles também tentam, tolamente, deixar aos pedaços os limites estabelecidos por Deus. Retrocedemos ao poder infinito de Deus quando temos de lidar com tais pessoas, porém, quando encontramos com outras que estão dispostas a ouvir e a orar, sabemos que Deus já começou a agir. Agora, querido obreiro, escolha a pessoa que está evidentemente direcionada a você pela graciosa providência divina. Escolha cautelosamente e busque falar com aqueles com quem poderá ter esperança de ser ouvido e confie que Deus abençoará a Palavra.

Quando Paulo vai até o rio, você percebe que ele é muito *prudente quanto à sua maneira* de apresentar o seu assunto. Ele não pregou. Encontrou umas poucas mulheres, e levantar-se e pregar para elas, como fez com as multidões em Corinto e Atenas, poderia parecer absurdo. Contudo lemos: "...assentando-nos, falamos às mulheres que para ali tinham concorrido" (At 16:13). Ele tomou assento às margens do rio, onde todas já estavam sentadas em oração, e começou a conversar. Um sermão teria ficado um tanto deslocado, mas uma conversa era o tipo correto de coisa. Assim, ele conversou sobre o evangelho com elas. Sejam muito cuidadosos quanto à forma na qual trabalharão com as pessoas, pois muito do resultado dependerá disso. Alguns podem se afastar de Cristo já no início do sermão, uma vez que, no momento em que você começa a pregar, elas dizem: "Ó, obrigado! Não quero qualquer de seus sermões!". Talvez você pudesse deixar escapar uma palavra discretamente; lançar apenas uma semente na fenda aberta, ou deixar-lhes uma palavra, apenas uma. Diga logo: "Se você não deseja qualquer sermão, não quero pregar para você. Não sou tão apreciador de sermões assim, mas li uma história muito curiosa no jornal esses dias!". E depois lhe conte a história e a envolva com o evangelho. Se eles não querem remédio, não lhes deem remédio. Deem-lhes um pouquinho de açúcar. Eles aceitarão o açúcar, e quando o ingerirem, haverá um comprimido inserido nele. Menciono isso porque podemos perder oportunidades de fazer o bem por não estarmos completamente despertos. "...sede, portanto, prudentes como as serpentes e símplices como as pombas" (Mt 10:16). Paulo, portanto, se senta e tem uma conversa amigável com as mulheres que tinham ido àquele local.

Contudo, quer Paulo tenha pregado, quer tenha conversado, era tudo o mesmo: ele foi *cauteloso quanto ao tema* de seu discurso. Ele tinha apenas um tema, e esse era Cristo. O Cristo que o encontrara no caminho para Damasco e que transformara o seu coração; o Cristo que ainda era capaz de salvar; o Cristo que sangrou sobre a cruz para trazer homens a Deus e os lavar com seu sangue; o Cristo no Céu, intercedendo pelos pecadores; o Cristo esperando para exercer graça. Paulo jamais encerraria seu discurso sem dizer: "Confiem nele! Confiem nele! Aquele que nele crê tem a vida eterna!". Assim, quer pregasse ou conversasse, seria a mesma história de Jesus Cristo, e o Salvador crucificado. Era assim que Paulo agia. Ele podia ter procedido de forma muito diferente. Se o coração dele não estivesse ardendo totalmente por Jesus, ele muito provavelmente não teria falado nada, ou se falasse, seria uma observação corriqueira sobre o clima. Ele podia ter ficado muito curioso para entender o método pelo qual a bela tintura púrpura era conseguida e não se lembrar da mensagem do evangelho escrita por Isaías, muito tempo antes, que viria com força especial ao coração de suas ouvintes: "...ainda que os vossos pecados sejam como a escarlata, eles se tornarão brancos como a neve; ainda que sejam vermelhos como o carmesim, se tornarão como a lã" (Is 1:18). Poderia se interessar sobre seus questionamentos acerca de Tiatira, como um modo de se esquecer de falar a respeito da Cidade da luz. Uma dúzia de assuntos poderia ter atraído a atenção se o coração de Paulo não estivesse firme em apenas um tema. Ele poderia falar de suas viagens e até de seus planos, sem, de fato, pregar Cristo para elas.

Ele poderia falar sobre o evangelho, como temo que nós frequentemente o façamos, e não o evangelho em si. Alguns sermões que tenho ouvido, embora impecáveis em ortodoxia, não contêm qualquer coisa que poderia converter alguém, pois não há nada que toque a consciência ou o coração. Outros, embora muito inteligentes e profundos, não exerceram qualquer influência sobre as necessidades dos ouvintes, e não surpreende nem um pouco que não haja resultados.

Todavia, tenho certeza de que a conversa de Paulo mirava direto no centro do alvo: era evidentemente dirigida ao coração, pois nos é informado que foi com o coração que Lídia o ouviu. Afinal, não são nossos discursos mais bem ordenados, nem nossas ilustrações mais adequadas que trazem as pessoas a Cristo, mas alguma pequena frase que escapa sem querer, ou uma palavra calorosa que vem diretamente da experiência de nosso próprio coração. Havia muito disso naquele dia durante aquela conversa zelosa e simples às margens do rio. Que multipliquemos essas conversas se desejamos ganhar mais Lídias para a Igreja.

4. E, em quarto — e aqui está o principal ponto — vamos observar a obra do Espírito de Deus.

A providência traz Paulo e Lídia ao mesmo lugar. Lídia vai para lá porque é uma observadora do *Shabat* e ama o local de adoração. Paulo se dirige àquele lugar porque ama ganhar almas e, como seu Mestre, está à busca da ovelha perdida. Contudo, este seria um encontro ineficaz para eles se o Espírito de Deus não estivesse presente também. Assim, lemos a seguir acerca de Lídia: "...o Senhor lhe abriu o coração para atender às coisas que Paulo dizia". Não surpreende que o Senhor possa abrir o coração humano, visto que Aquele que criou a fechadura conhece bem qual chave se adequa a ela. Não sei quais meios Deus usou no caso de Lídia, mas lhes direi o que deve ter acontecido. Talvez ela tivesse perdido o marido; o coração de muitas mulheres foi aberto por conta desse golpe. A alegria da alma dela havia se esvaído, e ela se voltou a Deus. Talvez o marido de Lídia tenha sido preservado para ela, mas ela perdera um filho. Ó, quantos bebês são enviados para cá com o propósito de atrair sua mãe para o Céu; um cordeirinho recolhido para que a ovelha venha a seguir o Pastor! Talvez ela tivesse feito más negociações, o preço da púrpura havia caído. Podia ter certo receio de que fracassaria em seu empreendimento. Sei que problemas como esses podem abrir o coração de algumas pessoas. Talvez ela fosse próspera, talvez o valor da púrpura tivesse aumentado. Conheço algumas pessoas tão impressionadas com as bênçãos temporais de Deus que se dispuseram a pensar sobre Ele e se voltar a Ele. Não sei, não consigo supor e não tenho o direito de conjecturar o que era. Porém, sei que Deus tem um arado maravilhoso e, com ele, Deus quebra o solo enrijecido do coração humano. Quando passei pela *Britannia Iron Works*[114], em Bedford, fiquei surpreso com os estranhos trituradores e quebradores de torrões de terra, e com os arados lá fabricados pelos senhores Howard. Deus tem alguns maquinários maravilhosos em Sua providência para revirar o solo de nosso coração. Não posso falar sobre o que Ele tem feito para você, caro amigo, mas creio que, independentemente do que aconteceu, isso abriu o solo para que a boa semente fosse ali lançada. Foi o Espírito de Deus que fez tal coisa; qualquer que tenha sido a instrumentalidade, o coração de Lídia foi aberto. Aberto para o quê? Para "...atender às coisas que Paulo dizia".

Assim sendo, primeiramente o coração dela estava aberto para *ouvir muito intencionalmente*. Ela queria compreender cada palavra. Ela fez como alguns de vocês: colocou uma das mãos sobre um dos ouvidos, em temor de que não ouvisse tudo o que era falado. Há muitas formas de ouvir. Alguns

---

[114] Fábrica de maquinário agrícola aberta pelos irmãos James e Frederick Howard, em Bedford, Inglaterra, em 1859.

ouvem com ambos os ouvidos, permitindo que a mensagem entre por um deles e saia pelo outro. Como aquele bem-humorado que, quando estavam lhe falando muito seriamente, parecia muito desatento, o que, com o tempo, cansou o amigo que estava discursando. "Receio que isso não lhe esteja trazendo qualquer benefício", disse ele. "Não", foi a resposta. "Mas acredito que fará algum bem a este senhor", apontando para aquele que estava sentado ao seu lado, "pois o que você disse entrou por este lado e saiu pelo outro". Ó, como eu gostaria que vocês tivessem apenas um ouvido, para que a verdade que ouvem jamais pudesse sair novamente após ter adentrado pelo menos uma vez! Bem falou o Senhor, por meio de Isaías, o profeta: "Ouvi-me *atentamente*, comei o que é bom..." (Is 55:2). Muitas pessoas podem ouvir uma palestra científica por uma ou duas horas, ou um discurso político, sem se sentir nem um pouco esgotadas. Podem até ir ao teatro e sentar-se lá por toda uma noite sem sequer sonhar estarem cansadas. No entanto, reclamam do sermão como um tipo de penitência, mal ouvindo as palavras ou, pelo menos, jamais imaginando que a mensagem possa ter qualquer aplicação a sua própria vida.

O coração de Lídia estava tão aberto que ela "atendia", isto é, ouvia à palavra de salvação e começou a *desejá-la*. É sempre um prazer receber convidados que saboreiam a comida colocada diante deles; e é sempre uma grande alegria pregar àqueles que estão ansiosamente famintos pela verdade. Mas que tarefa triste é permanecer continuamente elogiando a pérola de grande preço àqueles que não reconhecem o seu valor nem desejam a sua beleza! Daniel era um homem "...muito amado..." (Dn 10:11); a palavra hebraica aqui empregada significa "um homem de anseios". Ele não era um desses indivíduos vaidosos e convencidos. Anelava e ansiava por coisas melhores do que as que já havia alcançado, e assim era um "homem muito amado". Deus ama as pessoas que têm sede dele e que desejam conhecer Seu amor e Seu poder. Podemos explicar como for o evangelho, mas, se não houver desejo no coração, nossa mensagem mais clara ficará perdida. Um homem disse em relação a algo que queria deixar claro: "Ora, isso é tão claro quanto o ABC!". "Sim", disse a outra parte, "mas o homem a quem você fala é DEF". Desse modo alguns de nossos ouvintes parecem se desviar da Palavra de Deus. Entretanto, quando uma pessoa diz: "Quero encontrar a salvação, quero receber a Cristo hoje mesmo; ouvirei com a determinação de que eu encontrarei o caminho para ser salvo". Certamente, se o que for dito for a mesma coisa que Paulo falou, poucos, nessa condição, irão para casa sem encontrar a salvação. O coração de Lídia estava aberto para atender ao evangelho, isto é, para o desejar.

Todavia, a seguir, o coração dela estava aberto para o compreender. É espantoso o quão pouco até mesmo as pessoas bem instruídas entendem o evangelho, muitas vezes, quando ele é pregado de forma simples. Ficamos constantemente aturdidos pelas más compreensões que as pessoas têm quanto ao caminho da salvação. Lídia, porém, absorvera a verdade. "Graças sejam dadas a Deus", disse ela, "pois eu o vejo. Jesus sofreu em nosso lugar, e nós, por um ato de fé, o aceitamos como nosso Substituto e assim somos salvos. Entendo! Eu nunca o vira anteriormente. Li sobre o Cordeiro Pascal, a aspersão do sangue, e do anjo passando por cima das casas onde tal sangue fora aplicado. Eu o compreendia muito pouco. Agora entendo que, se o sangue for aspergido sobre mim, Deus passará por cima, de acordo com a Sua Palavra: '...quando eu vir o sangue, passarei por vós' (Êx 12:13)". Ela atentou às coisas que foram faladas por Paulo, de forma a compreendê-las.

Mas, acima disso, o coração dela estava tão aberto que ela atendeu ao evangelho de modo a aceitá-lo. "Ah!", disse ela, "agora eu o entendo e o recebo. Cristo para mim! Cristo para mim! Esse bendito Substituto dos pecadores! Isto é tudo o que eu devo fazer: simplesmente confiar nele? Então, confiarei. Quer eu afunde ou nade, lançar-me-ei a Ele agora mesmo!". Ela o fez naquele local e naquele dia. Não houve hesitação. Ela creu no que Paulo anunciou: que Jesus era o Filho de Deus, a propiciação pelo pecado, e que, quem cresse nele seria justificado ali mesmo, naquele momento. Ela creu em Cristo e foi justificada, assim como você será, caro amigo, se crer nele agora. Você também terá salvação imediata, minha prezada irmã sentada lá atrás, se vier, como Lídia fez há tanto tempo, e aceitar Cristo para que Ele seja seu e confiar nele neste momento. Lídia atendia às coisas que Paulo ministrava, assim, aceitou Cristo.

Após ter feito isso, ela foi além: o seu coração foi tão conquistado que foi, pelo Espírito, levada a obedecer à Palavra e a confessar a sua fé. Paulo lhe disse que o evangelho era este: "Quem que crer e for batizado scrá salvo". Ele disse a Lídia: "Minha comissão é 'ide por todo o mundo e pregai o evangelho a toda criatura. Quem crer e for batizado será salvo...'" (Mc 16:15-16). Talvez ela tenha questionado: "Mas por que eu preciso ser batizada?". Ele respondeu: "Como um testemunho de sua obediência a Cristo, a quem está recebendo como seu Mestre e seu Senhor. E como uma forma de você ser um com Ele em Seu sepultamento. Você precisa ser sepultada na água, como Ele o foi no túmulo de José; e deve ser erguida das águas como Ele se levantou da morte. Esse ato é para ser a você um sinal e um símbolo de sua unidade com Cristo em Sua morte, sepultamento e ressurreição". O que disse Lídia? Teria dito: "Bem, eu preciso esperar um pouco, a água está gelada"? Disse ela: "Acho que devo perguntar acerca disto; devo refletir sobre isso"? Não, de forma alguma. Paulo lhe diz que é uma ordenança de Cristo, e ela logo responde: "Aqui estou, Paulo, permita-me ser batizada e todos os meus servos também, e todos que pertencem à minha família, pois eles também creem em Jesus Cristo. Que sejamos batizados imediatamente". Então, foram batizados "ela e toda a sua casa" (At 16:15). Ela obedeceu imediatamente à mensagem celestial e se tornou uma fiel batizada. Não tinha vergonha de confessar Cristo. Não o conhecia há muito tempo, mas o que sabia a respeito dele foi tão abençoador e jubiloso para sua alma que ela teria dito, caso conhecesse o hino:

> *Por entre inundações e chamas, se Cristo conduzir*
> *Segui-lo-ei aonde quer Ele for;*
> *"Não me impeçam", será minha súplica,*
> *Embora a Terra e o inferno possam se opor.*[115]

Você pode imaginá-la dizendo: "Ele baixou nas águas do rio Jordão e disse: 'assim, nos convém cumprir toda a justiça'"

---

[115] Tradução livre de uma das estrofes do hino *In all my Lord's appointed ways*, de John Ryland (1753–1825).

(Mt 3:15)? Então, irei aonde o Senhor já me precedeu e serei obediente a Ele e direi a todo mundo: 'Eu também sou uma seguidora do Cristo crucificado'".

Agora, por último, após Lídia ser batizada, *ela se tornou uma cristã muito entusiasta*. Ela disse a Paulo: "Vocês devem vir comigo. Sei que não têm para onde ir. Venham comigo, e também seu amigo Silas. Tenho espaço suficiente para ele; e para Timóteo, e também Lucas. Podemos abrir espaço e acomodá-los entre os rolos de púrpura, ou em outro lugar. Porém, de qualquer forma, eu tenho espaço para quatro pessoas em minha casa e espaço em meu coração para 40 mil de vocês. Gostaria de poder hospedar toda a Igreja de Cristo". Que mulher amável era Lídia! Pensou que nada do que fizesse em favor dos homens que foram uma bênção para ela seria demais, pois considerava o que realizava por eles como feito para seu Senhor e Mestre. Eles poderiam ter dito: "Não, de verdade, não queremos incomodá-la. Você tem toda a sua família. E tem os seus negócios dos quais cuidar". "Sim", responderia Lídia, "sei disso. É muito gentil que vocês tentem se escusar, mas devem vir comigo". Paulo poderia argumentar: "Minha prezada senhora, vamos encontrar outros fazedores de tendas e faremos tendas com eles. Encontraremos hospedagem onde temos estado". Mas Lídia insistiu: "Se julgais que eu sou fiel ao Senhor, entrai em minha casa e aí ficai…" (At 16:15) e os constrangeu a isso. Ela provavelmente estava pensando: "Não creio que vocês acreditarão realmente em mim, a menos que venham comigo. Vocês me batizaram e, por esse ato, declararam que me consideram uma verdadeira cristã. Se o creem de fato, venham e fiquem em minha casa por tanto tempo quanto quiserem, e lhes deixarei o mais confortável que eu puder".

Por fim, Paulo cedeu a tal argumentação e foi para a casa dela. Como todos ficariam felizes e que louvores a Cristo se levantaria daquela família! Espero que esse espírito generoso, que brilhou no coração da primeira convertida da Europa, sempre permaneça entre os convertidos europeus até o dia final. Creio que, quando eles são chamados não meramente para receber os ministros de Deus, mas também para ajudar o povo de Deus de todos os tipos, eles podem estar prontos e dispostos a fazê-lo por amor a Cristo, pois o amor os encherá com a santa hospitalidade e um desejo firme de abençoar os filhos de Deus. Amem uns aos outros, irmãos e irmãs, e façam o bem mutuamente, sempre que tiverem a oportunidade. Fazendo assim, serão dignos seguidores de Lídia, a primeira convertida europeia, cujo coração o Senhor abriu.

Que o Senhor abra o seu coração, em nome de Jesus! Amém.

13

AS MULHERES EM ROMA: ROMANAS, MAS NÃO ROMANISTAS[116]

―――⧫―――

Recomendo-vos a nossa irmã Febe, que está servindo à igreja de Cencreia, para que a recebais no Senhor como convém aos santos e a ajudeis em tudo que de vós vier a precisar; porque tem sido protetora de muitos e de mim inclusive. Saudai Priscila e Áquila, meus cooperadores em Cristo Jesus, os quais pela minha vida arriscaram a sua própria cabeça; e isto lhes agradeço, não somente eu, mas também todas as igrejas dos gentios; saudai igualmente a igreja que se reúne na casa deles. Saudai meu querido Epêneto, primícias da Ásia para Cristo.

Saudai Maria, que muito trabalhou por vós. Saudai Andrônico e Júnias, meus parentes e companheiros de prisão, os quais são notáveis entre os apóstolos e estavam em Cristo antes de mim. Saudai Amplíato,

---
[116] Sermão nº 1113, ministrado no *Metropolitan Tabernacle*, Newington.

> meu dileto amigo no Senhor. Saudai Urbano, que é
> nosso cooperador em Cristo, e também meu amado
> Estáquis. Saudai Apeles, aprovado em Cristo. Saudai os
> da casa de Aristóbulo. Saudai meu parente Herodião.
> Saudai os da casa de Narciso, que estão no Senhor.
> Saudai Trifena e Trifosa, as quais trabalhavam no
> Senhor. Saudai a estimada Pérside, que também muito
> trabalhou no Senhor. Saudai Rufo, eleito no Senhor, e
> igualmente a sua mãe, que também tem sido mãe para
> mim. Saudai Asíncrito, Flegonte, Hermes, Pátrobas,
> Hermas e os irmãos que se reúnem com eles. Saudai
> Filólogo, Júlia, Nereu e sua irmã, Olimpas e todos
> os santos que se reúnem com eles. Saudai-vos uns aos
> outros com ósculo santo. Todas as igrejas de Cristo vos
> saúdam. —Romanos 16:1-16

Este capítulo de Romanos contém a amorosa saudação de Paulo aos vários cristãos que habitavam em Roma. Lembrem-se de que esta é uma passagem inspirada, embora consista em cortesias cristãs dirigidas a diferentes pessoas, ainda assim foi escrita por um apóstolo e não apenas como uma carta comum, mas como parte de um volume inspirado. Assim sendo, deve haver material valioso nela, e, mesmo que ela pareça pouco instrutiva quando a lemos, deve existir alguma questão edificante abaixo da superfície, pois as Escrituras são concedidas por inspiração e se designam a nos beneficiar de um modo ou outro. Até certo ponto, o texto nos mostra uma coisa: que Paulo era de disposição afetuosa e que Deus não escolhera como apóstolo um homem de mentalidade rude, insensível e egoísta. A sua memória, bem como o seu coração, deveria estar em boas condições para lembrar-se de tantos nomes, e estes eram apenas poucos de seus grandemente amados irmãos e filhos espirituais por todo o mundo, a quem ele menciona por nome em outras epístolas. Seu coração caloroso, não duvido, avivava a sua memória e assegurava a sua lembrança da forma, condição, história, caráter e do nome de cada um de seus amigos. Ele os amava demais para que os esquecesse. Os cristãos deveriam se amar e carregar o nome uns dos outros em seu coração, assim como o nosso Sumo Sacerdote leva o nome de todos os Seus santos sobre o Seu peitoral[117]. Um cristão está sempre anelante por agradar com amabilidade por causa do amor que tem, e jamais deseja ferir por meio da rudeza. A graça leva o servo de Deus a ter o senso mais aguçado de cavalheirismo. Se não aprendermos nada mais desta passagem do que acerca do dever de agir de maneira amável e cortês uns com os outros, já teremos melhorado muito por isso, pois não tem havido muita consideração afetuosa e abordagem gentil entre os que confessam a fé cristã nestes dias.

***1. Além disso, nosso texto é especialmente cheio de material instrutivo, como espero lhes demonstrar. Sem considerar o prefácio, notemos, inicialmente, que* esta passagem ilustra notavelmente os vários relacionamentos familiares na igreja.**

Observe, no terceiro versículo, que o apóstolo diz: "Saudai Priscila e Áquila, meus cooperadores em Cristo Jesus". Aqui

---

[117] Conforme Êxodo 28:15-21,29; Hebreus 7.

você tem uma família na qual tanto o pai quanto a mãe, ou digamos o marido e a esposa, haviam se unido à Igreja do Senhor. Que circunstância feliz é essa! A influência deles sobre o restante de sua casa deve ter sido muito poderosa, visto que, quando dois corações amorosos se unem, eles realizam maravilhas. Que circunstâncias diferentes se acumulam ao redor dos nomes de Priscila e Áquila, tão diversas daquelas que cercam Ananias e Safira! Neste último caso, temos um marido e sua esposa conspirando em hipocrisia, e no primeiro, uma esposa e seu marido unidos em devoção sincera[118]. Triplamente felizes são aqueles que são unidos não apenas em matrimônio, mas que são um no Senhor Jesus Cristo; casamentos deste tipo são realizados no Céu. Priscila e Áquila parecem ser um casal de cristãos amadurecidos, uma vez que se tornaram instrutores de outros. Não meramente professores dos ignorantes, mas mestres daqueles que já conheciam muito acerca do evangelho, visto que instruíram o jovem Apolo, um homem eloquente e poderoso, nas Escrituras[119]. Eles lhe ensinaram o caminho de Deus com mais perfeição e, portanto, podemos ter certeza de que eram, eles mesmos, cristãos de conhecimento profundo. Devemos sempre procurar por nossos pais espirituais e mães cuidadosas naquelas famílias onde o marido e a esposa caminham em temor a Deus; eles cooperam mutuamente e, portanto, podem crescer na graça acima de outros.

Não sei por que, neste caso, Paulo escreveu "Priscila e Áquila", mencionando a esposa primeiro, pois em Atos lemos acerca deles como "Áquila e Priscila". Eu não me

---

[118] Conforme Atos 5:1-11.
[119] Conforme Atos 18.

surpreenderia se o apóstolo os tivesse mencionado na ordem de acordo com a qualidade, em vez do papel entre os gêneros. Ele citou Priscila primeiro porque ela era a primeira em força de caráter e em realizações na graça. Há uma precedência que, em Cristo, é devida à mulher quando ela se torna a líder em devoção e manifesta uma mente mais firmada nas coisas de Deus. É bom quando a natureza e a graça nos autorizam dizer "Áquila e Priscila", porém não é impróprio quando a graça supera a natureza e ouvimos de "Priscila e Áquila". Quer a esposa venha em primeiro ou em segundo, pouco importa, se ambos são verdadeiramente servos de Deus. Caros maridos, sua esposa não é convertida? Jamais deixe de orar por ela. Boa irmã, você ainda não viu o parceiro de suas alegrias ser trazido para ser participante da graça? Nunca dobre seus joelhos em favor de si mesma sem mencionar esse nome amado diante do trono da misericórdia. Orem incessantemente para que seus companheiros de vida possam se converter a Deus. Priscila e Áquila eram fazedores de tenda, portanto da mesma área profissional que o apóstolo, que, por esse motivo, hospedou-se com eles em Corinto. Em determinado momento, eles viveram em Roma, mas foram obrigados a partir devido a um decreto de Cláudio que bania os judeus da cidade imperial. Quando tal decreto não estava mais vigente, parece que eles retornaram a Roma, que, pelos imensos toldos usados nos grandes prédios públicos, proporcionava uma boa esfera para o ofício dos fabricantes de tendas. É muito provável que a ocupação deles em fabricar tendas necessitava que tivessem uma sala grande onde executariam seu trabalho, e, portanto, permitia aos cristãos que se reunissem ali. Paulo falou à igreja que estava na casa deles.

É um grande privilégio quando uma família cristã pode acomodar a Igreja do Senhor. É bom quando eles julgam que o salão será honrado ao ser usado para reuniões de oração e consideram que o melhor cômodo na casa não é tão bom para que os servos de Deus se reúnam. Tais habitações se tornam como a casa de Obede-Edom, onde a arca de Deus ficou por um tempo e deixou após ela bênção permanente[120].

Prosseguindo, no versículo 7, vocês têm outra família: "Saudai Andrônico e Júnias, meus parentes e companheiros de prisão, os quais são notáveis entre os apóstolos e estavam em Cristo antes de mim". Agora, se entendo essa passagem corretamente, temos aqui um caso de dois homens, talvez sejam dois nomes masculinos — Andrônico e Júnias, ou, quem sabe um marido e esposa, ou irmão e irmã — Andrônico e Júnia. No entanto, de qualquer forma, eles representam parte de uma família, e parte de uma família notável também, porque eram parentes de Paulo e haviam se convertido a Deus antes do apóstolo, um fato interessante que parece ter escapulido muito incidentalmente. Já me perguntei se a conversão dos parentes contribuiu para irritar Paulo em sua fúria assassina contra a Igreja de Cristo, se ver Andrônico e Júnia, seus familiares, convertidos ao que ele considerava uma superstição de Nazaré incitava em Paulo a animosidade exacerbada que ele exibia contra o Senhor Jesus Cristo. Posso deixar isso como um questionamento, mas sinto como certo que as orações desses dois parentes seguiram o jovem perseguidor e que, se olhássemos mais atentamente para a razão da conversão de Saulo de Tarso a caminho de Damasco, descobriríamos que as

---

[120] Conforme 2 Samuel 6.

orações de Andrônico e Júnia, seus parentes que estavam em Cristo antes dele, estavam diante do trono da misericórdia.

Isso deveria servir como um grande incentivo a todos vocês que desejam a salvação de seus familiares. Talvez vocês tenham um parente que se opõe ao evangelho de Jesus Cristo, por isso mesmo orem mais insistentemente por ele! Não obstante, há esperança para ele porque, devido à sua oposição zelosa, tal homem está evidentemente em uma condição reflexiva, e a graça de Deus é capaz de transformar seu zelo ignorante em uma boa consideração quando o coração dele for iluminado e renovado pelo Espírito. Há algo que pode ser criado a partir de uma pessoa que tenha em si o suficiente para se opor ao evangelho; uma boa lâmina fará um bom arado. Deus pode tornar perseguidores em apóstolos. O mundo atualmente fervilha de covardes que não creem no evangelho nem duvidam totalmente dele. Não são nem a favor, nem contra, nem fiéis a Deus ou ao diabo. Esses fracos jamais serão dignos do prato que comem, mesmo que se convertam. Alguém que odeie abertamente o evangelho é aquele que, com um toque da graça divina, pode ser transformado em um igualmente sincero amante da verdade que ele antes desprezava. Continuem orando, orem com mais afinco, orem crendo em favor de seus parentes, e pode ser que vocês vivam para vê-los ocupar o púlpito e pregar a fé que agora eles buscam destruir. É um sinal feliz e esperançoso para o bem de uma família quando parte dela se une à Igreja do Senhor.

Seguindo adiante, encontramos uma terceira família relacionada à igreja, mas, nesse caso, o mestre da casa não era um cristão — creio que não, pois lemos no versículo 10: "Saudai os da casa de Aristóbulo". Não é "saúdem Aristóbulo", não, mas aqueles que pertencem à casa dele. Por que deixar

Aristóbulo de fora? É possível que ele tivesse morrido, porém, ainda mais provável que ele não fosse salvo. Deixou de ser mencionado na saudação do apóstolo porque ele mesmo se colocara de fora. Não era um crente, assim sendo, não poderia haver uma saudação cristã enviada a ele. Uma lástima para ele, pois o reino de Deus estava perto dele, sim, em sua casa, e ainda assim ele não desfrutava de tal bênção! Estou falando a algum homem nessa condição? Onde está você, Aristóbulo? Possivelmente, esse não é seu nome, mas seu caráter é o mesmo daquele romano não regenerado cuja família conhecia o Senhor. Posso falar, em nome de Deus, boas e consoladoras palavras para sua esposa e filhos, mas não a você, Aristóbulo! O Senhor envia uma mensagem de graça a seus filhos queridos, à sua esposa amada, porém não a você, uma vez que não entregou seu coração a Ele. Orarei por você, e fico feliz em saber que as pessoas de sua família, que amam ao Senhor, estão intercedendo por você dia e noite. O vínculo deles com a Igreja traz esperança, embora, talvez, você não se importe muito com isso. Contudo, esteja certo disto: o reino de Deus está perto de você. Esse fato envolverá uma terrível responsabilidade caso não o leve à salvação, porque, se, assim como Cafarnaum, você for exaltado ao Céu por seus privilégios, será ainda mais aterrador ser precipitado ao inferno[121]. É muito triste para uma família quando um é tomado e o outro deixado para trás. Ó, pense em como será miserável a sua condição se continuar na incredulidade, pois, quando seus filhos e sua esposa estiverem no Céu, e você vir a sua mãe, que já está lá, e você mesmo for lançado no inferno, você se

---

[121] Conforme Mateus 11:23-24.

lembrará de que foi chamado, mas rejeitou; foi convidado, porém não compareceu. Fechou seus olhos à Luz e não quis enxergar; rejeitou Cristo e pereceu voluntariamente, um suicida de sua própria alma.

Outro exemplo disso, e penso que ainda pior, é visto mais adiante em nosso texto, onde o apóstolo fala da "casa de Narciso", no versículo 11: "Saudai os da casa de Narciso, que estão no Senhor". Creio que Narciso era o mestre da casa, e que os convertidos eram seus servos e escravos. Havia um Narciso nos dias de Nero, que foi morto pelo sucessor de Nero. Esse Narciso era um dos preferidos de Nero, e quando digo isso, vocês podem concluir que ele não era um homem de caráter louvável. Diz-se dele que era extremamente rico, e que era tão perverso quanto rico. No entanto, enquanto os corredores da casa de Narciso ecoavam com músicas blasfemas e a glutonaria luxuosa se misturava à licenciosidade descontrolada, fazendo dessa mansão um inferno, havia um sal salvador nas dependências dos servos e nos dormitórios dos escravos. Talvez embaixo das escadas, no pequeno espaço para onde os escravos rastejavam para dormir, havia oração sendo feita ao Deus vivo, e quando o mestre sequer podia imaginar, os servos cantavam hinos em louvor a Jesus Cristo, o Salvador ungido, a quem eles adoravam como o Filho de Deus. Maravilhosos são os caminhos do amor que elege os seus, os quais passam direto pelos ricos e poderosos e estimam o homem considerado inferior.

Pode ser que haja algum chefe maldoso ouvindo a minha voz; ele é altamente não religioso, todavia em sua casa há aqueles que esperam no Senhor em oração. Aquele que engraxa o seu sapato pode ser um dos amados do Senhor, enquanto você, que o calça, pode estar sem Deus e sem esperança no mundo[122]. A insignificante empregada em sua casa teme o Senhor, embora você seja desatento em louvá-lo; este anjo, recebido sem que você soubesse[123], serve à sua mesa. Havia um bom homem, anos atrás, que costumava trabalhar até tarde para um certo rei nosso, de quem nos recordamos com desprezo — que seu nome seja esquecido! Esse rei era chamado de cavalheiro, mas outros títulos poderiam descrevê-lo muito melhor. Enquanto seu senhor estava envolvido em devassidão, esse servo procurava a comunhão com Deus lendo o livro *Crook in the Lot* [Desvio na sorte][124], de [Thomas] Boston, ou outro livro abençoado, para passar as horas cansativas. Ainda há, nos dias de hoje, nos salões dos poderosos e perversos, e na habitação dos transgressores de todas as classes sociais, os agentes de Deus, que são o sal da Terra e que em secreto clamam ao Senhor dia e noite contra a iniquidade de seus senhores. Haverá uma inquisição para tudo isso; os piedosos não serão esquecidos para sempre, as pepitas de ouro não permanecerão ocultas no pó. Pensem, ó mestres, o que lhes acontecerá quando seus mais humildes serviçais forem coroados com glória e vocês forem lançados nas trevas e escuridão para sempre? Busquem vocês também a Deus, ó poderosos, e Ele será encontrado por vocês.

Não podemos nos deter apenas em Narciso. Vamos para o versículo 12, e terão outro exemplo de uma família ligada ao povo de Cristo: "Saudai Trifena e Trifosa, as quais

---

[122] Referência a Efésios 2:12.

[123] Referência a Hebreus 13:2.

[124] O título deste livro é de difícil tradução, mas o subtítulo ajuda a entender o tema: *Crook in the Lot — What to believe When our lot in life in not health, wealth and happiness* (Desvio na sorte — No que crer quando nossa porção na vida não é saúde, riqueza e felicidade).

trabalhavam no Senhor". Suponho que elas fossem irmãs, porque os nomes fazem parecer assim. Onde estavam o pai, a mãe e os irmãos delas? "Trifena e Trifosa", com que frequência as vejo na igreja, duas mulheres humildes, zelosas e fiéis, as únicas em sua família, e todos os demais afastados de Deus! Ó irmão, não permita que sua irmã vá ao Céu sozinha. Pai, se suas filhas são filhas de Deus, não permaneça você inimigo dele. Que o exemplo de filhos piedosos os ajude, ó pais, a se decidirem por si próprios pelo Redentor! Saúdo vocês, mulheres cheias de graça, que se mantêm na companhia umas das outras na estrada para o Céu! Que o Senhor faça de vocês o consolo uma para a outra. Que vocês brilhem aqui e no porvir como estrelas gêmeas, derramando um gentil esplendor de santidade por tudo ao redor. Há trabalho para vocês na casa do Pai celestial, e, embora possam não ser chamadas para a pregação pública, ainda assim, em esferas apropriadas, vocês podem "trabalhar no Senhor" com ampla aceitação.

Continuando, no versículo 15, temos um irmão e uma irmã: "Nereu e sua irmã". É agradável ver associados dessa forma o sexo forte e o frágil. "Eles cresciam em formosura lado a lado"[125] no campo da natureza e agora desabrochavam juntamente no jardim da graça. É admirável o relacionamento entre um irmão e uma irmã piedosos. São como a rosa e o lírio no mesmo ramalhete. Mas eles não tinham outros parentes? Não havia mais alguém restando entre seus familiares? Não tinham eles preocupação em seu espírito acerca de outros que lhes fossem queridos? Acreditem nisso, eles

---

[125] Tradução livre do primeiro verso do poema *The graves of a household*, de Felicia Hemans (1793–1835).

oravam juntos com frequência e suspiravam por seus parentes não estarem em Cristo, pois não há registros quanto a todo o restante da família. Deus ouve as nossas orações, meus caros amigos, quando vocês, como Nereu e sua irmã, se unem em oração e intercessão fraternal.

Outro belíssimo exemplo de família ligada à igreja está no versículo 13: "Saudai Rufo, eleito no Senhor, e igualmente a sua mãe, que também tem sido mãe para mim". Aqui está o caso de uma mãe e seu filho. Não gostaria de dizer qualquer coisa que fosse improvável, mas penso que não é conjecturar em vão supor que essa boa senhora fosse a esposa de Simão, de Cirene, que carregou a cruz de Cristo. Vocês lembrarão que ele foi mencionado por Marcos como sendo o pai de Alexandre e de Rufo[126], dois personagens que evidentemente eram bem conhecidos na Igreja do Senhor naquele tempo. Quer ela fosse ou não esposa de Simão, parecia que era uma alma gentil, bondosa e amável, uma daquelas queridas matriarcas que, durante um tempo, foram ornamento e consolo para a Igreja Cristã. Ela era uma mulher tão excelente que Paulo a chama de mãe de Rufo e acrescenta: "que também tem sido mãe para mim" — ela era como uma mãe para o apóstolo. Não me surpreendo que tais mães seletas tenham filhos eleitos — "eleitos no Senhor". Se aqueles a quem amamos profundamente sustentam sua religião em uma moldura de alegria afetuosa, é difícil resistir aos encantos de sua amável piedade. Quando uma mulher de Deus é uma mãe terna, não é de se admirar que seus filhos, Rufo e Alexandre, também se tornassem crentes em Jesus Cristo, pois o amor e o exemplo da mãe deles os atraiu para Jesus.

---

[126] Conforme Marcos 15:21.

Há uma lenda relacionada a Alexandre e Rufo. Eu nunca a li, mas já a observei em cores vívidas por meio de um artista numa catedral na Bélgica. Vi uma série de pinturas que representavam Cristo carregando a cruz pelas ruas de Jerusalém e, entre a multidão, o pintor colocou um camponês observando e carregando consigo sua enxada e sua pá, como se tivesse acabado de trabalhar no campo. Na pintura seguinte, esse camponês foi claramente levado às lágrimas ao ver as crueldades praticadas com o Redentor, e ele mostra sua compaixão tão evidentemente, que os cruéis perseguidores de nosso Senhor, que estavam observando os espectadores, o veem e se reúnem ao seu redor irados. Os dois filhos do camponês também estão lá, Alexandre e Rufo. O último é um menino de cabelos ruivos, ele é veemente e disposto, ousado e franco. Vê-se que um dos rudes homens estava lhe esbofeteando na cabeça por demonstrar compaixão pelo pobre Salvador que carregava a cruz. A pintura seguinte representa o pai, levado e compelido a carregar a cruz, enquanto Alexandre segura a enxada de seu pai, e Rufo carrega a pá, e ambos seguem o Senhor Jesus de perto, compadecendo-se muito dele. Se não podiam carregar a cruz, podiam, pelo menos, ajudar o pai deles levando as suas ferramentas.

Naturalmente, isso é só uma lenda, mas quem se surpreenderia se Alexandre e Rufo, vendo seu pai carregar a cruz de forma tão digna, também, mais tarde, considerassem como glória eles mesmos serem seguidores do Crucificado? O que motivaria Paulo a dizer, quando escreveu o nome de Rufo, que ele era um eleito, pois podemos traduzir a passagem como "eleito no Senhor", ou "o seleto do Senhor"! Ele era um cristão distinto, com grande profundidade de experiência cristã e, em todos os aspectos, um descendente apropriado de um pai e uma mãe notáveis.

Assim, observamos as diferentes maneiras nas quais as famílias vieram a ter contato com Cristo. Oro a Deus que cada família aqui possa tomar parte em toda a família que leva o nome de Jesus, no Céu e na Terra. Que todos os nossos filhos e filhas, nossos irmãos e irmãs, nossos servos e familiares, mas principalmente nós mesmos peguemos a cruz de Jesus e sejamos remidos no Senhor para a salvação eterna.

2. *A interessante passagem diante de nós mostra* quais são os pontos de interesse entre os cristãos.

Entre os mundanos, os pontos de interesse são muitos e característicos. Em uma comunidade mundana, um ponto de interesse muito importante é: quanto vale um homem? Essa é igualmente uma importante questão para os cristãos, no sentido correto. Contudo, com isso, os mundanos querem dizer: "Quanto dinheiro um homem raspou de seu próprio caixa?". Ele pode ter conquistado sua fortuna da pior maneira do mundo, mas ninguém se importa com isso. A única e essencial pergunta entre os filhos de Mamom é: "Qual é o saldo dele no banco?". Paulo, em suas saudações, não faz sequer uma referência a qualquer um levando em conta sua riqueza ou pobreza. Ele não fala: "A Filólogo, nosso irmão, que recebe uma fortuna anualmente, e Júlia, nossa irmã, que possui uma carruagem e uma parelha" — nada disso! Ele não menciona a posição ou as propriedades, exceto quando essas possam implicar no serviço que cada pessoa apresenta à causa de Deus. Tampouco há qualquer alusão feita ao caso de eles possuírem cargos importantes junto ao governo, ou serem o que se chama de pessoas extremamente respeitáveis ou de boas famílias. Os pontos de interesse de Paulo, como cristão, eram muito diferentes desses.

A primeira questão a que ele faz menção honrosa era o serviço deles à Igreja de Cristo. Febe, no primeiro versículo, estava "servindo à igreja de Cencreia [...] tem sido protetora de muitos e de [Paulo] inclusive". É distinção e honra entre os cristãos ser permitido servir, e o trabalho mais simples na Igreja do Senhor é o mais honroso. Qualquer pessoa que busque honra, ao modo de Deus, busca-a ao humilhar-se, ao assumir aquele ministério que envolverá mais autonegação e garantirá grandes reprimendas. Nos primeiros lugares das fileiras da nobreza divina estão os mártires, visto que foram os mais desprezados, os que sofreram mais e têm a maior honra. Assim, Febe deve ter seu nome escrito no livro de ouro da nobreza de Cristo, uma vez que ela era uma serva na igreja e porque, ao sê-lo, ela socorria os pobres e os necessitados. Não duvido de que ela fosse uma enfermeira entre os cristãos mais pobres, ou, como alguns a chamam, uma diaconisa, pois, nos tempos antigos, era assim: as mulheres mais velhas que tinham necessidades eram sustentadas pela igreja e, em retribuição, elas se ocupavam de cuidar dos cristãos enfermos. Seria bom se esse fosse o caso novamente, e se esse antigo ofício fosse revivido.

Outro ponto especial de observação entre os cristãos, daquela época, é o seu trabalho. Por favor, olhem suas Bíblias e leiam o versículo 6: "Saudai a Maria, que trabalhou muito por nós" (ARC). Essa é a sexta Maria mencionada na Bíblia. Aparentemente ela foi alguém que se dedicou a ajudar no ministério. "...que trabalhou muito *por nós*", diz o apóstolo, ou "por mim" — ela era uma daquelas mulheres muito ajudadoras que tinham um cuidado especial com o pregador, pois criam que a vida de um servo de Deus é muito preciosa, e que ele deveria ser assistido em seus muitos labores e perigos. Não é citado o que ela fez pelo apóstolo e por seus cooperadores, mas foi algo que lhe exigiu esforço, o equivalente a "trabalhou muito". Maria amava muito, por isso labutava muito. Ela era "sempre abundante na obra do Senhor" (1Co 15:58). Irmã Maria, imite a sua homônima.

Depois vêm as duas boas mulheres, Trifena e Trifosa, de quem se diz que "trabalhavam no Senhor", e Pérside, de quem se fala "*muito* trabalhou no Senhor". Não creio que Trifena e Trifosa tenham ficado iradas porque o apóstolo fez tal distinção, mas esta é certamente muito clara e evidente. As duas primeiras "trabalharam", Pérside, porém, "trabalhou muito". Assim sendo, há diferenças e graus em honra entre os cristãos, e eles são graduados pela proporção de serviço realizado. É uma honra trabalhar por Cristo; é honra ainda maior trabalhar muito para Ele. Se alguém, ao unir-se à Igreja de Cristo, deseja um lugar ou posição, honra ou respeito, o caminho para isso é: trabalhe, e trabalhe muito. Pérside provavelmente fora uma escrava e pertencia a uma raça estrangeira da distante terra da Pérsia, no entanto, ela tinha uma disposição tão excelente que é chamada de "estimada Pérside", e, por seu trabalho infatigável, ela recebe menção expressa. Entre os cristãos, as recompensas do respeito afetuoso são distribuídas de acordo com o serviço abnegado que é apresentado a Cristo e à Sua causa. Que todos nós, pelo poder do Espírito Santo, sejamos capacitados a trabalhar muito.

Ao mesmo tempo, outro ponto de interesse é o caráter, pois, como eu já mencionei, Rufo, citado no versículo 13, é chamado de "eleito no Senhor", o que não é alusão à sua eleição, uma vez que todos os demais também eram eleitos. Isso deve querer dizer que ele era um homem seleto no Senhor, um homem de espírito peculiarmente doce, um devoto, um homem que andava com Deus, um homem bem instruído nas coisas do Senhor, alguém cuja prática era coerente com seu conhecimento. "Saudai-o", diz o apóstolo. Aquele que deseja ser notado na Igreja do Senhor deve apresentar um caráter genuíno: deve haver santidade ao Senhor, precisa haver fé. É necessário que se diga dele: "...é cheio do Espírito Santo e de fé..." (At 11:24). Isso, e nada mais, lhe trará a honra. Apeles é descrito como "aprovado em Cristo", um crente testado, provado e experimentado. Os cristãos valorizam aqueles que foram provados e encontrados fiéis; os santos provados têm honra especial entre nós.

Vejam, o caráter é o único ponto digno de nota na sociedade da Igreja de Cristo, e nada mais. Contudo, há algo ainda a mencionar. Encontro aqui uma pessoa mencionada como alguém na igreja em torno de quem havia um grande interesse por causa do tempo de sua conversão. Está no versículo 5: "Saudai meu querido Epêneto, primícias da Ásia para Cristo". Vocês sabem o que isso significa. Quando Paulo começou a pregar em Acaia, Epêneto foi um dos primeiros convertidos, e, embora todos os ministros tenham um apego especial a todos os seus convertidos, sua memória mais terna é acerca dos primeiros. Que pais não valorizam seu primeiro filho acima de todos os demais? Posso falar por experiência. Lembro-me bem da primeira mulher que professou ter sido trazida a Cristo quando eu comecei a pregar o evangelho. Tenho aquela casa diante dos olhos de minha mente neste momento e não posso dizer que era um pitoresco chalé, no entanto, ele sempre me interessará. Foi grande a alegria que senti quando ouvi a história de arrependimento e fé daquela camponesa. Ela morreu e foi para o Céu pouco tempo após a sua conversão, sendo levada pela tuberculose, porém a lembrança dela me deu mais consolo do que normalmente recebo ao relembrar de 20 ou até mesmo 100 convertidos desde então. Ela foi um selo especial colocado sobre o início de meu ministério, e para encorajar minha fé que ainda engatinhava. Alguns de vocês foram as primícias de meu ministério em Londres, na Park Street, e são pessoas muito preciosas. Com que alegria tenho visto alguns de vocês aqui neste tabernáculo se tornando as primícias deste ano! Há algo muito interessante acerca de vocês, pois nos encoraja no decorrer do ano. Se vocês forem trazidos a buscar o Senhor agora mesmo, sempre os verei com amor e pensarei a seu respeito enquanto leio este capítulo tão repleto de nomes. Serei grato por aqueles que nascerem para Deus nesta noite, tanto quanto pelos regenerados em qualquer outro momento, pois meu coração se inclina a vocês com zelo.

Desse modo, demonstrei-lhes que há pontos de interesse sobre os indivíduos na Igreja do Senhor, e quais são eles.

3. Entretanto, como o tempo passou rápido, embora eu tenha muito o que dizer, preciso encerrar com o terceiro ponto. Essa longa passagem revela o amor generalizado que existe *(ou, devo dizer, deveria existir?)* na Igreja do Senhor.

Primeiramente, toda a passagem demonstra o amor do apóstolo aos santos e irmãos de Roma. Ele não teria se incomodado de escrever tudo isso se não os amasse verdadeiramente.

E isso demonstra que havia cristãos naquele tempo que eram repletos de amor uns pelos outros. A saudação entre eles, um "ósculo santo" (v.15), marca o seu fervor em amor, pois eles não eram, de forma alguma, pessoas dadas a sinais exteriores, a menos que tivesse algo a expressar por esse meio. Ó, quisera eu que o amor reinasse agora entre os cristãos em maior proporção! "Ah!", diz alguém, "há muito pouco dele". De fato, caro amigo, eu o conheço muito bem. Você é aquele que está constantemente murmurando acerca dos outros por falta de amor, quando a verdade é que você mesmo está destituído dele. Sempre descubro que aqueles que afirmam não haver amor entre os cristãos agora julgam pelo que veem em si próprios, em seu coração, pois aqueles que amam os cristãos creem que eles também amam uns aos outros. Vocês descobrirão que a pessoa de coração amoroso, embora possa dizer "eu gostaria que houvesse mais amor", jamais será aquela a dizer que o amor é inexistente. Irmãos, é mentira que não haja amor entre os cristãos, amamos uns aos outros, e o demonstraremos ainda mais pela graça de Deus, se o Espírito Santo nos auxiliar.

Percebam, de acordo com essa passagem, que os primeiros cristãos estavam acostumados a demonstrar o amor deles uns pelos outros por meio de ajuda prática, pois no segundo versículo Paulo diz a respeito de Febe: "que a recebais no Senhor como convém aos santos e a ajudeis em tudo que de vós vier a precisar; porque tem sido protetora de muitos e de mim inclusive". Não acredito que o apóstolo estivesse se referindo a qualquer assunto relacionado à igreja, mas relacionado a ela mesma, qualquer que fosse ele. Pode ser que Febe precisasse reunir alguma contribuição em dinheiro, ou apresentar alguma queixa à administração central acerca de um coletor de impostos abusivo. Não sei do que se tratava, e foi bom que Paulo não nos dissesse. Não faz parte da comissão de um apóstolo falar-nos sobre os assuntos de outras pessoas. Contudo, independentemente do que fosse, se qualquer cristão em Roma pudesse ajudá-la, ele deveria fazê-lo. E, assim, se pudermos ajudar nossos irmãos cristãos da maneira que for, de qualquer maneira que seja, "...quanto depender de nós..." (Rm 12:18), devemos nos esforçar para ajudar. Nosso amor não deve se basear apenas em palavras ou ele será tão insubstancial quanto o ar. Porém atentem a isto: vocês não são chamados para serem fiadores de seus irmãos, ou para endossar contas em favor deles. Não façam isso por quem quer que seja, pois vocês têm uma palavra expressa nas Escrituras contra essa prática: "Quem fica por fiador de outrem sofrerá males, mas o que foge de o ser estará seguro" (Pv 11:15), diz Salomão. Eu desejaria que alguns irmãos tivessem sido sábios o suficiente para ter se lembrado do ensino das Escrituras acerca desse ponto, visto que isso os pouparia de um mar de problemas. Todavia, em favor de seus companheiros cristãos, façam tudo o que for legítimo, façam-no uns pelos outros motivados por seu amor ao Senhor que têm em comum, carregando os fardos uns dos outros e assim cumprindo a lei de Cristo[127].

Foi-nos ordenado que demonstrássemos amor mutuamente, mesmo quando isso envolvesse grandes sacrifícios, porque no versículo 4 o apóstolo fala acerca de Priscila e Áquila, que, pela vida de Paulo, "arriscaram a sua própria cabeça". Eles enfrentaram grande perigo para salvar o apóstolo. Esse amor

---

[127] Conforme Gálatas 6:2.

ainda existe em nossas igrejas. Sei que é assim, embora isso seja negado por alguns. Conheço cristãos que poderiam dizer honestamente que, se a vida de seu pastor puder ser poupada, eles estariam dispostos a morrer no lugar dele. Alguns aqui já disseram isso, eu ouvi e senti que era exatamente o que eles queriam dizer. Sei que orações já foram elevadas de lábios aqui pedindo para que eles morressem antes de mim. Quando o seu pastor esteve em perigo, muitos de vocês declararam que, se sua vida pudesse ser uma substituição pela vida dele, ela seria entregue liberalmente diante de Deus. Os cristãos ainda amam uns aos outros e fazem sacrifícios uns pelos outros. Falo isso para a honra de muitos de vocês, para que o amor a seu pastor não seja apenas em palavra, mas em ato e verdade. E que Deus os recompense por isso.

O amor cristão naquele tempo tinha um respeito intenso por aqueles que haviam sofrido por Cristo. Leiam o versículo 7. Paulo fala que Andrônico e Júnia foram seus companheiros de prisão e comenta acerca deles com especial unção por causa disso. Ninguém era mais considerado entre os primeiros cristãos do que os prisioneiros por Cristo, os mártires, ou os quase martirizados. Muita importância era atribuída a tais sofredores, de modo que, enquanto os cristãos estavam na prisão, aguardando para serem martirizados, recebiam atenção que manifestava a extrema reverência por eles. Agora, irmãos, sempre que qualquer irmão, em nossos dias, for alvo de zombaria por seguir plenamente a Cristo, ou ridicularizado por sustentar um testemunho honesto da verdade, não se envergonhem dele nem lhe deem as costas. Tal homem pode não esperar que você lhe dê honra dobrada, mas pode pedir que você permaneça ombro a ombro com ele e não se envergonhe da difamação que ele foi chamado a carregar por Cristo, seu Senhor.

Assim era com a igreja na antiguidade: aqueles que eram os primeiros em sofrimento eram também os primeiros em seu amor e estima. Eles jamais falhavam em assumir que eram irmãos daquele que estava condenado a morrer; pelo contrário, os cristãos dos tempos apostólicos costumavam fazer os que os nossos pais Protestantes fizeram na Inglaterra. Os jovens da igreja, quando havia um mártir condenado à morte, iam ao local e ali permaneciam com lágrimas em seus olhos para vê-lo morrer. E por que vocês acham que faziam isso? Para aprender o caminho! Um deles disse, quando questionado por seu pai por que ele fugira para ver seu pastor ser queimado: "Pai, eu fiz isso para que pudesse aprender o caminho". E aprendeu tão bem que, quando chegou a sua vez, ele também foi queimado e triunfou em Deus tão gloriosamente como seu pastor. Aprendam o caminho, jovens, para suportar a ignomínia. Olhem para aqueles que têm sido ridicularizados e satirizados e digam: "Bem, aprenderei agora para assumir meu posto quando chegar a minha vez, mas, contando com a ajuda de Deus, falarei em favor da verdade fiel e ousadamente".

Novamente, aquele amor sempre honrava os trabalhadores. Paulo diz: "Maria, que muito trabalhou por vós", e fala repetidamente dos obreiros com intensa afeição. Devemos amar muito aqueles que fazem muito por Cristo, quer sejam homens ou mulheres cristãos. Infelizmente, conheço alguns que, se alguém fizer um pouco mais do que outro, eles logo começam a ver defeitos: "O Sr. Fulano de Tal é muito zeloso, mas... ah... sim! E a Sra. Sicrana, sim, que Deus a abençoe, mas... mas... é!". Pela falta de algo definitivo a dizer, eles encolhem os ombros e insinuam qualquer coisa. Isso é o contrário do espírito de Paulo, uma vez que ele reconhecia a santa diligência e a elogiava. Caro amigo, não seja um identificador de falhas, essa é uma atividade tão ruim quanto a de um batedor de carteiras. Até que você possa fazer melhor, fique de boca fechada! Você já conheceu algum homem ou mulher a quem Deus tivesse abençoado que fosse perfeito? Se Deus agisse por intermédio de instrumentos perfeitos, estes receberiam uma parte da glória. Reconheçam que todos somos imperfeitos, mas, quando o reconhecerem, amem aqueles que servem bem a Deus e jamais permitam que alguém fale mal contra eles em sua presença. Silencie os críticos de vez, dizendo: "Deus os honra, e aqueles a quem Deus honra, não ouso desprezar!". Não estaremos errados em aplicar nossa honra onde Deus se agrada em colocar a dele.

Ainda assim, o amor cristão nos dias de Paulo — embora estendido a todos os santos — tinha seus especiais. Continuem lendo o capítulo e descobrirão Paulo dizendo: "meu querido Epêneto", "Amplíato, meu dileto amigo no Senhor", "meu amado Estáquis". Todos estes eram pessoas que ele estimava de modo especial. Havia alguns de quem ele gostava mais do que outros, e vocês não devem se culpar se julgarem que alguns cristãos são melhores do que outros e se, portanto, amarem a eles mais do que os demais, pois até mesmo o próprio Senhor tinha um discípulo a quem amava mais. Desejo amar todo o povo de Deus, mas há alguns entre eles a quem posso amar ainda mais, mesmo que saiba pouco a seu respeito, e posso sentir mais consolo neles mesmo se não os vir por um mês ou mais. Por outro lado, há cristãos com quem vocês poderiam tranquilamente conviver no Céu, porém suportá-los na Terra é uma provação severa embora saibam que são boas pessoas. Mas, uma vez que Deus suporta tais pessoas, vocês devem igualmente suportá-las. Uma vez que há pessoas tão peculiares, não fique sempre as abordando para irritá-las — deixe-as em paz e busque a paz mantendo-se fora do caminho delas. Irmãos, que amemos uns aos outros, por todos os meios, que nos amemos mutuamente, pois o amor é de Deus. Contudo, que todos busquemos ser amáveis, de forma a tornar essa tarefa o mais fácil possível para nossos irmãos.

Mais uma vez, o amor entre os cristãos nos primórdios da Igreja do Senhor tinha por hábito respeitar a precedência na vida espiritual. Paulo fala de alguns que estavam em Cristo antes dele. Entre nós, espero eu que haja sempre profunda estima por aqueles que estão há mais tempo em Cristo, pois são eles que têm suportado o teste dos anos, por nossos irmãos mais idosos, pelos anciãos e matronas entre nós. Respeitar a idade avançada é um dever natural, mas respeitar os cristãos mais maduros é igualmente um privilégio. Que sempre seja assim entre nós.

E a última palavra é esta: o amor a todos os cristãos deveria nos fazer lembrar até mesmo dos membros menos evidentes e mais medianos da igreja. Quando o apóstolo escreveu: "Saudai Asíncrito, Flegonte, Hermes", por que muitos de nós questionam: "quem eram essas boas pessoas?". E quando ele prossegue para mencionar "Pátrobas, Hermas", perguntamos: "E quem são estes? O que esses homens tentaram fazer ou fizeram? Isso é tudo? Filólogo, quem era ele? E Olimpas? Sabemos quase nada acerca dessas boas pessoas". Eles eram como a maioria de nós, indivíduos comuns, mas amavam o

Senhor e, portanto, como Paulo lembrou-se de seus nomes, ele lhes enviou uma mensagem de amor que ficou preservada nas Escrituras Sagradas. Que não pensemos exclusivamente nos cristãos mais destacados, de modo a esquecer as fileiras do exército do Senhor. Não permitam que seu olhar se prenda unicamente nas fileiras da vanguarda, mas que amemos todos a quem Cristo ama. Que valorizemos todos os servos de Cristo. É melhor ser o cão que pertence a Deus do que o queridinho do diabo. É melhor ser o mais medíocre dos cristãos do que ser o maior dos pecadores. Se Cristo está nos mais simples, e eles em Cristo, e você é cristão, que seu coração se incline para eles.

E agora, finalmente, que a graça, a misericórdia e a paz sejam com todos aqueles que amam o Senhor Jesus Cristo. E que possamos trabalhar para promover a unidade e o amor entre o Seu povo. "E o Deus da paz, em breve, esmagará debaixo dos [nossos] pés a Satanás" (Rm 16:20). Assim sendo, que em paciência mantenhamos a nossa alma. Ó, que aqueles que não estão contados entre o povo do Senhor possam ser trazidos por meio da fé em Jesus Cristo, para a Sua glória! Amém.

ÍNDICE DE VERSÍCULOS-CHAVE

- Mateus 15:26-27 — *A mulher cananeia: os cachorrinhos*
- Mateus 27:61 — *Duas Marias: "em frente da sepultura"*
- Marcos 1:31 — *A sogra de Pedro: soerguimento para o abatido*
- Marcos 7:27-28 — *A mulher cananeia: os cachorrinhos*
- Marcos 14:6 — *Maria de Betânia: um exemplo aos que amam Jesus*
- Lucas 1:46-47 — *A mãe de Jesus: o cântico de Maria*
- Lucas 7:50 — *A mulher arrependida: uma graciosa absolvição*
- Lucas 13:10-13 — *A mulher enferma: erguendo os encurvados*
- João 4:27-30 — *A mulher samaritana e sua missão*
- João 11:28 — *Maria e Marta: o mestre chama*
- João 20:15 — *Maria Madalena: um lenço para os que choram*
- Atos 12:12 — *Maria, mãe de Marcos: uma reunião de oração especial*
- Atos 16:14 — *Lídia: a primeira europeia convertida*
- Romanos 16:1-16 — *As mulheres em Roma: romanas, mas não romanistas*